모래놀이치료

– 심리치료사를 위한 지침서 –

Barbara Labovitz Boik · E. Anna Goodwin 공저
이진숙 · 심희옥 · 한유진 공역

SANDPLAY THERAPY

A Step-by-Step Manual for Psychotherapists of Diverse Orientations

학지사

Sandplay Therapy:
A Step-by-Step Manual for Psychotherapists of Diverse Orientations
by Barbara Labovitz Boik and E. Anna Goodwin

이 책은 2011년도 전북대학교 저술장려 연구비 지원에 의하여 연구되었음

역자 서문

모래놀이치료를 접하고 모래의 신비스러운 치유력과 누미노제 등의 상황에 매료되어 모래놀이치료에 대한 다양한 책을 읽게 되었다. 요즈음 국내에 모래놀이치료 이론과 실제 등에 대해 소개하는 책이 눈에 띄게 증가하였으나, 막상 모래놀이치료를 처음 시작하는 심리치료사와 상담자가 현장에서 직접 활용해 볼 수 있는 기본적인 입문서는 아직 많지 않다. 모래놀이치료 과정과 적용 방법에서 엄격한 융 학파 외에 다른 접근방법이 궁금하던 차에 이 책을 접하게 되었다.

모래놀이치료로 인연을 맺은 역자들은 책을 읽고 토의하는 과정에서 이 책이 모래놀이를 시작하거나, 좀 더 다양한 접근의 모래놀이치료에 대해 고민하고 있는 치료자에게 도움이 되겠다고 판단하였다. 이후 아동상담을 공부하는 대학원생들과 원서를 읽으며 틈틈이 번역을 하였으나 역자들 각자의 개인 스케줄로 더딘 작업 끝에 이제 비로소 번역작업을 마무리하게 되었다.

책의 서문에서 언급했듯이 저자들은 엄격한 융 학파는 아니며 어느 한 가지 이론이나 접근을 고수하지 않는다. 이 책은 모래놀이치료에 대해 보다 융통성 있는 관점을 취하여 심리치료사가 활용해 볼 수 있는 다양한 방법을 소개하고 있다. 모래놀이치료실을 만들고 진행하는 과정에 대해 상세히 설명하므로 모래놀이치료를 처음 접하거나 수련 중인 치료자에게 치료를 안내하는 지침서로 활용될 수 있겠다. 또한 오랜 임상경험에 근거하여 저자들이 시도한 다양한 모래놀이치료 적용과 구체적인 경험이 소개되고 있어 이미 모래놀이치료에 친숙한 치료자 역시 도움을 받을 수 있을 것이다. 모래놀이치료에 대한 사고의 폭을 넓혀 주고 내담자 상황에 맞춰 시도해 볼 수 있는 방법을 소개하고 있다는 점에서 이 책은 다양한 배경의 치료자에게 유용하게 활용될 수 있을 것이다.

구체적인 내용을 살펴보면, 1장은 모래놀이치료의 역사 및 치료적 가치, 치료자의 역할 등 모래놀이치료를 개관하며, 2장은 모래상자, 모래와 소품 등 모래놀이치료 환경에 대해 설명한다. 3장은 자발적인 모래세계를 창조하는 성인 내담자의 모래놀이치료 과정에 대해 상세히 기술하며, 4장은 커플 모래놀이치료의 장점과 구체적인 적용 사례, 5장은 아동 모래놀이치료의 특성 및 아동 · 가족의 모래놀이치료에 대해 설명한다. 6장과 7장은 성인과 커플, 아동과 가족을 위한 지시적 모래놀이치료와 구체적인 적용 방법을 다양한 사례와 함께 상세히 다루고 있다. 이와 더불어 8장은 모래세계 창조과정에 대한 기록방법, 9장은 모래놀이치료를 제한해야 하는 상황을 살펴보았고, 10장은 치료자를 위한 모래상자에 대해 다루고 있다.

최근 몇 년간 아동 · 청소년 상담 현장에서 모래놀이치료를 하고 있는 치료자가 크게 늘었으며 모래놀이치료에 입문하는 이들 역시 꾸준히 증가하고 있다. 아동 · 청소년, 가족을 대상으로 일하는 상담사, 사회복지사, 정신건강 관련 종사자뿐 아니라 모래놀이치료를 처음 만나는 학생들 모두 이 책을 통해 모래놀이치료를 더 쉽게 만나고 필요한 도움을 얻었으면 한다.

책을 번역하면서 모래놀이치료의 심오한 세계가 독자들에게 명료하게 전달될 수 있도록 문장을 다듬는 데 많은 시간을 할애하였으나, 탈고를 하고 보니 여러 가지 면에서 미흡할 뿐이다. 오역으로 인한 모든 문제는 전적으로 역자들에게 있음을 밝히며 가감 없는 비판과 조언을 부탁 드린다.

내담자와 함께하는 모래세계로의 여정에서 치료자가 온전히 내담자와 함께하며 어떤 부적응적인 내담자라도 그들 내면에 있는 지혜를 신뢰할 수 있기를 바라며, 모래놀이치료와 함께 내담자뿐 아니라 치료자 역시 성장하기를 소망한다. 모래놀이치료에서 치료자가 받은 선물을 유용하게 사용하고, 나아가 치료자가 가진 더 귀한 것으로 모래놀이치료의 세계를 더욱 풍성하게 채우고 더하는 감동의 역사가 계속 일어나기를 기원한다.

마지막으로, 이 책이 나오기까지 오랜 시간 기다려 주신 학지사 김진환 사장님께 감사 드리며, 원고를 편집하고 만드는 과정에서 헌신적인 수고와 노력을 기울여 주신 편집부 직원들께 진심어린 감사의 마음을 전한다.

2012년 5월

역자 일동

저자 서문

내담자는 모래상자를 꾸미고 장면을 창조한다. 이때 젖은 모래상자나 마른 모래상자를 사용할 수도 있고, 소품을 사용하거나 사용하지 않을 수도 있다. 내담자는 촉각, 시각, 청각, 후각을 사용하여 자신의 내면 깊숙이 자리 잡은 의식적 · 무의식적 사고와 감정을 실제적인 형태로 드러낸다. 모래놀이는 적극적 명상과 창의적인 상징놀이를 통해 무의식을 의식으로, 정신적이고 영적인 것을 신체적으로, 비언어적인 것을 언어로 연결하는 실제적이고 경험적인 도구다. 내담자는 때때로 자신이 겪고 있는 어려움과 고통, 갈등의 원인이나 해결책을 말로 표현하거나 이해하지 못한다. 이러한 딜레마가 있을 때, 모래놀이는 내담자의 내면이나 외부 세계에서 일어나고 있는 것을 이미지로 표현할 수 있게 한다. 즉, 이미지는 내담자가 무의식의 자료를 치료자나 자신과 소통하는 언어이며, 그것을 통해 내담자는 자신을 더 잘 이해하고 자신의 행동을 변화시킬 수 있다. 모래놀이는 미술치료와 마찬가지로 언어 대신 시각적 형태가 사용되어 내담자의 방어를 감소시킨다. 모래놀이의 또 다른 장점은 내담자가 만질 수 있고 쉽게 변화시킬 수 있는 상징적 소품을 가지고 자신의 문제를 표현할 수 있다는 점이다. 이와 같은 놀이 과정은 내담자가 스스로 어떤 경험의 피해자가 아니라 창조자로 느끼게 한다. 치료자는 내담자 스스로 자기발견에 이르는 독특하고 완전한 통로를 드러내도록 내담자의 무의식을 신뢰해야 한다. 이때 내담자와 치료자 모두에게 깊은 수준의 변형 작업이 일어날 수 있다.

모래놀이는 다양한 관점의 치료자들에게 강력한 도구로 떠오르고 있다. 융 학파 모래놀이의 선구인 세계기법(World Technique)은 1920년대 말 영국의 소아과 의사인 마거릿 로웬펠드(Margaret Lowenfeld)에 의해 개발되었으며, 이후 유럽과 미국 전역으로 확산되었다. 역사적으로 모래놀이는 주로 아동을 위한 매체로 사용되었다. 그러나 지금은 성인, 커플, 가족, 집단을 대상으로 하는 치유와 개인적 성장, 의사소통 증진, 문제 해결의 도구로 사용되기에 이르렀다. 모래놀이는 현재 정신건강 시설이나 병원, 사설기관, 학교, 기업 등 다양한 곳에서 활용되고 있다. 일반적으로 정신건강 전문가들에 의해 활용되고 있기는 하지만, 간호사, 성직자, 초·중등교사와 대학교수, 슈퍼바이저와 학생, 숙련된 조직행동가에 의해서도 효과적으로 활용될 수 있다.

다음은 우리가 어떻게 모래놀이를 시작하게 되었는지에 대해 이야기하고자 한다.

바바라(Barbara): 전문가로서의 여정에 대해 말하기 전에 내가 처음으로 만들었던 모래세계에 대해 이야기하고 싶다. 한 동료가 최근에 모래놀이를 배웠다고 하면서 나에게 상자에 모래세계를 만들기 원하는지 물었다. 나는 이미 아이들과 함께 모래놀이를 하고 있었고, 나 자신의 상자를 만들어 보는 것에 대해 흥미를 느끼고 있었다. 그러나 놀랍게도 처음에는 상자를 만드는 것이 망설여졌다. 돌이켜 보니, 그동안 내가 모래상자를 아이처럼 즐겁게 경험한 것이 아니라 치료자로서 경험해 왔다는 것을 깨달았다. 나는 모래놀이를 할 때 치료자로서 내담자의 경험을 의식적으로 관찰하고 지지했다. 그때도 치료자로서 나의 무의식이 적극적으로 개입되어 있었지만, 내담자 입장에서 하는 모래놀이에는 익숙하지가 않았다. 나는 손으로 모래를 옮기면서, 다양하게 모래를 움직이고 형태를 만들었다. 어렸을 적 해변가에서 모래성을 쌓으며 보냈던 시간을 다시 경험할 수 있었다. 하지만 소품을 선택하는 것은 자연스럽지가 않았다. 지적인 인식에서 벗어나 무의식이 활성화되면서 마침내 나 자신의 중심으로 들어가고 훨씬 더 이완되는 느낌을 갖게 되었다. 무의식의 상태에서 소품을 선택하고 의도하지 않았던 세계를 창조하기 시작했고, 그 결과는 놀라웠다. 나는 상자 중앙에서 밖의 세계를 바라보며 즐겁게 뛰노는 인어가 있는 장면을 만들었다([사진 1] 참조). 나중에 동료와 이야기하던 중 내 안에 있는 어린아이가 깨어났다는 것을 알았고, 나는 삶을 즐기고 있었지만 때

[사진 1] 바바라가 처음으로 만든 모래세계

때로 내면의 어린아이를 억누르고 있었음을 깨달았다. 더 깊은 수준의 심오한 모래놀이의 의미를 이해하고 나 자신이나 나의 성인 내담자들을 위해서 모래상자가 유용하다는 것을 이해하게 된 것도 바로 그때였다.

전문가로서 경력이 시작된 것은 1960년대 초등학교 교직 생활을 할 때였다. 아이들에게 그들만의 독특한 방법으로 자신을 표현하고 놀 수 있는 기회를 제공할 때 학습과 성장의 효과가 크다는 것을 알게 되었다. 당시에는 한 학급당 학생 수가 많고 교실환경도 학업에만 중점을 두고 있었기 때문에 개별 아동과 전인적으로 만나거나 지적 발달뿐 아니라 정서적 발달을 돕고자 했던 나의 바람을 이룰 수 없었다. 결국 그러한 바람은 대학원에서 상담을 전공하도록 이끌었다. 나의 첫 상담 경험은 도시에 위치한 학교에서 이루어졌다. 그곳에서 나는 아동의 말문을 열어 발달을 돕고 치유하는 데 주로 놀이를 사용했다. 심리학 석사학위를 취득한 후에는 대학 상담센터와 개인 상담소에서 성인 및 커플을 상담하기 시작했다. 이들에게는 게슈탈트 치료, 최면, 이야기치료, 합리 · 정서적 치료를 포함한 다양한 치료기법을 사용했으나, 아동에게는 여전히 놀이치료를 사용했다. 어느 연령의 내담자든 상호작용을 할 때, 보다 간접적인 방식을 사용하는 것이 내담자를 더 잘 이해하고 정보를 얻을 수 있으며, 내담자의 변화와 성장, 문제 해결, 치유를 촉진할 수 있음을 알게 되었다. 이 방식을 사용했을 때 의식 수준에서는 쉽게 다가가지 못한 억압된 내용에 접근할 수 있었다. 간접적이고 창의적이며 상상력이 풍부한 방법은 내담자에게 덜 위협적이며, 그들이 자신을 더 자연스럽게 표현할 수 있게 한다. 하지만 내담자의 욕구나 상황에 따라, 직접적이고 언어적인 접근을 계속해서 사용하기도 했다.

1980년대에는 책, 워크숍 등을 통해 치료적 접근법으로서의 모래놀이와 더 친숙해졌다. 처음 나 자신의 모래세계를 만들고 난 후 계속해서 개인적인 모래놀이를 했고, 임상에서 성인에게도 모래놀이를 적용했다. 성인 내담자에게도 모래놀이가 도움이 되었다. 나는 시간이 지나면서 내담자가 가진 내적인 지혜의 힘을 경험하고 신뢰하게 되었다. 과거에 내가 이러한 신념을 갖게 된 경험을 돌이켜 보니 나의 할아버지에게 받았던 무조건적인 수용이 떠오른다. 내담자의 독특성을 존중하고 그들의 모래놀이 과정과 내면의 지혜를 믿어 주면서 내담자와 공유하고자 한 것이 바로 이와 같은 수용의 경험이다. 1990년대 초, 당시 집단치료의 동료였던 안나는 모래놀이 활용에 관한 집중 워크숍에 참여했으며 그 경험을 나와 공유했다.

안나(Anna): 살아오면서 내담자와 나 자신의 성장을 위해 모래놀이를 선택하게끔 이끌어 준 경험이 많다. 여기서는 그중 일부만 언급하고자 한다. 정신적 · 외과적으로 아동을 간호하면서 신체적 상태가 얼마나 중요한지, 신체가 각 개인의 정서적 · 인지적 · 영적 측면과 어떻게 상호작용하는지 알게 되었다. 당시에 그리고 이후에 자녀들이 성장하는 것을 지켜보면서, 나는 점차 개성화 과정에서 놀이의 가치에 대해 인식하게 되었다. 또 촉각, 청각, 시각, 후각, 미각이 이러한 움직임을 증진시키고 촉진한다는 것을 깨닫게 되었다. 아동이 건강한 성인이 되기 위해서는 그들에게 지침을 제공할 수도 있지만, 궁극적으로는 아동 개개인이 자신의 삶에 대해 스스로 결정하고 책임질 필요가 있다는 것도 깨달았다.

1970년대 말, 나는 아동 · 청소년 상담을 배우기 위해 다시 대학원에 입학했다. 놀이와 가족체계 치료는 기본적인 중재에 대한 학문으로, 전체로서의 개인과 체계를 다루는 데 중점을 두고 있었다. 심리치료사가 되고 난 후 모래놀이를 알게 되었지만, 나는 모래놀이를 아동만을 위한 치료법으로 생각했다. 모래놀이가 아동에게 사용되는 것을 처음 지켜봤을 때부터 나는 모래놀이가 평범한 기법이 아니라는 것을 알았다. 아이들은 마치 금속이 자석에 끌려가듯이 모래와 소품에 이끌렸다. 아이들은 모래놀이를 할 때 마치 현재에 대한 어떤 기억도 없는 것처럼, 마치 시공을 잊어버린 것처럼 보였다. 모래놀이를 개인적으로 사용한 적이 없던 나는 성인에게도 모래놀이가 이러한 힘을 가진다는 것을 이해하지 못했다. 나는 개인상담실에서 신체적 · 성적 학대 분야의 전문가가 되었고, 아동과 성인, 가족들과 함께 작업을 했다. 나는 내담자가 가진 내적인 지혜의 힘을 존중하고 신뢰하는 것이 중요하며, 그것이 내담자의 독자적인 치유과정을 이끌 수 있다는 것을 깨닫게 되었다. 또한 아동에게 나타나는 것이 성인에게도 나타난다는 것을 알게 되었다. 성인의 경우에도 놀이는 창의성과 감정을 드러내 주는 유용한 도구였다.

직접적이지 않고 판단하지 않는 기법을 사용하는 것이 내담자가 자기 자신이 되어 자신만의 과정을 충분히 개발할 수 있다는 사실을 발견했다. 게슈탈트, 최면, 스토리텔링 등 여타의 놀이기법들은 지적이고 정서적인 수준에서는 성공적이었으나 여전히 뭔가 부족한 듯했다. 아동뿐 아니라 성인 내담자도 몸의 기억과 관련된 신체적 장애를 없애는 데 어려움을 겪는다. 나는 모래놀이에 관한 책을 읽고, 성인 및 아동과 함께 동료의 모래놀이 치료실에서 모래놀이를 하고, 나의 모래상자를 만들었으며, 캘리포니아 오클랜드에서 기셀라 드 도미니코(Gisela De Domenico) 박사와 함께 집중적으로 공부했다. 이후 모래놀이가 정말 신체와의 연결에 필요한 것을 만들 수 있음을 깨달았다. 내담자의 문제와 외상을 반영하는 상징을 물리적으로 재창조하고, 경험하고, 바라보고, 만지고, 옮김으로써 내담자에게 극적인 변화가 일어났다.

바바라와 안나: 1980년대 말부터 1990년대 초까지 우리는 치료자와 교육자를 대상으로 모래놀이뿐 아니라 다양한 놀이 및 스토리텔링 기법을 포함해 아동과 함께 작업할 수 있는 혁신적인 접근법에 대한 공동 워크숍을 시작했다. 몇 년 후에는 심층적이고 집중적인 모래놀이치료 워크숍이 큰 도움이 될 것이라는 생각이 들었다. 처음에는 아동과 성인 개인을 대상으로 한 모래놀이에 집중했다. 1990년대 중반에는 교육과정을 확대하여 모래놀이를 가족과 커플에게 사용하는 방법을 포함했는데, 이 기법이 관계 내에서의 문제 영역에 대한 의사소통을 증진시키는 가치 있는 도구임을 알게 되었다. 우리는 지속적으로 우리 자신과 내담자에게 모래놀이를 사용하고 워크숍을 하거나 세미나를 열고, 대학 교수진과 상담하는 데 사용하기도 하였으며, 그들이 모래놀이를 사용하고 모래놀이 치료실을 만들도록 훈련했다. 또한 몬테나와 미국 전역의 학술대회에서 치료자를 위해 시범을 보이고 전문적인 워크숍을 열었다.

이 책을 집필하기로 마음먹게 된 것은 모래놀이치료 워크숍에 참가했던 치료자들의 제안 때문이었다. 모래놀이에 관한 상당수의 책이 출판되고는 있으나 아직은 미흡한 실정이다. 모래놀이에 관한 저서와 논문은 모래놀이의 역사, 이론, 가치 및 현재의 심층적 사례 연구에 대해서는 잘 기술하고 있으나, 우리가 알기로는 모래놀이를 사용하는 방법에 대해 구체적인 단계적 기제를 제시한 책은 아직 없다. 이러한 한계를 보완하기 위해 우리는 모래놀이를 하는 데 필요한 실제적인 지침을 저술하기로 결정했다.

이 책에서 우리는 어느 한 가지 이론이나 접근을 고수하지 않는다. 그러나 기셀라 드 도미니코가 제시한 '모래상자 세계놀이(Sandtray Worldplay)'

단계를 수정해서 적용해 본 결과, 이 접근의 유용성을 알게 되었다. 이론적 지침에 다소 차이가 있기는 하지만, 내담자와 함께 작업하는 그녀의 철학이 우리와 유사하며 모래놀이를 수행하는 그녀의 패러다임이 매우 효과적임을 발견했다. 그녀가 개발한 방법은 이 책을 집필하는 데 직접적인 도움을 주었다. 도라 칼프(Dora Kalff)가 개발하고 융 분석가가 확산시켰기에, 초기 모래놀이 작업의 대부분은 융의 관점에서 나온 것이다. 우리는 해리엇 프리드먼(Harriet S. Friedman)이 국제놀이치료학회(Play Therapy International Conference; San Francisco, 1995)에서 강조했던 분류를 따르는데, 그는 칼프의 융 학파 모래놀이를 대문자 'S'로, 엄격한 융 학파 접근에서 분리된 모래놀이는 소문자 's'로 칭했다. 엄격한 융 학파 접근을 선호하거나 다양한 사례집을 검토하고자 하는 독자를 위해 이 책의 마지막에 추천도서 목록을 첨부했다.

내담자의 작업에 대해 완전한 사례와 분석을 싣지는 않았지만 모래상자에서 내담자와 함께한 경험을 개괄적으로 제시하였다. 다만 비밀보장을 위해 내담자의 이름과 인적사항은 수정했다. 이 책에 소개된 사례는 우리의 성공과 실수를 모두 보여 주고 있다. 명료성을 위해 간단하고 직접적인 서술방식을 취했으며, 우리 중의 어느 한 사람이 치료자로서 수행한 작업을 기술할 때는 특정 내담자와 작업한 사람이 누구인지 구분하기보다는 '우리'라는 표현을 사용했다. 또한 특정 용어를 어떻게 사용하는지 분명히 하기 위해 책의 마지막에는 용어 해설을 첨부했다.

이 책이 모래놀이치료를 위한 훈련과정을 대체하는 것은 아니다. 오히려 우리는 직접적인 경험만이 지식과 기술을 배우고 내면화하는 가장 효과적인 방법이라고 믿는다. 이러한 연유로 우리가 진행하는 워크숍은 주로 경험에 중점을 두고 있다. 경험이 최고의 교사이기는 하지만, 이러한 지침서 역시 기술을 소개하거나 검토하고 강화하는 데 도움을 줄 것이라고 본다.

이 책은 이와 같은 안내자 역할을 한다고 할 수 있다.

Barbara Labovitz Boik
E. Anna Goodwin

차 례

06

07

08

제1장 모래놀이 개관

모래놀이란 무엇인가

이 장을 시작하기에 앞서 한 내담자와 함께 했던 모래놀이 경험에 대해 이야기하고자 한다. 40세 이혼 여성인 앨리스는 아동기에 자신의 할아버지에게 심각한 성적 · 신체적 학대를 당한 기억이 되살아나기 시작하면서 우리를 찾아오게 되었다. 그녀는 최면, 게슈탈트, 인지치료를 받아 본 경험이 있었지만, 놀이가 치료의 목적으로 사용된다는 것은 쉽게 받아들이지 못했다. 그녀에게는 놀이가 삶의 일부는 아니었기에 그런 생각 자체가 위협적으로 느껴졌을 것이다.

치료과정이 거의 끝나갈 무렵, 그녀는 자신의 삶에서 지울 수 없는 할아버지와의 충격적인 사건에 대해 이야기했다. 어린 시절, 앨리스는 의지가 강하고 고집이 센 아이였다. 앨리스가 자신의 말을 잘 듣지 않는 것에 화가 난 할아버지는 앨리스를 새들이 가득한 작은 새장에 가두고 문을 잠가 버렸다. 놀란 새들이 푸드덕거리며 앨리스를 할퀴고 쪼아댔고, 그녀는 새장 바닥에서 몸을 떨며 조용히 누워 있었다. 이것이 그녀가 기억하는 마지막 장면이었다. 이후 그녀는 새가 무서워 가까이 갈 수 없었고, 심지어는 새의 깃털만 봐도 얼굴이 창백해지고 몸이 떨렸다. 상담을 통해 기억의 일부를 덜어내기는 했지만 그 사건으로 인한 충격은 줄어들지 않았다. 이러한 상황에서 우리는 앨리스에게 모래놀이를 해 보도록 권하였다. 모래놀이를 할 때는 자신이 두려워하는 소품도 실제로 보고 직접 만질 수 있어 여타 치료와는 다른 방식으로 문제 해결에 도움을 줄 수 있다고 생각했기 때문이다. 그녀는 우리의 이런 생각을 믿었고 새에 대한 공포를 극복하고 싶어 했기 때문에 모래놀이를 시도하기로 했다.

앨리스는 모래놀이 치료실에 들어와서 소품을 둘러보기 시작하다가 어느 순간 몸이 얼어붙는 듯하더니 얼굴이 창백해지고 말을 할 수 없을 정도로 몸을 떨기 시작했다. 그러고는 선반 위에 있는 두 개의 새 날개를 가리켰다. 그녀는 날개를 보지 않으려고 고개를 돌렸으나 결국 눈물을 흘리기 시작했다. 조금 진정이 되자 앨리스는 고개를 흔들며, "난 저걸 만질 수 없어요, 볼 수도 없어요."라고 반복해서 말했다. 얼마간 침묵이 흐른 후, "날개와 깃털을 당신이 원하는 곳에 두면 계속 할 수 있을 것 같나요?"라고 물었다. 그녀는 "네, 그럴 수 있을 거 같아요. 난 정말 이걸 끝내고 싶어요. 할아버지가 내 삶을 계속 파괴하는 걸 원하지 않아요."라고 대답했다. 우리는 그녀가 가리킨 새의 날개와 깃털을 조심스럽게 집어 모래상자 안의 그녀가 원하는 곳에 놓았다. 모래상자 작업을 해 나가면서 앨리스는 점차 과거의 사건에 대한 기억을 구체화할 수 있었다. 그녀는 새와 할아버지 사이의 연상이 공포를 유발했다는 것을 깨닫게 되었다. 이제 그녀에게 새는 더 이상 해를 끼치는 존재가 아니었다([사진 2] 참조).

[사진 2] 앨리스의 모래세계

회기가 끝나갈 무렵, 앨리스는 부드럽게 새의 날개 하나를 집어 가슴으로 가져갔다. 새의 날개를 쓰다듬으며 속삭이는 동안 눈물이 뺨을 타고 흘러내려 날개 위로 떨어졌다. 앨리스는 한참을 서서 눈물을 흘리며 이야기했다. 모든 것이 다 끝났을 때, 그녀는 미소를 짓고 활짝 웃으며 "내가 해냈어요."라고 말했다. 마지막 회기 때 앨리스는 과거를 잊기 위해서는 그 과거를 애도하는 것이 중요하다고 말했다. 그녀에게는 죽은 새가 어린 시절 자신이 자유롭게 날고 누렸어야 할 자유의 상실을 상징했기에 자신이 발견한 죽은 새를 애도하고 묻어 줄 필요가 있었다고 말했다.

다음 날 오후, 앨리스에게 전화가 왔다. 그녀는 흥분한 목소리로 치료가 끝난 후 자신에게 일어난 일에 대해 말했다. 자신의 학대 경험에 대해 전혀 모르는 한 친구를 주차장에서 만났는데, 그 친구가 "너한테 줄 게 있어. 이걸 보는 순간 네 거라는 생각이 들었어." 하며 앨리스에게 아름답고 부드러운 두루미 깃털을 주었다고 한다. 다음 날 아침, 앨리스는 출근하려고 집을 나오다가 현관에 작은 참새 한 마리가 죽어 있는 것을 발견했다. 그녀는 본능적으로 피하려 하다가 이내 가지가 늘어진 자작나무 아래 작은 구멍을 파고 참새를 묻어 주었다. 그리고 거기에 서서 잃어버린 세월을 슬퍼하며 가냘프고 우아한 참새가 자신을 자유롭게 해 주기 위해 생명을 바쳤다고 생각했다. 앨리스는 참새의 묘비에 '높이 날아라, 작은 새야, 높이 날아라.' 라고 썼다. 상담을 마치기 전, 그녀는 "당신도 알다시피, 모래상자가 없었다면 그것을 해낼 수 없었을 거예요." 라고 말했다. 융(C. G. Jung)은 자신의 논문 「초월적 기능(The Transcendent Function)」에서 "모호한 내용은 시각적인 형태로 나타내어 명료화할 필요가 있다. 종종 손이 머리로는 풀 수 없는 비밀을 어떻게 해결해야 하는지 알고 있다." (1960: 86)고 기술하였다. 앨리스와 마찬가지로, 많은 내담자는 이 말이 진실임을 경험하였다.

그렇다면 모래놀이란 무엇인가? 모래놀이치료에서 치료자는 모래상자, 물, 다양한 소품과 재료를 제공하고, 내담자는 그것을 이용해 모래상자라는 한정된 공간에서 상상의 장면을 만든다. 모래놀이는 아동, 성인, 커플, 가족, 집단에게 효과적으로 사용할 수 있다. 루스 암만(Ruth Ammann)이 비유한 것처럼, 모래상자는 '영혼의 정원' 이며 내담자의 정신세계를 보여 주는 일종의 용기다. 모래상자는 '중간 공간(in-between space)' 이며, 여기서 내담자의 내외적인 삶이 발달하고 드러난다. 모래상자는 내담자가 자신만의 세계를 만들고 새로운 통찰로 기존세계를 변형시킬 수 있는 자유로운 빈 공간이다. 치료자는 내담자가 내면의 소리를 낼 수 있도록 안전하고 수용적인 환경을 제공해야 한다. 암만은 "의식적이고 무의식적인 재료를 펼치고 통합하여 구체적인 것으로 만들 수 있는 이 '중간 공간' 은 내담자와 치료자 사이에 있는 공간이기도 하다. 그것은 치료자와 내담자의 무의식과 의식이 만나서 상호작용하는 공간이다." (Ammann, 1994)라고 하였다.

모래놀이는 내담자가 자신의 내면에 있는 가장 깊은 감정과 정신에 접근할 수 있게 한다. 모래놀이치료에서 내담자는 자신의 내면 세계와 외부 세계에서 일어나고 있는 것을 이미지로 보여 준다. 또한 내면의 목소리가 표현하는 것을 구체화하여 외부 현실을 자기 자신과 연결시키고 무의식을 드러낸다. 이처럼 잠재의식 속에 있는 것을 구체적이고 관찰 가능한 형태로 나타내다 보면 이제까지 억압되어 있거나 드러내지 않아 잘 몰랐던 부분들을 더 잘 의식할 수 있게 된다.

인간은 살아가는 동안 외부 세계와 교류할 수 있는 페르소나를 만든다. 그들은 종종 자신의 감정과 생각을 억압하고 정신의 중심인 자기(self)와의 접촉을 상실한다. 일상생활에서의 끊임없는 활동과 요구, 충격적이고 고통스러운 경험과의 분리, 감정을 차단하고 합리적 · 직선적으로 생각하며 상상력을 억눌러야 한다는 메시지 등, 이 모든 것이 인간을 자기로부터 단절시킨다. 이러한 단절이 심해질수록 페르소나는 자기로부터 더 멀어진다. "정서와 느낌을 은폐할수록 기억과 성격의 일부는 의식에서 점점 더 멀어지고, 그것을 표현할 수 있는 단어를 점점 찾을 수 없게 된다." (Ammann, 1993: 2) 모래세계의 창조를 통해 미지의 것을 볼 수 있게 되면 자신의 무의식적 과정을 더 많이 알게 된다. 이때 인간은 자신이 부정했던 에너지와 통찰력을 얻을 수 있다. 데이비드 하트(David Hart)는 아들레이드 브라이(Adelaide Bry)와의 인터뷰에서 융 학파의 이론을 설명하면서, "무의식적인 삶과 의식적인 삶의 협력은 인간의 내면에 더 큰 조화와 힘을 만든다." (Centerpoint I, 1995: 19)고 말했다. 모래놀이는 이러한 협력의 틀을 제공한다.

모래놀이에는 여러 유형이 있다. 어느 유형이든 모래놀이는 내담자가 모래와 자연스럽게 연결되면서 자신의 중심에 닿고 치료가 필요한 곳으로 퇴행할 수 있게 도와준다. 이런 일이 가능한 이유 중 하나는 대부분의 사람이 어린 시절 모래나 흙에서 놀아 본 적이 있기 때문이다. 모래놀이를 하면서 사람들은 어린 시절의 추억으로 되돌아갈 수 있다. 어떤 내담자는 소품을 전혀 사용하지 않은 채 모래를 만지거나 옮기며 어떤 형태를 만든다. 이렇게 소품을 거의 사용하지 않는 내담자가 있는 반면, 소품을 많이 사용하는 내담자도 있다. 마른 모래를 사용하는 사람도 있고, 젖은 모래를 사용하는 사람도 있다. 장면을 빨리 만드는 사람이 있는가 하면, 느리게 만드는 사람도 있다. 정적인 세계를 만드는 사람도 있고, 동적인 세계를 만드는 사람도 있다. 또한 어떤 내담자는 자신의 경험을 집중적이고 차분하게 보고하기도 하고, 어떤 내담자는 모래놀이의 놀이성을 즐기지만 과거의 고통을 재경험하면서 깊은 정서를 체험하기도 한다. 모래놀이를 할 때 옳은 방법이나 결과가 정해져 있는 것이 아니다. 단 한 가지 중요한 것은 내담자 스스로 그 순간에 필요한 것을 할 것이라고 믿는 것이다. 또한 치료자는 자신의 편견이나 가치관, 미해결된 문제들을 인식하는 것이 중요하다. 이러한 인식을 통해 치료자는 내담자가 경험하고 있는 것을 판단하지 않고 있는 그대로 수용할 수 있다.

"모래놀이치료는 개성화 과정의 촉진제다."(Weinrib, 1983: 88) 우리는 정신이 치유와 온전함을 향해 움직인다는 융의 전제에 동의한다. 무의식이 의식화되면서, 내담자가 무의식적으로 추구하고 있을지도 모를 온전함을 향한 열망은 점진적으로 실현된다. 내담자는 치유와 온전함을 방해해 온 상처와 장애물 그리고 성격의 다른 측면들과 화해하고 더 잘 인식하게 된다. 모래놀이는 내담자가 현실에서 보지 못한 것을 의식할 수 있게 해 준다는 측면에서 꿈과 비슷하다. 이것은 인식의 부족을 보완해 준다.

모래놀이는 다른 치료기법과 함께 사용될 수 있다. 치료자들은 자신의 전문적 경력을 쌓으면서 사용해 온 기법들을 계속하여 사용할 것이고, 치료자만의 스타일과 이론적 지향을 존중하는 것은 매우 중요하다. 모래놀이는 다양한 치료적 접근을 보완해 준다는 점에서 좋은 치료 기법이 될 수 있다. 게슈탈트 기법, 시각화와 상상, 사이코드라마, 동작, 인지 재구조화, 미술치료, 최면 등은 모래놀이와 조화를 이루고 모래놀이 기법에 도움을 줄 수 있는 치료 전략이다.

모래놀이의 역사와 동향

▌ 모래와 상징을 정식으로 치료에 사용하기 이전에 토착민들은 땅에 원을 그리고 모래 그림을 만들었다. 와인리브(Weinrib)에 따르면, 모래놀이치료는 역사 · 문화적으로 "나바호 종교의 모래 그림과 비슷한데, 여기에서는 의례적 모래 그림을 예언, 퇴마 등과 같은 목적뿐 아니라 치유 의식에도 광범위하게 사용했다."(1983: 3). 클레어 베이커(Clare Baker)는 「나바호 모래 그림과 모래놀이(Navaho Sand Painting and Sandplay)」(1993)라는 논문에서 모래놀이와 모래 그림의 비슷한 점에 대해 상세히 설명했다. 나바호의 모래 그림과 모래놀이는 모두 정신 에너지를 활성화하고 마음 상태에 변화를 가져오는 치유 양식이며 참여자 상호 간의 의사소통을 활발하게 한다는 점에서 유사하다.

모래상자의 사용은 1920년대로 거슬러 올라간다. 당시 모래상자를 치료에 응용할 수 있도록 이끈 다양한 움직임이 일어났다. 놀이와 창의성은 치료과정의 일부로서 이미 광범위하게, 특히 아동에게 널리 사용되고 있었다. 멜라니 클라인(Melanie Klein), 안나 프로이트(Anna Freud), 에릭 에릭슨(Erik Erikson), 샬로트 뷸러(Charlotte Buhler), 헬가 볼가(Helga Bolgar) 그리고 리솔레트 피셔(Lisolette Fischer)는 치료, 진단, 연구의 목적으로 놀잇감과 소품을 사용하는 것을 지지했다(Mitchell & Friedman, 1994). 이러한 분위기는 성장과 개성화 과정에서 상상력과 창의성의 사용을 지지하는 융의 입장을 강화하였다. 1950년대 스위스의 융 분석가인 도라 칼프(Dora Kalff)가 모래놀이를 융의 양식으로 개발하고 이름을 붙이기 이전에도 소품을 사용하여 모래상자를 꾸미는 것은 이미 치료 장면에서 사용되고 있었다. 1929년 영국의 소아과 의사인 마거릿 로웬펠드(Margaret Lowenfeld)는 모래놀이 이전 형태이자 '세계놀이(Worldplay)'로도 알려진 '세계기법(World Techniques)'을 개발하였다.

로웬펠드는 1920년대에 소아과에서 아동 정신의학으로 전공을 바꿨다. 그녀의 목표는 아동의 관심을 끌 수 있는 매체를 찾고, 그것을 통해 관찰자와 아동이 소통할 수 있는 수단을 제공하는 것이었다. 그녀는 작은 놀잇감들을 사용하면 아동이 언어를 습득하기 전의 깊은 내면의 감정과 생각을 떠올리게 된다는 것을 깨달았다. 불행했던 아동기, 많은 질병, 부모의 이혼, 어머니의 사망 등으로 점철된 자신의 개인사와 러시아-폴란드 전쟁 기간의 군의관 경험 등은 그녀의 사상적 배경이 되었다. 로웬펠드는 이러한 자신의 과거 경험으로 인해 아동 내면의 삶을 더 잘 이해하고 비언어적인 도구들이 상호 의사소통을 증진시킨다는 것을 알게 되었다(Mitchell & Friedman, 1994). 젊은 시절, 로웬펠드는 우연히 웰스(H. G. Wells)의 『마루 게임(Floor Games)』(1911)을 읽게 되었다. 『세계전쟁(War of the Worlds)』과 『타임머신(The Time Machine)』의 저자인 웰스는 놀이가 성인에게 폭넓고 혁신적인 아이디어를 위한 환경을 제공한다고 믿었다. 그는 『마루 게임』에서 두 아들과 함께 한 활동들에 대해 기술했다. 나무, 종이, 점토, 사람과 동물 소품들을 가지고 게임을 하거나 도시와 섬을 만들기도 하였다. 웰스는 창의력을 촉진하고 상상활동을 존중하는 적절한 놀이와 재료를 찾아내는 데 큰 공헌을 하였다. 로웬펠드는 웰스에게 받은 영감과 자신의 경험, 아동과 소통하고 그들을 이해할 수 있는 방법을 찾겠다는 목표 등에 힘입어 세계기법을 만들어 냈다.

1920년대 후반 영국에서 아동심리연구소를 개소하기 이전, 로웬펠드는 많은 작은 놀잇감과 모형, 종이, 색깔 막대기들을 모아 상자에 담아 두었다. 아이들은 이 상자를 '마법의 상자(wonder box)' 라고 이름 붙였다. 연구소로 이사하면서 그 상자 안에 담긴 소품들을 작은 서랍이 있는 캐비닛에 보관했는데, 아이들은 그것을 '세계' 라고 불렀다. 로웬펠드는 두 개의 상자를 배치하여 한 상자에는 모래를 담고 다른 한 상자에는 물을 가득 채웠다. 아이들은 상자와 함께 그 소품을 사용했다. 세계기법은 내담자가 자발적으로 젖은 모래나 마른 모래에 소품을 배열하여 어떤 광경이나 세계를 만드는 것이다. 그녀는 아이들이 단어나 원형 대신에 생생한 경험적 이미지로 사고한다고 믿었으며, 아이들이 모래상자를 통해 자신의 의식적 · 무의식적인 생각을 전달한다는 것을 발견했다. 그녀는 정신분석가가 아니었기 때문에 내담자의 작품을 분석하지는 않았다. 다만 세계기법에 담긴 가치는 그것을 경험함으로써 실현된다고 믿었다. 로웬펠드에 따르면, 세계기법은 "치료자가 아닌 창조된 세계가 그 세계를 만든 사람과 대면하게 하는 데" 목적이 있다(Gisela De Domenico, 1988: 13). 그녀는 다양한 치료방식을 가진 치료자들이 세계기법을 적용할 수 있을 것이라고 생각했다.

1950년대에, 도라 칼프는 로웬펠드와 함께 연구했다. 융 분석가인 칼프는 세계기법에 융 이론을 적용하고 '모래놀이(Sandplay)' 라는 이름을 붙였다. 그녀의 관점에는 동양철학에 대한 연구, 높은 직관력, 오랜 모래상자 사용 경력과 노이만(Neumann)의 발달이론의 영향, 융과 로웬펠드와 함께 했던 연구 등이 반영되었다(Mitchell & Friedman, 1994). 칼프의 모래놀이는 정신이 전체성과 치유를 향해 움직인다는 융의 믿음을 토대로 한다. 칼프는 모래놀이가 아동에게 원형적인 세계와 개인 내의 세계 모두를 표현할 수 있게 해 주며, 아동을 외부 현실과 연결시켜 주는 하나의 도구라고 생각했다. 그녀는 상징놀이가 의식과 무의식 간의 소통을 가져온다고 주장했다. "치료자가 만든 안전하고 보호된 공간에서 이 모든 차원이 결합됨으로써 조화와 전체성의 이미지가 고무되고 자아(ego)와 자기(Self) 간의 연결이 증진된다."(Mitchell & Friedman, 1994: 50) 칼프는 이 같은 자아와 자기의 결합으로 아동이 보다 균형 있고 적절하게 기능하는 것을 관찰한 후, 성인에게도 모래놀이를 사용하기 시작했다.

도라 칼프는 다른 국가의 융 치료자/분석가들에게 강의를 하여 모래놀이가 광범위하게 사용되도록 이끈 장본인이었다. 세계기법과는 달리, 정신분석학적 모래놀이에서는 치료자가 내담자와 대면한다(De Domenico, 1988). 모래놀이 과정에서 칼프는 젖은 모래상자와 마른 모래상자, 두 개의 상자(2장의 '모래상자' 참조)를 사용하였으며, 물과 하늘을 표현하기 위해 상자의 바닥과 측면을 파란색으로 칠하였다. 그리고 내담자가 방해받지 않고 장면을 만들 수 있도록 치료자의 침묵을 강조했으며 상자 몇 개가 만들어질 때까지 해석을 보류해야 한다고 말했다. 각 장면을 사진으로 찍어 두고 나중에 인지적 지각과 깊숙이 느꼈던 경험을 연관시켜 가면서 그 사진을 다시 살펴볼 수 있다.

1980년대 초, 기셀라 드 도미니코(Gisela De Domenico)는 취학 전 아동을 대상으로 다양한 모양과 크기의 모래상자를 이용하여 현상학적 연구를 실시하였다. 또한 아동, 청소년, 성인, 커플, 가족, 집단을 대상으로 임상적인 변형 연구를 실시하였다. 그녀가 모래상자-세계놀이(Sandtray-Worldplay)라고 불렀던 모래놀이 이론 및 실습은 이 연구에서 발전된 것이다. 그녀는 회기를 진행하는 동안에 발견한 사실과 다양한 색깔의 모래가 담긴 작은 용기에서 내담자가 모래, 물, 이미지를 이용해 놀이하는 동안 자신의 정신세계를 표현하는 모습을 관찰한 결과를 토대로 이론을 정립했다. 그녀는 과정을 충분히 경험하는 것, 놀이의 산물, 그리고 모래놀이 과정의 각 단계에서 일어나는 치유적인 '의미 부여'에 초점을 두었다.

선배들처럼 드 도미니코도 정신의 치유적 힘을 강조했다. '무의식'의 깊이를 강조하기보다는 인간 의식의 깊이를 직접 다루었다. 이는 내담자가 세계와 자기 자신을 경험하는 과정을 촉진하고, 치료자가 언어로 해석을 하지 않음으로써 이루어졌다. 그녀는 정신과 그 놀이의 산물이 치유와 성장을 향한 내담자의 움직임을 충분히 반영하고 있다는 것을 믿어야 한다고 강조했다. 또한 모래놀이 치료자는 내담자의 '성장가능 지점'과 각 개인에 대한 '공동체적-사회적' 기대 사이에서 매개자로서 역할을 해야 한다고 보았다.

드 도미니코는 로웬펠드나 칼프와는 상당히 다른 방식으로 정신에 접근했다. 그녀는 인간을 각기 다른 많은 측면을 의식하는 다차원적 존재, 즉 현실의 다양한 측면을 경험하고 반응하고 창조하고 수정하기 위해서 서로 다른 의식(무의식이 아닌)을 사용하는 존재로 간주했다. 그녀는 이미지와 모래 형상들이 일단 모래상자에 배치되면 (상징적인 것이 아니라) 실재하는 것으로 간주했다. 로웬펠드나 칼프와 달리, 드 도미니코는 의식의 영역과 실체가 내담자의 분석과는 상관없이 각 개인에게 기능하고 있다고 믿었다. 또한 모래놀이가 의식을 활성화한다고 믿었다. 드 도미니코는 치료자가 '내담자의 다양한 경험'에 참여할 때 내담자의 모래놀이를 해석하는 전문가가 아니라 내담자의 세계를 함께하는 공동 탐색자가 될 수 있다고 생각했다. 그녀는 로웬펠드처럼 내담자의 개인적인 경험에서 시작했고, 칼프처럼 내담자의 원형적 경험을 존중했지만 그것을 해석하지는 않았다. 또한 그녀는 모래놀이 작업에서 가족, 사회, 조상, 초개인적 · 보편적인 경험 영역들을 포함시켰다. 드 도미니코는 자신의 제자들에게 놀이에 대한 치료자의 이야기보다는 내담자의 이야기를 가르쳤다.

드 도미니코는 임상 경험을 통해 내담자가 모래놀이 세계를 깊게 경험하고 자신의 중심을 깨닫고 스스로를 책임질 수 있게 하는 기법들을 개발하였다. 또한 다른 모래놀이 치료자들과는 달리 개인을 위한 모래놀이치료 기법뿐 아니라 공동 모래놀이치료 기법도 개발하였다. 그녀는 내담자에게 모래놀이 경험을 일상생활에 적용할 것을 권유했고, 치료자들도 자기발견을 위해 가능한 한 자주 모래놀이를 사용해야 한다고 생각했다.

모래놀이는 교육자나 비즈니스 상담가뿐 아니라 치료자들 사이에서도 계속 인기를 얻고 있다. 융의 상징적 접근을 접목시킨 칼프의 모래놀이가 널리 사용되고 있고 드 도미니코의 '모래상자-세계놀이'가 많은 놀이치료자에게 영향을 끼치고 있지만, 최근에는 다양한 지향의 치료자들이 모래놀이의 적용을 검토하고 있다. 앞에서 정의한 것처럼, 모래놀이는 치료적 환경에서 여러 가지 방법으로 모래에서 놀 수 있게 해 준다. 이전에 언급했던 이론적인 틀뿐만 아니라 치료자와 내담자가 창의적으로 많은 가능성을 통합할 수 있다. 모래놀이는 관련 이론에 상관없이 대다수 내담자와 치료자의 성장과 치유에 많은 도움이 된다. 우리는 드 도미니코의 방법이 아주 효과적이며 우리의 치료 철학 및 접근과 아주 많이 닮아 있다는 것을 발견했다. 훌륭한 치료 모형을 처음부터 다시 만들어야 하는 수고를 덜기 위해, 우리는 드 도미니코가 제안한 형식과 기법의 일부를 채택하였다.

모래놀이는 치료의 보조물로 언어적·비언어적 접근을 함께 사용하며 엄격한 규칙이나 해석은 하지 않는 경향이 있다. 외래나 입원 환자를 위한 정신건강 시설, 병원, 개인 상담소, 기관, 학교, 기업, 개인적 성장을 위한 수련센터 등 다양한 환경에서 모래놀이가 실시되고 있다.

모래놀이의 이점

모래놀이의 힘은 무엇인가? 성인과 아동을 대상으로 치료를 하는 사람들이 1990년대에 이 기법을 더 많이 사용하게 된 이유는 무엇인가? 모래놀이는 다른 형태의 놀이치료와 어떻게 다른가? 여기에서는 이 질문에 대한 몇몇 학자들의 견해 및 본 저자의 관점을 서술한다. 로웬펠드, 칼프, 와인리브, 드 도미니코, 브래드웨이, 그리고 모래놀이를 사용해 온 많은 치료자는 다음과 같은 모래놀이의 이점을 경험하였다.

첫째, 아동의 환상놀이는 개성화 과정을 촉진하고 성인세계를 익히는데 도움이 된다. 피아제(Piaget, 1951)는 놀이가 학령전기 아동의 발달을 이끄는 주 요인이라고 하였고, 융은 " '환상'은 모든 심리적 대극과 마찬가지로, 내부 세계와 외부 세계가 하나로 결합될 수 있는 가능성을 제공하는 근원이다." (1971: 52)라고 하였다. 최근 인간의 내면에 존재하는 아동의 힘에 대한 재발견은 정신건강 종사자들이 모든 내담자(성인과 노인, 남성과 여성 등)에게 놀이치료와 기타 경험치료를 사용하도록 고무하였다. 인간에게는 놀이를 통해 창의성, 내면의 감정, 지각, 기억을 자유롭게 하고 그것을 실현하고자 하는 욕구와 소망이 있다.

모래와 물은 환상놀이에서 사용할 수 있는 아주 강력한 도구다. 아동에게 모래놀이는 자연스러운 표현의 형태이며, 그들은 모래놀이에 쉽게 끌린다. 대부분의 성인은 아동기에 모래상자를 만들거나 해변에서 모래를 가지고 놀았던 경험이 있다. 그러므로 모래놀이는 과거 경험을 연결하거나 회상하게 하여 아동기로 가는 길을 만들어 준다. 아동에게 모래와 물은 자발적인 놀이를 하도록 이끄는 자석과 같다. 치료실에 들어온 대부분의 아이들은 모래상자와 수많은 소품에 흥미를 느낀다. 일부 성인은 아이들보다 놀이를 주저하기는 하지만 모래놀이 공간에 호기심을 갖는다. 대부분의 성인과 아이들은 모래놀이를 하면서 예술적인 기교의 필요성이나 특별한 문화적 제약을 경험한 적이 없기 때문에 자기비판이나 제약 없이 자유롭게 모래상자를 만들 수 있다. 모래놀이에는 정해진 놀이방법이 없으며, 성인의 모델링이나 방해 없이 세계를 만들 수 있다. 그러므로 그 세계는 만든 사람의 내면세계를 있는 그대로 보여 준다.

둘째, 모래놀이와 다른 치료기법의 가장 큰 차이점은 모래놀이가 내담자로 하여금 내면의 생각과 감정을 구체적으로 드러내 주는 세계를 만들 수 있게 한다는 것이다. 모래세계는 살펴보고, 만지고, 경험하고, 바꾸고, 그에 대해 이야기하고, 사진으로 찍을 수 있다. 일부 내담자는 외상을 해결하기 전에 자기 삶의 외상이나 경험을 외현화하고 객관화해야 한다. 앞서 이야기한 내담자인 앨리스는 "모래상자가 없었으면 나는 그것을 할 수 없었을지도 몰라요."라고 말했다. 다른 치료기법들도 효과적이지만, 대부분의 경우 내담자가 실제 경험을 물리적인 형태로 만들고 재창조할 수 있게 해 주지는 못한다. 융(1971)에 따르면, 인지적으로 이해하거나 풀 수 없는 정서적 경험은 시각적 형태로 나타내어 다룰 수 있다. 모래, 물, 소품, 손을 이용하여 세상을 만들 때 마법과 같은 일이 발생하고, 내담자가 무의식적으로 알고 있는 해결책이 손으로 전달되어 통합된 전체가 모래상자에 표현되는 것이다. 그 내담자는 '아하' 경험을 할 수도 있다. 생활에서 늘 놀이가 이루어지는 아동의 경우, 모래놀이에서 무의식이 객관화되어 현실과의 통합이 이루어진다. 성인의 경우, 통찰이 빠르고 완전하여 정서적 · 정신적 · 영적으로뿐만 아니라 신체적으로도 느껴질 수 있다. 내담자가 다른 치료기법으로 문제를 해결할 수 없거나 자신이 무엇을 느끼고 왜 그런 식으로 행동하는지 잘 모를 때, 만지고, 보고, 듣고, 냄새 맡을 수 있는 모래세계는 그 해답을 줄 수 있다.

물리적 특성 외에도 모래와 물은 인류와 지구를 연결하는 자연스러운 원형의 상징이다. 정신과 마찬가지로, 그것들은 흐르고 움직이면서 계속 변한다. 모래와 물은 마음과 영혼을 몸과 물리적 형태에 연결시킴으로써 영혼과 몸이 의식적 · 무의식적으로 영향을 주고받게 한다. 모래세계를 만드는 동안 내담자는 계속해서 마음을 물질로 변환시킨다.

셋째, 모래놀이에 사용된 소품과 재료가 갖는 상징은 공용어의 역할을 한다. 아이들은 종종 자신에게 일어난 일을 분명하게 표현하거나 명명하지 못한다. 앨리스의 사례처럼, 성인들도 종종 자신의 감정을 표현하지 못한다. 모래놀이는 내담자에게 내면 깊숙한 곳의 생각과 감정을 표현하는 수단을 제공한다. 모래와 물은 태내기, 주산기(周産期), 언어 이전 단계의 의식을 깨우기 때문에 정신을 이해하기 위한 언어기술은 필요하지 않다. 이러한 이유로 모래놀이는 언어, 문화, 인종, 연령, 발달단계 전반에서 사용할 수 있다. 흙과 상징을 사용하는 것은 세계 곳곳의 문화에서 쉽게 볼 수 있다(예: 미국 토착민들의 모래 그림, 동양 국가들의 '명상' 정원). 게다가 지나치게 말을 많이 하는 것은 오히려 치료과정을 방해할 수 있다. 끊임없이 말을 하면서 문제를 지성화하거나 회피하는 내담자들에게 모래놀이는 '지금-여기'에서 실체를 만드는 동안 이성적인 사고 대신에 무의식이 이야기할 수 있게 한다. 모래놀이는 비언어적인 표현을 가능하게 한다. 모래놀이를 통해 깊은 내적 경험이 내담자와 치료자에게 상징적으로 표현되고 전달될 수 있다. 이러한 경험이 공유됨으로써 언어를 통해서는 이루기 어려운 치료자와 내담자 간의 긴밀한 유대관계가 형성된다.

넷째, 모래놀이는 민감한 문제에 관한 질문에 내담자가 저항할 경우, 대화치료보다 덜 위협적으로 접근할 수 있다. 모래놀이는 내담자의 방어를 누그러뜨리고 저항을 줄일 수 있다. 이에 따라 내담자의 관심사가 말

없이 모래상자에 드러나게 된다. 우리가 작업했던 한 반항적인 청소년이 있었다. 그녀에게 가족의 문제에 대해 말해 보라고 하자, 소녀는 위축되고 압박감을 느끼는 것처럼 보였다. 소녀는 아무 말 없이 모래로 세계를 만들었는데, 거기에 부모가 자신을 학대했던 이야기가 드러났다.

다섯째, 모래놀이는 치료자가 현재 사용하는 기법과 함께 사용될 수 있다. 모래놀이는 대부분 융 학파 기법으로 시행되고 있지만 다른 접근법과 함께 하나의 도구로 사용될 수도 있다. 예를 들어, 치료자가 주로 인지적으로 접근한다면, 분석보다는 내담자의 사고를 재구조화하기 위해 모래작업을 할 가능성이 높다. 특히 치료자가 현재 사용하는 방법에 만족한다면 완전히 새로운 이론적 접근을 배울 필요는 없다. 우리는 게슈탈트 기법, 이미지화, 사이코드라마, 인지 재구조화와 같이 친숙한 기법을 통합하였으며 해석은 거의 하지 않았다.

대부분의 치료자가 자신의 치료방법에 만족하고 있기는 하지만, 간혹 그 방법에 실패하여 내담자와 치료자 모두 침체되고 좌절할 때가 있다. 어떤 기법이 내담자의 정신 내적 경험의 전체나 그 복잡성을 적절히 설명할 수 없을 때, 다면적 수준의 3차원적 상징을 가진 모래세계는 이러한 한계를 극복할 수 있다. "비언어적인 모래상자는 모래놀이를 하는 사람이 동시에 여러 측면에서 사건을 설명할 수 있게 해 준다. 바로 꿈에서 표현되는 방식으로."(Thompson, 1990: 18) 내담자는 의식에서 무의식으로, 내부 세계에서 외부 세계로, 정신과 영혼에서 육체로, 비언어적인 것에서 언어적인 것으로 이어 주는 다리를 만든다. 일단 의식이 이미지로 객관화되면 그것이 내적 변화를 촉진하기 때문에 이 과정은 또한 반대로 진행되기도 한다. 이러한 과정을 통해 의식과 무의식의 직접적인 연결이 서서히 이루어진다.

여섯째, 모래와 물을 사용함으로써 내담자는 저절로 치유와 통합이 필요한 경험 영역으로 돌아갈 수 있다. 자유롭고 보호받는 환경에서 모래놀이를 하는 동안 내담자의 어떤 경험이나 상처가 정의되고 제한된다. 결국 모래놀이는 내담자에 의해 주도된다. 이와 같은 과정은 내담자를 판단하지 않고 그의 인격체와 모래세계의 창조과정을 존중해 주는 누군가가 있어야 가능하다. 모래세계를 만드는 과정에서 내담자는 계속해서 세계를 바꾸고, 낡은 것을 부수고 새로운 것을 창조한다. 창조하고 부수기를 반복하는 과정을 통해 어떤 세계를 완성했을 때, 내담자는 자신만의 세계를 주장하고 바라볼 수 있게 된다. 이윽고 그들은 자신이 피해자라는 생각에서 벗어나, 과거 경험의 주인이자 새로운 경험의 창조자가 된다.

일곱째, 모래놀이에서 내담자는 자신만의 치료과정을 결정할 수 있다. 개인의 무의식 속에 있는 선천적 치유력을 활성화하고 피해자에서 창조자로 변할 수 있는 기회를 주기 때문이다. 내담자는 자신에게 무엇을 드러내고 드러내지 않을 것인지, 또는 이 과정에서 무엇을 배울 것인지를 통제한다. 따라서 내담자가 다룰 준비가 된 내용만이 의식화될 것이다. 내담자가 외부에 창조한 이미지는 무의식의 내부 세계를 반영하고 자기이해를 확장시킨다. 내담자는 적극적이고 의식적으로 치유과정에 참여하기 때문에 무력감과 열등감을 극복할 수 있다. 치료자는 내담자가 만든 세계와 그에 대한 개인의 해석을 존중하고 치료자 자신의 설명을 하지 않는다. 그러므로 내담자의 독특한 경험과 통찰력이 정당화된다. 이 과정을 통해 내담자는 자신의 삶을 책임지는 지적이고 존중받을 만한 사람으로서 자신을 인식하게 된다.

마지막으로, 모래놀이는 내담자뿐만 아니라 치료자에게도 유용하다. 모래상자는 외상, 관계 문제, 개인적 성장, 자아 통합과 변형 등을 포함한 많은 문제를 해결하는 효과적인 도구이기 때문이다. 치료자는 모래상자에서 역전이와 개인적 성장과 같은 문제를 해결할 수 있다(10장 참조). 또한 로웬펠드처럼 (치료자가 아닌) 모래상자를 이용하여 내담자와 직면하고 내담자의 투사를 수용할 수 있다는 이점도 있다. 우리는 모래놀이치료가 언어치료보다 치료자의 소진이 적다고 밝힌, 린다 커닝햄(Linda Cunningham)의 설명에 동의한다. 내담자가 투사하는 것의 대부분이 모래상자에 표출되므로 치료자가 전이 문제를 다루는 데 요구되는 에너지가 최소화된다. 이에 대해 커닝햄은 다음과 같이 썼다.

> 모래상자 그 자체가 (융이 말했던) 신비스러운 참여와 (클라인이 말했던) 투사적 동일시에 필요한 용기가 되기 때문에, 모래놀이치료를 하는 것은 치료자를 덜 소진시킨다는 것이 내 가설이다. 내담자는 자아가 의식하지 못하고 단절되었던 부분과 이와 관련된 정서를 모래상자에 상징적으로 배치하고, 모래상자는 조용히 이러한 정서와 자아의 부분을 보다 감당할 만하고 사용 가능한 형태로 되돌려 준다. 모래상자 속에 이미 전이가 표현되고 변형되기 때문에 치료자의 주관적 전이 경험이 왜곡되지 않는다(1997: 122).

모래놀이 치료자의 역할

모래놀이는 치료자에게 보다 효율적인 기법이 될 수 있지만 실제로 모래놀이를 하기 위해서는 다른 종류의 역량이 요구된다. 드 도미니코는 이러한 경험적 치료에 요구되는 많은 요건을 열거했고, 이는 다음과 같다. “모래놀이를 하기 위해서는 상징적이고 상형적인 정신 내부의 이미지가 실제화된다는 믿음이 필요하다. 이에는 자발적으로 경험할 수 있는 능력과 새로운 경험을 견딜 수 있는 능력이 요구된다. 먼저 관찰자로서의 역할을 수행하고, 경험하기가 끝난

다음에는 경험에 대한 의식적인 기억과 통합을 가능하게 하는 반영적 역할로 전환할 수 있는 능력이 요구된다." (1986a: 4)

모래놀이치료에서 치료자는 모래상자와 치료실에서 일어나고 있는 것을 담는 심리적 용기가 되어 내담자가 안전하게 내면의 목소리를 내게 하는 중추적 역할을 해야 한다. 이것은 특히 아동에게 중요한데, 아동은 아직 강한 자아가 발달하지 못한 상태이므로 판단하지 않는 성인의 도움이 필요하다. 또한 치료자는 내담자의 이야기를 들어주고 함께해 주는 행동의 모델이 되어야 한다. 이렇게 주의 집중하는 모델링을 통해 치료자는 내담자를 판단하지 않고, 창의적이고 의미부여 과정을 관찰하는 능력을 보여 주어야 한다. 또한 치료자는 내담자를 모래놀이와 연결시키는 유대/연결 역할을 해야 한다. 치료자는 내담자가 자신이 만든 세상이나 장면이 무의식에 내재된 심리적 내용 중의 일부를 어떻게 반영하고 있는지 알 수 있도록 돕는다. 모래놀이는 종종 깊은 감정과 통찰을 끄집어내어 감춰 왔던 것을 관찰하고 의식할 수 있게 한다. 따라서 내담자가 표면 위로 드러난 자신의 감정과 기억을 경험하고 다룰 때 치료자는 내담자의 조력자/지지자 역할을 해야 한다.

모래놀이는 내담자에게 탐색의 여정이다. 치료자는 이 여정의 공동 탐색자가 되어 내담자와 함께 내면의 심리세계를 여행하면서, 내담자는 의미부여의 과정을 이끌고 치료자는 따라가면서 질문이나 제안을 하기도 한다. 이에 치료자는 인내하며 내담자가 자신의 이야기를 펼칠 수 있도록 하는 것이 중요하고, 내담자의 탐험을 자극하는 공동 탐색자가 되도록 해야 한다. 암만은 이러한 균형을 다음과 같은 이미지로 표현하였다. "정신분석가는 정신분석을 받는 사람의 심리과정을 담은 용기를 요리하는 불꽃을 조심스럽게 보살펴야 한다. 불이 꺼져서도 안 되고 불꽃이 너무 강해서 용기 안에 든 뜨거운 내용물이 넘쳐 흘러 다치게 해서도 안 된다."

(1993: 5)

치료자가 증인/거울의 역할을 할 때 무의식의 인식과정이 증진된다. 따라서 내담자가 의식하지 못한 것을 바라볼 수 있도록 내담자를 신뢰하고 존중해 줄 누군가가 필요하다. 보통 내담자는 자기 자신과 자신의 새로운 통찰력을 확신하지 못한다. 치료자는 내담자의 경험에서 관찰한 것을 언어로 반영하여, 마치 다른 시각에서 거울을 보는 것처럼 내담자 스스로 바라볼 수 있게 돕는다. 치료자가 보고 있는 것을 단순히 반영해 주기만 해도 내담자는 한 걸음 더 나아가 모래세계를 자신의 삶에 적용할 수 있다.

그렇다면 치료자는 내담자에게 이 모든 것을 어떻게 해 줄 수 있는가? 내담자와 깊이 있는 작업을 효과적으로 하기 위해 치료자는 많은 자질과 기술을 가져야 한다. 치료자가 어떤 치료적 지향을 갖고 있든 간에 분명한 것은 인간 발달, 심리과정, 치료적 개입에 대한 기본적인 이해와 기초가 있어야 한다는 것이다. 모래놀이치료에서는 정신과 집단 무의식, 원형을 이해하는 것이 도움이 된다. 또한 반드시 그런 것은 아니지만 몸과 신체 질병에 대한 지식도 도움이 된다.

치료자가 자신의 '영혼의 정원'을 탐험하는 데 전념하면서 전체성과 개성화를 향해 나아가는 것 또한 중요하다. 치료자 자신이 모래놀이를 하는 것은 내담자 입장에서 모래놀이 과정을 경험하게 하며 내담자의 경험을 이해할 수 있게 한다. 치료자는 모래놀이치료를 경험함으로써 관찰력과 모든 감각을 이용하는 능력을 가다듬고 강화할 수 있을 뿐 아니라 창의성과 상상력을 키울 수 있다. 나아가 치료자 자신도 모르는 무의식의 재료를 인식하여 자신의 그림자를 내담자에게 덜 투사하고, 있는 그대로의 상호작용을 할 수 있다. 치료자는 배우기를 멈추지 않고 치료자와 내담자의 상호작용이 두 사람 모두에게 배움의 과정이라는 것을 인식해야 한다

(Ammann, 1994).

모래놀이치료가 모든 내담자의 필요나 성향에 꼭 적합한 것은 아니듯이, 모든 치료자가 선택해야 할 개입방법은 아니다. 치료자는 이 장에 제시된 모래놀이 치료자에게 필요한 기술과 과업들을 검토하면서 이러한 치료방식이 자신에게 맞는지 평가하는 것이 중요하다.

요 약

◈ 모래놀이란 무엇인가

- 모래에서 하는 상상활동이다.
- 개성화 과정에 필요한 거울이다.
- 내면 깊숙한 곳에 있는 감정에 접근하는 것이다.
- 잠재의식의 재료를 관찰 가능한 형태로 표현하는 것이다.
- 의사소통을 위한 상징적 언어다.
- 안전하고 수용적인 환경에서 이루어진다.
- 제한된 공간 내에서 행해진다.
- 물을 가지고 또는 물 없이 하기도 한다.
- 소품을 가지고 또는 소품 없이 하기도 한다.
- 정적 세계를 만드는 사람도 있고, 동적 세계를 만드는 사람도 있다.
- 다른 치료기법과 함께 사용할 수 있다.
- 아동, 성인, 커플, 가족, 집단에 사용한다.

◈ 모래놀이의 이점

- 개성화 과정을 촉진한다.
- 창의성, 내적 감정, 지각, 기억 등을 자유롭게 하고, 그것을 외부 현실로 가져와서 구체적인 증거를 제공한다.
- 대부분의 감각을 활용하여 폭넓은 경험을 하게 한다.
- 내담자가 과거 경험으로 퇴행하게 하여 치유와 통합을 가져온다.
- 무의식에서 의식으로, 내부 세계에서 외부 세계로, 정신과 영혼에서 육체로, 비언어적인 것에서 언어로 연결하여 감춰진 재료를 드러낸다.

- 자발적인 놀이를 하게 한다. 옳거나 그른 방법은 없다.
- 위협적이지 않기 때문에 방어를 감소시킨다.
- 아동에게 자연스러운 언어의 역할을 하며, 다양한 문화와 발달단계에 사용되는 공통어의 역할을 한다.
- 피해자에서 창조자의 입장으로 이동시켜 자신의 치료과정에 영향을 주게 함으로써 내담자의 역량을 강화한다.
- 다양한 지향의 치료자들이 모래놀이를 접목하여 사용할 수 있다.
- 치료자에게 자신의 개인적 작업을 할 수 있는 기회를 준다.

◈ 모래놀이 치료자의 역할

- 심리적 용기: 모래상자와 치료실에서 일어난 일을 내담자를 위해 담아 준다.
- 모델: 경청하기, 판단하지 않는 행동, 완전하게 존재하는 것의 본보기를 보여 준다.
- 유대/연결: 내담자를 모래놀이와 연결시키고 무의식의 내용을 의식과 연결시키고, 모래놀이를 외부 세계와 연결시킨다.
- 조력자/지지자: 느낀 감정을 지지해 주고 내담자가 그런 감정을 경험할 수 있게 돕는다.
- 공동 탐색자: 내담자가 만든 창조물과 그것이 내담자에게 어떤 의미를 갖는지 내담자와 함께 탐구한다.
- 증인/거울: 내담자의 과정을 지켜보고 반영하며 그 경험을 타당화하고 강화한다.

◈ 치료자에게 중요한 자질

- 이론적 지식
- 임상 경험

- 정신에 대한 이해
- 자기 이해와 개인적 성장에 대한 헌신
- 치료자 자신의 모래놀이 경험
- 새로운 경험을 감당할 수 있는 능력
- 상징적인 내적 이미지에 대한 믿음
- 몸과 신체 질병에 대한 지식

제2장 모래놀이 공간 만들기

치료자가 모래놀이치료를 하려면 작업공간을 만들고 재료를 모아야 한다. 치료자의 작업공간이 부적합하거나 예산이 불충분하더라도 괜찮다. 여기에서는 최소의 공간과 비용으로 시작할 수 있는 방법을 소개하고자 한다. 치료자는 모래, 모래상자(1~2개), 약간의 소품, 그림 그리기와 만들기 재료, 물 주전자, 카메라, 작은 탁자, 그리고 선반이나 저장 용기를 기본적으로 갖추어야 한다. 이 장에서는 치료자가 다양하게 선택을 할 수 있으며, 치료자에게 아이디어를 줄 수 있는 여러 모래놀이실을 자세히 설명하겠다.

치료자는 모래놀이를 시작하기에 앞서 그 주제와 관련한 책과 논문을 읽어 두는 것이 좋다. 이를 위한 '추천 도서 목록'이 부록 3에 수록되어 있다. 가능하다면 수준 있는 모래놀이 전문가가 진행하는 워크숍에 참가하기를 권한다. 워크숍은 되도록이면 내담자와 치료자 둘 다 되어 보는 경험을 할 수 있는 것이어야 하고, 모래놀이를 직접 해 볼 수 있다면 더 깊이 배울 수 있다. 이러한 경험을 통해 모래놀이가 현재 사용 중인 치료기법의 보조도구로서 적합한지 파악하는 데에도 도움이 된다.

모래상자

▌모래를 담는 상자의 종류와 모양, 크기는 다양하다. 가능하다면 치료자 뜻대로 할 수 있는 상자를 두 개 이상 준비해 둔다. 하나에는 젖은 모래를 담을 것이고, 다른 하나에는 마른 모래를 담을 것이다. 이렇게 하면 내담자가 둘 중 하나를 선택할 수 있다. 때로는 제3의 빈 모래상자가 유용한데, 특히 아동에게 필요하다. 이는 4장에서 논의할 것이다. 로웬펠드의 모래상자는 크기가 약 50×76cm에 깊이가 약 3cm의 사각형 모래상자다. 칼프의 모래상자는 보통 나무로 만들었고 상자 안쪽에 얇은 금속판이나 단단한 플라스틱을 덧대었으며 하늘과 물을 본떠 상자 안쪽을 파랗게 칠하였다. 상자의 크기는 약 57×72cm이고 깊이는 7cm다.

칼프가 이런 특정한 크기의 용기를 사용한 데는 여러 가지 이유가 있다. 그녀는 내담자가 한눈에 세계 전체를 볼 수 있어야 한다고 생각했고, 이렇게 하면 내담자는 자신이 창조한 것을 충분히 이해하고 감상할 수 있기 때문이다. 또한 모래상자는 내담자의 손이 각 모서리에 쉽게 닿을 수 있는 범위 내에 있어야 한다. 이는 내담자가 안전하게 세계를 창조할 수 있는 공간으로 한정하기 위해 의도적으로 크기를 작게 한 것이다. 칼프는 모래상자가 내담자의 상상이 통제 불가능한 상태로 넘어가지 않도록 "내담자의 상상력을 제한하는 규제-보호 요소로 작용한다."고 말했다(1980: 31). 조엘 라이스-미누힌(Joel Ryce-Menuhin)은 "모래상자의 한계가 정해져 있는 공간은 놀이자의 환상을 한정하고 제한하기도 하며 자유롭게 하기도 한다."고 말했다(1992: 6). 다양한 크기의 모래상자에 대해 연구한 드 도미니코도 로웬펠드와 칼프의 주장대로 작은 모래상자가 더 내담자를 집중시킬 수 있고 세계를 구체화하는 데 도움이 된다는 결론을 내렸다. 아동은 큰 모래상자보다 작은 모래상자를 사용했을 때 더 오랜 시간 놀이를 했으며, 경험이 반영되는 정신 내적인 세계관을 상징적으로 분명히 표현했다. 반면, 아동이 들어갈 수 있을 만큼 큰 모래상자를 사용했을 때, 아동의 주의시간은 감소하고 신체적인 움직임이 증가했으며 다른 놀이활동의 발생 빈도가 증가하였다. 드 도미니코는 효과 면에서 모래상자가 놀이자와의 창조 작업을 유지시키기도 하고 제한하기도 한다고 말했다. 그녀는 "정신은 제한된 안전한 공간에서 가장 온전히 나타날 것"이라고 믿었다(1988: 19).

나무로 된 모래상자의 크기는 대개 약 50×76×7cm이지만, 내담자와의 상담과정에 따라 다양한 크기와 모양의 상자가 유용하다. 직사각형 모래상자 외에 정사각형 모래상자, 원형 모래상자도 있다([사진 3] 참조). 보통은 내담자에게 특정 회기에서 하고 싶은 모래상자를 직접 고르라고 하는데, 그 선택 또한 내담자의 무의식에 따른 것이라 생각하기 때문이다. 그러나 때로는 내담자에게 특정 과정을 진행하는 데 필요한 모래상자를 지정해 주기도 한다. 직사각형과 정사각형 모래상자에서는 원형 모래상자에서보다 대극과 갈등이 더 분명히 나타나며, 대개 느리고 자연스러운 통합과정이 일어날 수 있다. 반면, 원형 모래상자에서는 중심화 현상이 촉진되는 경향이 있다. 흔히 원 안에서 갈등과 이원성은 연결점을 찾고, 장면은 더 이상적이고 마음을 누그러뜨리게 하는 경향이 있다(De Domenico, 1988). 그러므로 치료자는 내담자의 불안과 동요를 줄이기 위해서 원형 모래상자를 선택해도 된다. 만약 내담자가 불안에서 벗어나는 장면을 계속하면

[사진 3] 원형 모래상자와 직사각형 모래상자 그리고 정돈된 탁자

서 원형 모래상자를 자주 고른다면, 치료자는 내담자가 문제를 다루도록 촉진하기 위해 직사각형이나 정사각형 모래상자를 사용할 것을 제안할 수 있다.

나무로 된 모래상자는 미적인 면에서 좋고 쓸모도 있다. 상자의 안쪽에는 파란색 내열 플라스틱판인 포마이커를 덧댔다. 포마이커는 물과 하늘을 본뜬 파란색이고 표면은 방수가 된다. 나무로 된 모래상자는 주문하여 구매할 수도 있고 친구나 치료자가 직접 만들어도 된다.

보통 크기의 사각형 모래상자가 부부치료에 적합하기는 하지만 부부와 가족의 작업을 위해 만든 조금 더 큰 모래상자(약 50×106×10cm)도 있다([사진 4] 참조). 또 다른 모래상자는 칸막이로 된 소품함이 합쳐져 있는 휴대용 모래상자다([사진 5] 참조). 이 용기는 특히 정신건강 관련자, 공중위생 간호사, 사회복지 업무 종사자, 교내 상담가처럼 근무 중에 이동을 하는 치료자에게 유용하다. 또한 공간이 협소한 치료실이나 다른 치료도 함께 하는 치료실에서 쓰기에도 적합하다. 모래상자 크기는 약 48×71×

[사진 4] 커플/가족 모래상자와 모래상자 탁자

[사진 5] 휴대용 모래상자

7cm이고 양쪽에 뚜껑이 있는 작은 칸막이(48×35×7cm, 분리대 조절 가능)가 있어 다양한 범주의 소품을 넣을 수 있다. 또한 이 상자는 30cm 정도인 다리를 안으로 넣어 완전히 접을 수도 있다. 그리고 고정된 손잡이가 있어 운반이 용이하다. 상자가 모래로 차 있어 너무 무거울 경우, 모래를 빼고 휴대할 수 있다.

많은 치료자가 나무로 만든 모래상자를 선호하기는 하지만 튼튼한 플라스틱 모래상자도 유용하다. 플라스틱 상자는 값이 싸고 물이 닿아도 손상되지 않는다는 장점이 있다. 월마트와 K마트 그리고 다른 할인점에서 값싸고 반투명한 파란색 상자와 투명한 러버메이드(Rubbermaid) 상자를 판다([사진 6] 참조). 보통 이런 상자에는 파란색이나 흰색 뚜껑이 있다. 만약 상자를 쌓을 필요가 있다면 뚜껑이 중요하다. 상자의 크기와 가격은 다양하며, 자주 사용하는 플라스틱 상자의 크기는 약 50×76×15cm이고, 가격은 약 15,000원 정도 한다. 더 작은 상자는 크기가 약 38×53×15cm이며 가격은 약 5,000원 정도 한다. 가능하다면 하늘과 물을 본뜬 파란색 상자를 구입한다. 흔히 세계를 만드는 내담자는 깊이가 7~10cm 정도인 상자를 선호하는데, 모래상자가 이보다 깊으면 작업하기가 어렵

[사진 6] 러버메이드 상자

고, 얕은 모래상자에서는 내담자가 만든 장면을 다양한 각도에서 쉽게 볼 수 있기 때문이다. 그러나 깊이가 7cm이고 비싸지 않은 러버메이드 용기는 찾지 못했다. 사진 장비를 파는 가게에 가 보면 크기가 약 50×60×7cm이고 가격은 27,000원 정도 하는 인화용 상자가 있다. 보통은 흰색만 있지만 가끔 파란색도 판다. 그러나 이 상자에는 뚜껑이 없다. 만약 앞서 언급한 가게에서 상자를 구할 수 없으면, 장난감가게나 공구가게 혹은 플라스틱 제품 카탈로그를 찾아보는 것도 좋다.

물처럼 보이게 하기 위해 반투명 플라스틱 상자의 바깥쪽 바닥에 파란색을 칠하거나 선반 위에 파란 천 조각이나 인화지, 종이를 놓을 수도 있다. 만약 용기 뚜껑이 파란색이면 상자를 그 위에 놓을 수도 있다. 불투명한 상자라면 상자 안쪽을 파란색으로 칠하거나 파란 인화지를 덧댈 수 있다. 그러나 아직 오래 사용해도 벗겨지지 않는 페인트는 없다. 만약 내담자 중에 자주 물을 많이 넣어 모래를 넘치게 하는 이가 있다면 상자의 바닥에 동그란 구멍을 내고, 그 구멍에 미세한 망을 덧대어 상자 안쪽으로 튀어나오도록 살짝 막는다. 그리고 상자 바깥쪽에서부터 구멍 안으로 고무마개를 끼워 넣는다. 이렇게 하면 구멍으로 물이 잘 빠질 것이다. 모래놀이를 하는 중에 물이 너무 많아서 빼고 싶으면, 구멍이 없는 쪽 끝을 들어 올리고 마개를 뺀 후 손이나 다른 물건을 사용해서 모래가 입구에서 흘러내리지 않게 막기만 하면 된다.

원형 모래상자는 플라스틱 드럼통의 아랫부분을 잘라내어 사용할 수도 있다. 이런 드럼통은 비료나 다른 농업용 물질을 담는 용기다. 사용 전에는 전체적으로 깨끗하게 씻어야 하고, 파란색이 아니라면 하늘과 물처럼 보이기 위해 색을 칠할 수 있다. 이외에 할인점이나 공구가게에서 크고 둥글며 투명하거나 파란색인 지름이 약 50~76cm인 용기나 쓰레기통을 찾아본다. 그런 용기를 찾았다면 약 7~10cm 높이로 잘라서 쓸 수 있다.

치료자가 내담자의 개인적인 욕구를 온전히 탐색할 수 있게 되면 내담자의 상황에 가장 잘 어울리는 용기를 고를 수 있다. 처음에 치료자는 모래상자를 단 하나만 고를 수 있겠지만, 모래놀이에 숙련되고 나면 소장소품을 늘리는 데 좋은 아이디어가 생길 것이다.

탁 자

대부분의 어린 아동은 바닥에서 모래상자 작업하기를 선호한다. 반면, 청소년과 성인은 일부만 바닥에서 모래상자 작업하기를 선호할 뿐, 대부분이 의자에 앉거나 일어서서 작업하기를 좋아한다. 따라서 모래상자용으로 최소한 하나 이상의 탁자를 준비하는 것이 중요하다. 탁자는 물 주전자, 종이타월, 휴지, 그리고 내담자가 모래상자에 놓기로 선택한 소품을 놓을 수 있을 만큼 충분히 커야 한다. 탁자는 대략 허리 높이여야 내담자가 만들기를 하는 동안 앉아서 할지 혹은 서서 할지를 결정할 수 있다. 또한 원하는 위치로 쉽게 이동할 수 있도록 바퀴가 달린 것이 좋다.

탁자나 모래상자를 플라스틱 방수포 위에 놓으면, 카펫이나 마루가 더러워지는 것을 방지할 수 있다. 회기 중간중간에 쓸고 닦거나 방수포 또는 마루를 휴대용 청소기로 청소하면 작업공간을 깨끗하고 깔끔하게 유지할 수 있다. 모래상자를 사용하지 않을 때는 방수포를 테이블 다리 쪽으로 말아 놓아야 내담자가 방수포에 발이 걸려 넘어지지 않는다. 여분의 모래상자가 있으면 탁자 아래에 놓아 방수되는 공간을 확보할 수 있다.

만약 젖은 모래상자와 마른 모래상자를 둘 다 사용하고 싶은데 공간이 좁다면 '겹쳐 쌓게 되어 있는 탁자'에 보관할 수 있다([사진 3] 참조). 이때

손쉽게 접근하고 보관할 수 있도록 탁자에는 바퀴가 달려 있어야 한다. 그러면 작고 낮은 탁자는 쓰지 않을 때 다른 탁자 밑으로 밀어 넣을 수 있다. 낮은 모래상자를 탁자 위에 그대로 둔 채 탁자를 밀어 넣을 수 있으려면 탁자들의 높이가 충분히 달라야 한다. 누군가에게 이렇게 높이와 크기가 다른 탁자를 만들어 달라고 할 수도 있고 기존의 탁자를 개조하거나, 가지고 있는 큰 탁자 밑에 들어갈 만한 작은 탁자를 구입할 수도 있다. 필요하다면 작은 탁자의 다리를 원하는 높이로 자르고 다리 끝에 바퀴를 달 수도 있다. 바퀴는 대부분의 공구가게에서 판다. 이런 탁자는 더 큰 탁자 아래로 들어갈 수 있다. 예산이 한정되어 있으면 벼룩시장이나 중고품가게에서 저렴하고 적당한 탁자를 찾을 수 있다. 우리는 높이와 크기가 다른 모래상자 탁자 두 개를 가지고 있다(크기와 키가 더 작은 탁자를 더 큰 탁자 밑으로 쉽게 넣을 수 있다). 이 탁자는 단순히 모래상자 다리에 바퀴를 단 것일 뿐이지만 뚜껑도 있고 모래놀이를 위해 우리가 특별히 고안한 디자인으로 만든 것이다([사진 4] 참조). 모래상자로 쓰지 않을 때는 뚜껑을 닫아서 다목적 탁자로도 쓸 수 있다. 하지만 이 탁자는 내담자가 작업하는 동안 소품과 재료를 놓을 공간이 부족하다는 단점이 있다. 이는 재료를 놓을 적합한 공간을 만들기 위해 모래상자 탁자 옆에 면을 덧이어 놓는 것으로 해결할 수 있다.

배 치

소품을 배치하는 데는 몇 가지 방법이 있다. 먼저 소품은 내담자가 빠르고 쉽게 접근할 수 있도록 범주별로 가지런히 전시하거나 보관하여야 한다. 배치를 어떻게 할지는 치료자에게 달려 있다. 여기에 몇 가지 방법을 소개할 것이고, 필요에 따른 방법을 선택할 수 있다.

로웬펠드(1935)는 장난감 자체가 무언가를 상징해서도 안 되고 선택의 여지가 너무 많아 내담자를 압도시켜서도 안 된다고 믿었다. 그녀는 아동과의 작업에서 아동이 캐비닛 서랍을 완전히 당길 수 있지만 빠지지는 않는 것이 가장 만족스러운 보관 형태라는 것을 알게 되었다. 로웬펠드는 한 서랍이 완전히 닫혀야 다른 서랍이 열리는 것처럼 과잉자극의 가능성을 줄여 주는 것을 선호했다. 반면, 칼프는 대부분의 융 심리학자들과 마찬가지로 열린 선반을 사용한다. 소품은 놀이 영역 주위의 선반에 잘 보이도록 배치한다.

실제로 치료자는 주로 열린 선반 배치를 사용한다([사진 7] 참조). 이러한 배치는 많은 내담자를 소품으로 이끌고 모래놀이를 하도록 유도한다. 소품은 천성적으로 사람들의 호기심과 창조성을 활성화하는 것 같다. 열린 배치가 내담자를 과도하게 자극하지 않고 내담자에게 많은 가능성을 열어 준다. 과잉자극이나 주의산만이 문제가 되는 경우, 내담자가 모래상자에서 작업하는 동안 선반에서 멀리 떨어져 있거나 모래놀이에 참여하지 않는 것이 문제를 줄여 준다.

대개 어린 내담자나 혹은 주의력이 결핍되고 과잉행동을 하는 내담자와 작업하는 일이 잦은 치료자의 경우, 로웬펠드 식의 소품 보관방식이 적합할 수 있다. 그러나 선반을 사용하는 것을 선호한다면 노출을 줄일 방법이 있다. 문이나 커튼, 블라인드를 설치해서 물체를 가리는 것이다. 블라인드와 문은 치료자가 원하는 만큼 길고 넓어도 된다. 이렇게 하면 치료자는 그 회기에 적합하게, 모든 소품을 가려 놓거나, 특정 범주의 소품만 개방하거나, 모든 소품을 개방해 놓아도 된다([사진 7] 참조).

또한 소품을 담을 용기가 몇 개 있는 열린 선반을 사용하는 것도 좋다.

[사진 7] 열린 선반과 닫힌 선반

용기가 있으면 작은 공간도 짜임새 있게 활용할 수 있고 시각적인 자극도 적다. 군인, 꽃, 작은 돌, 보석과 같은 여러 가지 소품은 바구니나 용기, 통이나 작은 상자에 간편하게 보관할 수 있다. 용기의 뚜껑을 열어 두어 소품을 보이게 할 수도 있다. 그러나 용기에 보관된 소품은 뚜껑을 열어 두어도 열린 선반의 소품만큼 자주 사용되지는 않는다.

만약 치료실을 다른 치료자와 같이 사용한다면 닫힌 선반과 벽장에 둘 수 있는 저장용 통을 쓰는 것이 가장 적합하다([사진 6] 참조). 장소를 이동하면서 작업하는 치료자에게는 앞서 소개한 플라스틱 뚜껑이 있는 작은 러버메이드 모래상자와 비슷한 플라스틱 보관 용기를 부분적으로 나눠서 소품을 범주별로 보관할 수 있다. 도구함이나 도구 보관 용기도 이런 목적으로 쓸 수 있다. 치료자가 회기 사이에 시간이 거의 없고 다음 회기 전에 소품을 치워야 한다면 저장용 통이나 용기, 선반이 가장 유용할 수 있다. 이것은 청소시간을 상당히 줄여 준다.

선반의 깊이는 약 10~30cm이고, 너비는 약 182~243cm다. 그러나 깊이가 약 15~20cm 이상이어서는 안 된다. 이처럼 깊이를 제한하는 것은 내담자가 주위의 소품을 덜 방해하면서 소품을 고르고 다시 바꿀 수 있게 하기 위해서다. 이렇게 하면 내담자가 장애물 없이 소품을 볼 수 있다. 선반은 나무와 합판으로 주문 제작한다. 치료자가 주문해도 되고 직접 만들어도 된다. 벽돌과 판으로 만든 배치 세트는 쉽고 빨리 조립할 수 있어 실용적이다. 또한 나무나 합판, 플라스틱이나 금속으로 된 얕은 책꽂이를 벼룩시장이나 중고품가게 또는 할인점에서 적당한 가격에 구입할 수도 있다. 배치는 약 182cm 높이가 적당하다. 아동에게 가장 인기 있는 소품은 아동의 눈높이에 맞춰 낮은 선반에 놓으며, 높은 선반에 손이 닿지 않거나 높이 있는 소품을 볼 수 없는 아동과 내담자를 위해 튼튼한 접이식 의자를 제공한다. 높이 조절을 할 수 있는 선반은 선반 간의 거리를 소품의 크기에 따라 바꿀 수 있어 매우 편리하다.

혼란을 방지하고 위치를 간편하게 하려면 같은 범주의 소품을 한곳에 전시해야 한다. 이 규칙에는 두 가지 예외가 있다. 첫째, 드 도미니코가 그랬던 것처럼 다양한 범주에 속하지만 길이가 길어 선반 간에 더 먼 거리를 필요로 하는 소품은 아래쪽에 배치한다. 이렇게 함으로써 다른 선반을 더 가까이 붙여 놓을 수 있고, 따라서 더 많은 공간을 확보하고 많은 양

[사진 8] 길이가 긴 소품과 높이 조절을 할 수 있는 선반 받이

의 소품을 배치할 수 있다([사진 8] 참조). 둘째, 분류가 어려운 소품— 관련된 소품이 매우 적거나(예: 시간 관련 품목, 소통 관련 품목, 행성 관련 품목) 어디에 놓아야 할지 혼동되는 것— 을 위해 기타 범주를 둔다.

작업공간

일부 모래놀이 치료자는 모래상자와 소품을 별도의 방에 두기를 선호한다. 그렇게 하면 각 과정을 분리하고 특별하게 할 수 있기 때문이다. 특히 별도의 놀이치료실이 있는 치료자의 경우에 그렇다. 그러나 치료실에서 돋보이는 위치에 모래상자를 놓으면 많은 질문과 반응이 이루어진다. 이에 따라 아동과 성인의 경우 모두 모래놀이를 소개하고 정규 회기 속으로 모래놀이를 통합시키기가 쉽다. 방을 하나 사용할지 두 개 사용할지는 치료자가 선택하면 되지만, 현실적으로 치료자의 선택은 대부분 공간과 예산상의 제약을 받는다. 만약 별도의 치료실을 만들려면 벽을 따라서 선반을 세우고, 내담자가 소품을 직접 마주하지 않도록 방 한가운데에 모래상자를 놓는다. 그러나 만약 작은 방이 하나뿐이라면 한쪽 벽이나 구석에 선반을 놓고 선반 부근의 구석에 겹쳐 놓는 탁자를 놓아 모래상자를 보관한다. 맨 위의 탁자에는 모래를 적실 물 주전자를 놓는다. 어떤 내담자는 모래놀이를 하는 동안 손을 씻기 위해 주기적으로 물을 사용하고 싶어 할 수도 있다. 또 종이타월을 제공해서 내담자가 원하면 손을 말리거나 닦을 수 있게 한다. 물론 치료실마다 휴지가 있겠지만 내담자의 손이 쉽게 닿을 수 있는 위치에 휴지를 놓는 것도 잊지 않아야 한다. 접이식 보조의자를 선반 가까이에 놓아 두면 내담자가 높은 선반에 있는 소품을 쉽게 보고 고를 수 있다. 치료자와 내담자가 모래놀이를 앉아서 하고 싶을 때를 대비해 탁자 근처에 의자 두 개를 놓는다.

내담자가 만든 장면을 찍기 위해 준비해 둔 카메라는 회기 사이에 다른 재료와 함께 탁자 위에 두면 된다. 하지만 카메라가 사고로 인해 손상되는 것을 막으려면 탁자 위의 모래나 물과 멀리 떨어진 곳에 두는 것이 좋다.

가능하다면 상담공간은 모래상자와 소품 배치에서 어느 정도 분리시키는 것이 좋다. 흔히 치료실의 한 영역이나 구석을 놀이 영역으로 쓰고 다른 영역은 상담공간으로 쓰도록 계획할 수 있다. 내담자의 주의가 산만해지는 것을 방지하기 위해 소품이 전시된 곳에서 멀리 있는 쪽을 보고 앉도록 상담공간을 만든다.

내담자가 모래상자를 사용하기로 하면 그가 고른 상자가 배치된 소품과 최대한 떨어지도록 옮긴다. 내담자가 상자 주위를 자유롭게 지나다닐 수 있을 만한 충분한 공간이 있는 것이 중요하다. 내담자는 모래상자 앞에 앉거나 서거나 혹은 그 옆 바닥에 앉는 등 자유롭게 자세를 취할 수 있다. 드 도미니코가 말한 것처럼, 많은 사람은 서서 하는 자세에서 자신이 만드는 세계를 가장 잘 책임질 수 있고 자유롭게 움직일 수 있다. 서서 하면 앉아서 할 때보다 놀이가 더 활발해진다. 바닥에 모래상자를 놓고 하면 내담자가 퇴행을 일으키기 쉽다. 만약 내담자가 바닥을 선택하더라도 치료자는 내담자의 선택에 따라야 한다.

이런 지시는 우리의 경험과 책에서 얻은 지식에 기초한 권고사항일 뿐이므로, 치료자와 내담자의 욕구에 가장 잘 맞는 계획을 세운다. 모래놀이가 이뤄질 작업공간은 어디까지나 치료자의 공간이고, 그 공간을 일주일에 몇 시간씩 쓸 사람도 치료자이기 때문이다. 치료자의 작업공간은 깔끔하게 잘 정돈하는 것이 중요하다. 외적으로 질서가 유지될 때 내적인 질서를 느끼기가 더 쉽다.

카메라

모든 모래놀이 회기 동안 카메라를 사용할 수 있도록 한다. 대개 사진은 완성된 세계만 찍는다. 만약 내담자가 원하면 자신의 최종 모래세계의 사진을 찍어 집에 가져가게 한다. 내담자가 이렇게 하는 경우가 많으면 폴라로이드 카메라를 권한다. 특히 내담자가 작업을 바로 보고 싶어 하면 폴라로이드 카메라를 가지고 있는 편이 좋다. 세계를 만드는 동안 사진을 찍으면 내담자의 과정을 알 수 있지만, 반복해서 사진을 찍으면 내담자에게 방해가 될 수 있기 때문에 자주 그렇게 하지는 않는다. 만약 상자를 만드는 과정이나 완성된 장면을 찍고 싶으면 내담자에게 동의를 구한다.

치료자는 내담자가 원하는 사진을 찍은 후에 회기의 기록을 위해 별도의 사진을 찍는다. 이는 내담자가 떠난 후에 찍는다. 이런 용도로는 35mm 카메라가 가장 좋다. 왜냐하면 사진이 폴라로이드보다 유지 비용이 저렴하며 세부와 깊이가 잘 현상된다. 만약 내담자와 함께 재검토하려면 슬라이드도 좋다. 사진 기록에 관한 더 자세한 정보는 3장을 참조한다.

모래와 물

모래와 물은 매우 상징적인 것으로, 사람을 지구라는 행성에 연결시킨다. 물은 흐르고, 무언가를 정화하고, 녹이고, 재생시킨다. 그리고 흔히 무의식과 감정의 표상으로 여성적인 원리, 비옥함, 생명의 분수에 대한 은유적 표현으로 쓰인다. 또한 물은 모든 잠재력의 원천이기도 하다. 모래는 흔히 지구, 즉 형태가 있는 실제적인 것을 상징한다. 아동과 성인은 흔히 무의식적으로 자신의 토대를 물리적인 현실에 두고서 땅 위에서 작업을 하거나 놀이를 한다. 또한 땅은 생명을 낳고 영양과 비옥함, 사랑을 주는 여성적인 것으로 여겨지기도 한다. 드 도미니코에 따르면, "모래는 창조되는 세계의 토대다. 모래는 모래상자 안의 이미지를 지지하고, 숨겨 주고, 덮어 주고, 파괴한다."(1988: 23) 모래와 물은 모두 사람을 어린 시절로 퇴행시키는 경향이 있다. 이런 요소는 '자기'의 탄생과 재탄생 과정을 통해 개성화를 촉진할 수 있다. 모래는 젖어 있는지 말라 있는지에 따라 물체의 모양이 그대로 유지될 수도 있고, 창조자가 원하는 대로 끊임없이 변화될 수도 있다. 어떤 치료자는 땅과의 연결을 명확히 하려는 내담자에게 모래 대신 흙을 제공하기도 한다.

치료자는 이런 은유적인 암시를 염두에 두고 모래를 세심하게 골라야 한다. 치료자들 중 모래상자가 하나나 둘 뿐인 사람에게는 선택의 여지가 많지 않다. 그러나 여기서는 여러 가지 모래를 소개하려고 한다. 여러 종류의 모래는 각각 그 질감에 따라 독특한 느낌을 준다. 모래 입자는 20호부터 90호까지 다양하다. 숫자가 클수록 섬세한 모래다. 섬세한 모래는 기분을 달래 주고 거친 모래보다 더 깊이 변화된 상태를 일으킬 수 있다. 그러나 일부 내담자는 섬세한 모래를 사용할 때 방해를 받거나 거친 모래에서 더 안정감을 느끼기도 한다. 따라서 가능하다면 내담자가 고를 수 있도록 적어도 두 종류 이상의 모래를 제공하는 것이 좋다. 내담자가 한 회기에서는 섬세한 모래를 쓰고 다음 회기에서는 거친 모래를 쓸 수도 있다. 일부 내담자는 여러 모래로 되어 있는 모래상자가 친숙해서 그것을 선호할 수 있다. 이런 질감의 모래를 사용할 때의 장점은 내담자를 쉽게 아동기로 퇴행시킬 수 있다는 것이지만 어떤 모래는 매우 섬세해서 먼지가 많이 난다는 단점이 있다. 그리하여 먼지 알레르기가 있는 사람에게는 문제가 될 수 있다.

또 실리콘 성분이 들어가 있는 모래가 해로울 수도 있다는 생각에 잠시 이 문제를 언급하겠다. 직업안전건강청(Occupational Safety and Health Agency: OSHA)의 산업위생사는 먼지 입자가 폐 속에 쌓이면 실리콘 때문에 폐가 상하는 규폐증에 걸릴 수 있다고 한다. 이는 바람에 흩날린 모래 가루를 들이마시거나, 공사장에서 일하거나 공사장 주변을 자주 운전해서 지나가는 경우에도 걸릴 수 있다. 그러나 모래상자에서 모래를 사용하는 것은 위험하지 않다.

드 도미니코는 모래를 고를 때 색깔이 중요하다고 하였다. 만약 하나 이상의 모래상자를 제공한다면 한 가지 이상의 색을 쓰는 방안을 생각할 수 있다. 천연색은 밝은 것부터 어두운 것까지 있으며, 베이지색, 흰색, 검은색, 심홍색, 녹색, 산호색도 있다. 다양한 색깔은 다양한 느낌을 준다. 내담자는 필요에 따라 색을 고를 것이다. 예를 들어, 한 내담자가 자발적인 모래놀이를 할 때 어두운 붉은색 모래가 있는 상자를 골랐다. 그리고 그녀는 자신이 처한 문제를 인식하지는 못한 채, 그녀는 말라붙은 피가 있는 풀장에서 어머니를 찾은 외상에 초점을 둔 모래상자를 만들어 나갔다. 회고하면서 그녀는 자신이 붉은 모래를 택한 이유를 깨달았다.

대부분의 지역에 있는 벽돌과 시멘트 회사는 다양한 종류의 모래를 팔 것이다. 그러나 흔히 흰색이나 밝은 베이지색 모래만 팔며, 한 자루에 5,000원쯤 하고 약 45kg 단위로 판다. 바닷가나 시골 근처 해변의 모래언덕에 가면 색깔 있는 모래를 찾을 수 있다. 유타에 가면 아름답고 부드러운 모래를 구할 수 있고, 하와이에 가면 섬세하고 윤기 있는 검은 모래를 구할 수 있다. 어떤 사람은 염색된 테라륨(식물 재배용 유리그릇에 쓰이는 것-역자 주) 모래를 쓰거나 모래를 직접 염색해서 사용하기도 한다. 그러나 모래가 젖었을 때도 색이 계속 남아 있을지 모르겠다. 원한다면 직접 실험을 해 봐도 된다. 또 치료자는 대도시 지역에 있는 특수 모래자갈 가게에서 다양한 색깔의 천연모래를 살 수도 있다. 샌프란시스코와 로스엔젤레스에 이런 가게들이 있다. 비용은 45kg에 15,000~25,000원 정도이나 운송비가 비쌀 수 있다.

모래는 모래상자에 약 3~5cm 깊이로 채운다. 모래 한 자루면 50×76cm 크기의 상자 두 개를 충분히 채울 수 있다. 이는 모래가 자연적으로 마모되거나 내담자가 모래를 더 요청할 때 계속 채워 주기에도 충분한 양이다. 내담자가 모래를 더 요청하거나 모래상자에서 모래를 꺼내고 싶어 하는 경우에는 크기와 색깔이 같은 모래가 든 자루를 사용한다. 만약 모래상자에 크기나 색깔이 다른 두 가지 모래를 쓰고 싶으면 다른 치료자와 모래자루를 나눠 쓸 수 있다. 이에 더하여 깨끗한 물을 큰 주전자에 담아서 모래상자 옆 손이 닿는 곳에 둔다. 그러면 내담자가 모래상자를 적시거나 넘치게 하거나, 물을 뿌리거나 끼얹거나, 용기에 물을 담을 수 있다. 물뿌리개나 물총을 제공해도 된다. 가능하다면 만약의 경우에 대비해 여분의 물을 준비한다.

매우 어린 아동이나 모래를 먹을 가능성이 있는 발달장애가 있는 내담자의 경우, 모래 대신 옥수수가루나 쌀, 거친 밀가루를 사용해도 된다. 이렇게 하면 치료자는 걱정을 줄일 수 있고 내담자는 하고 싶은 대로 하면서 놀 수 있다는 장점이 있으나 땅과의 연결성이 줄어든다는 단점도 있다.

사용하고 싶은 모래 입자의 크기, 성분과 색깔을 선택하고 탁자에 모래상자와 물 주전자를 갖다놓고 나면 치료자는 내담자와 모래놀이를 진행할 준비가 된 것이다. 대부분의 치료자는 소품을 제공한다. 소품을 갖추는 것은 중요하지만 필수적인 것은 아니다. 일부 내담자는 흙만 가지고 놀거나 흙과 물만 가지고 놀기도 한다. 내담자의 무의식이 자기 문제를 최선의 방법으로 해결하기 위해 가지고 놀 필요가 있는 모래 입자와 색을 선택할 것이다. 때때로 내담자가 치료 중간에 막혔을 때는 치료자가 특정한 색이나 크기의 모래를 지정해 주어 특정 문제를 다루도록 돕는다.

소품

모래놀이를 위해 소품을 고를 때는 치료자가 모은 소품이 세계를 만들 사람의 의식과 무의식을 나타내는 상징적인 언어가 된다는 것을 기억해야 한다. 사용 가능한 소품의 종류와 수가 많을수록 (최소한 어느 지점까지는) 내담자의 어휘는 더 풍부하고 창조적이 될 수 있다. 소품 하나하나는 새로 배운 단어처럼 쓰이고 내담자의 상징적인 어휘를 확장시킨다. 따라서 보고, 듣고, 냄새 맡고, 맛보고, 만졌을 때 오는 감각을 자극하도록 가능한 한 많은 소품을 준비한다. 소품이 많으면 내담자는 생활에서 할 수 있는 다양한 가능성을 탐험해 볼 수 있게 된다. 소품을 모을 때 "당신의 목적은 인류와 천체의 집단적, 개인적, 인종적, 문화적, 역사적, 영적, 정신생리학적, 정서적 유산의 생생한 일면인 모든 것을 내놓는 것이다." (De Domenico, 1988: 45)

반면에 어떤 치료자는 소품을 간단히 갖추는 것을 선호한다. 이미 압도당한 내담자에게는 이런 단순함이 덜 혼란스럽고 덜 자극적일 거라고 보는 것이다. 더욱이 내담자가 자기만의 상징적인 물체를 만들어 낼 때 그 작업은 보다 무의식적인 마음에서 나오는 것 같다(Ammann, 1993). 치료자는 대개 내담자가 원하는 정확한 표현을 돕기 위해 자기만의 소품을 만들 수 있도록 천, 파이프 청소용구, 끈, 찰흙, 지점토, 색종이, 매직펜 같은 다용도 재료를 제공한다. 얼마나 많은 소품을 사용할 수 있는지와 상관없이, 내담자가 자기만의 소품을 만들 수 있도록 재료를 제공하는 것은 도움이 된다. 왜냐하면 내담자가 자기 내면의 경험을 정확히 표현하는 데 필요한 소품을 못 찾을 수도 있기 때문이다.

이 장에 열거된 범주별로 적어도 몇 가지씩의 소품을 수집한다. "미술관을 만들려는 것이 아님을 기억한다. 또한 박탈의 세계를 창조하는 것도 아니다. 그러므로 치료자에게 불쾌감을 주는 것, 자석처럼 끌어당기는 것, 치료자를 지루하게 하는 것, 멋없는 것, 무서운 것, 좋은 것, 악한 것, 조화로운 것, 부조리한 것 등을 모두 포함할 필요가 있다." (De Domenico, 1988: 45) 소품을 고를 때는 치료자 자신에게 매력적으로 느껴지는 소품뿐만 아니라 혐오스러운 소품도 많이 고른다. 이것은 정신으로 하여금 대립과 내적 갈등을 표현하고 통합할 기회를 제공한다.

다양한 크기와 색깔, 질감과 재질로 된 소품을 모은다. 소품은 큰 것부터 작은 것, 색이 없는 것부터 색이 선명한 것, 투명한 것부터 불투명한 것, 거친 것부터 부드러운 것까지 범위가 넓어야 하고, 백랍, 유리, 찰흙, 나무, 플라스틱처럼 재료도 다양해야 한다. 형태가 없는 소품뿐 아니라 형태가 있는 소품도 모은다. 소품 각각의 크기와 색깔, 질감과 재질은 그 순간에 무의식이 표현하고 싶어 하는 것에 따라 모래상자를 만드는 내담자로부터 독특한 의미를 이끌어 낼 것이다. 대개 크기는 지배 수준을 나타낸다. 인형은 모래나 형태가 없는 무정형 재료보다 더 의식에 가깝다. 가능한 한 많은 범주의 자연적인 소품을 모은다. 진짜 깃털, 조개껍데기, 솔방울, 나뭇가지, 돌 등은 내담자가 인조 소품을 불편해하거나 자연에 연결될 필요가 있을 때 내담자의 치료과정을 촉진시킬 수 있다. 자연적인 소품은 힘과 평화를 느낄 수 있는 환경을 제공한다.

내담자는 치료자와 함께 세계를 탐험할 때 소품에 대한 의미를 부여할 수 있을 것이다. 만약 내담자 스스로 의미를 발견할 수 없으면 치료자는 그들이 계속 혼란을 느끼게 놔둔 채로 확충 상자(6장의 '확충' 부분 참조)를 만들게 하거나 혹은 그들이 소품의 의미를 분명히 알도록 하기 위해 상징 사전을 참고하고 싶은지 물어도 된다. 이때 치료자는 내담자에게 사전에 있는 설명은 그들의 모래상자에 적용될 수도 있고 안 될 수도 있음을 알려 준다. 상징 사전은 주문하거나 대부분의 서점에서 구입할 수 있다. 만약 치료자는 소품의 의미를 탐구하는 데 관심이 있는데 내담자가 그렇지 않다면, 내담자의 모래상자를 이해하는 데 도움이 되도록 내담자가 떠난 후에 사전을 확인해 봐도 된다. 단, 사전에 나와 있는 의미는 내담자의 모래상자에 적용될 수도 있고 안 될 수도 있음을 기억한다. 상징이 전형적일 수도 있지만 대부분의 의미는 그 모래상자를 만든 사람에게 고유한 것이다.

소품은 다양한 경로를 통해 모을 수 있다. 자연적인 소품은 산책이나 여행 가서 발견할 수 있다. 치료자가 신이나 여신처럼 매장에서 사고 싶어 하는 특수한 품목이 있을 것이다. 대개의 소품은 비싸지 않다. 천냥 백화점과 케이크 장식 가게에 가면 독특한 저가의 품목을 구할 수 있다. 중고품가게나 벼룩시장도 정기적으로 방문한다. 동료나 친구 중에 벼룩시장을 샅샅이 둘러보기를 좋아하는 사람이 있으면 필요한 품목의 목록을 적어 주고, 찾아 줄 것을 부탁한다. 또한 치료자는 적당한 소품으로 쓰기 위해 자신의 장신구나 자녀의 낡은 물건과 장난감을 꼼꼼히 뒤져 볼 수도 있다. 만약 교내 상담가라면 학부모와 교사들에게 쓸 수 있는 소품의 유형을 알려 주면, 가족들이 버리려던 장난감이나 소품을 모래놀이용 수집품으로 기증받을 수도 있다. 평상시에 살 수 없는 특별한 소품이라면 선물로 요청한다. 친구들과 친척들은 종종 생일이나 그 밖의 특별한 일이 있을 때 뭘 받고 싶어 하는지 목록을 알고 싶어 하기도 한다.

[사진 9] 내담자가 만든 소품과 하늘 고리

색깔이 없거나 치료자가 원하는 색이 아닌 소품을 칠할 때는 아크릴 페인트를 쓰면 된다. 다양한 인종과 연령의 인형을 찾기란 쉽지 않으므로, 치료자는 일부 인형의 피부색과 머리색을 바꿀 수 있다. 때로 금속 소품도 구하기가 어려우므로 소품 위에 청동색이나 금색, 은색을 덧칠하면 금속처럼 보이게 할 수 있다. 찰흙, 나무, 송진과 기름 먹인 딱딱한 종이 같은 것으로 직접 만든 소품은 값도 싸고 일상적이지 않은 상징을 제공해 준다([사진 9] 참조).

3차원 작업은 모래상자를 만드는 사람에게 훨씬 더 많은 가능성을 주는 것 같다. 이런 목적에서 우리는 하늘 고리를 개발했다. 하늘 고리는 구부러진 철사 조각(우리는 옷걸이를 사용함)을 두 개의 크고 무거운 와셔(볼트의 일종-역자 주) 사이에 붙여서 만든다. 옷걸이를 위쪽으로 펴서 꼭대기에 고리를 단다([사진 9] 참조). 와셔들은 모래 속에 파묻혀 모래 위에 철사만 보이게 된다. 이렇게 하면 내담자가 해, 구름, 비행기, 새처럼 하늘에서 볼 수 있는 소품을 매달 수 있다.

때때로 치료자는 내담자에게 자기만의 의미 있는 소품을 가져와서 사용하게 한다. 내담자들은 문제를 해결하기 위해 종종 개인적·문화적·종교적인 인공물, 어린 시절부터 가지고 있던 소품, 이를테면 사진과 같이 어떤 관계에서 특별한 의미를 갖는 물품을 가져온다. 예를 들면, 중국에서 온 내담자는 상자를 만들 계획을 세울 때마다 중국 장신구, 신과 여신 그리고 가보로 가득 찬 상자를 가져왔다. 또 다른 내담자는 아버지의 죽음을 슬퍼하면서 아버지의 사진과 특별한 유품을 가져왔다.

드 도미니코는 워크숍에서 치료자가 어떤 새로운 소품을 갖게 되면 그것을 사용하여 모래상자에서 자기만의 세계를 만들어 봐야 한다고 제안한다. 이렇게 함으로써 치료자가 그 상징을 자신의 수집품에 더하는 데 도움이 된다고 믿는다. 치료자는 이런 접근을 해 보고 싶을 수 있다. 그러나 내담자가 꼭 치료자와 같은 방식으로 그 소품을 사용하지는 않음을 알아야 한다.

모래놀이 소품을 모으기 시작할 때, 치료자는 상자를 보는 시각이 바뀌는 것을 알게 될 것이다. 치료자가 보는 거의 모든 것이 잠재적인 모래놀이 소품이 될 수 있다. 산책을 하거나 휴가를 갈 때도 혹은 단순히 방 또는 가게에 들어가기만 해도 소품들이 쉽게 눈에 띌 것이고, 경고하건대 치료자는 모으는 데 집착하게 될 것이다. 어쩌면 새로운 12단계 프로그램이 합당할지도 모른다. 치료자가 주위 환경에 대해 훨씬 더 잘 알게 된다는 점에서는 긍정적이다. 모래상자에서 소품이 상징적이고 마술적인 의미를 전하듯이, 종종 치료자는 자신의 환경을 모래상자로 볼 때도 있다.

범주

▌이 부분에 기술된 범주의 소품을 쭉 모아갈 때는 그것들을 범주에 따라 정돈하여 배치한다. 모래놀이치료 분야에 공헌한 사람들은 소품을 다양한 방법으로 분류했다. 드 도미니코의 인상적인 수집품은 모래놀이 공간을 확장함으로써 모래놀이치료 분야에 확실히 영향을 미쳤다. 치료자는 이 책에서 열거한 것처럼 범주에 따라 소품을 배치해도 되고, 『모래상자 세계놀이(Sand Tray World Play)』(De Domenico, 1988)와 같은 다른 책에 나와 있는 것처럼 소품을 전시해도 된다. 혹은 치료자의 개인적인 상황에 가장 적합하게 보이는 분류를 새로 만들어도 좋다. 다음은 치료자에게 가장 유용한 범주를 요약한 것이다. 치료자의 공간과 예산, 내담자의 욕구에 따라 치료자가 고르는 소품의 개수와 종류가 달라짐을 알고, 범주당 적어도 몇 개씩은 있어야 함을 기억한다.

사람

사람은 내담자의 삶에 있는 실제 인물의 상징으로 자주 쓰인다. 또는 내담자에게 영향력이 있는 독특한 인물의 원형(예: 공격적이거나 사랑하는 기질)으로 쓰인다. 또한 사람은 내담자의 성격적인 면을 상징한다.

다음에 소개하는 사람의 모든 범주를 위해 다양한 인종과 문화, 연령으로 이루어진 남녀 소품을 제공한다. 이는 다양한 색깔과 크기를 포함한다. 가장 작은 인형은 장난감 화장실과 침대, 서랍에 맞는 크기여야 한다. 또한 부모와 아이, 부부(동성과 이성), 가족, 포옹 중인 연인, 신혼부부의 집단군을 포함한다. 재질은 유리, 찰흙, 자기, 금속, 나무 또는 플라스틱이면 된다. 그것은 색칠이 되어 있는 것도 있고 안 되어 있는 것도 있으며, 투명, 반투명 혹은 불투명한 것도 있어야 한다. 정체불명, 무정형, 자웅동체인 인형도 제공한다. 내담자는 이들 소품에 폭넓고 다양한 의미를 부여할 수 있다. 흥미롭게도, 내담자는 자신 삶 속의 많은 사람을 나타내기 위해 정체불명의 작고 나무로 된 파란색, 빨간색 인형을 자주 사용한다. 우울한 내담자는 종종 무색이나 회색 백랍으로 된 사람을 사용해서 모래상자를 만들기 시작한다. 그런 다음 점점 색의 언어로 이동한다. 또한 유아기, 아동기, 노화, 임신과 같이 인생의 다양한 발달단계에 있는 사람을 제공한다. 이를테면 성, 죽음, 사고, 병에 대한 상징물을 갖춘다. 대부분의 인형은 표정이 거의 없기 때문에 인형이 인간의 정서를 나타내는지 확인한다. 울거나, 찡그리거나, 화내거나, 미소 짓거나, 웃고 있는 사람을 갖춘다.

치료자가 준비한 사람들이 사용하는 의복과 도구, 소지품과 같은 소품은 사람과 관련된 인형에 인접한 하위 범주에 놓으면 된다. 예를 들면, 보통 사람의 옷과 모자는 보통 사람 집단 옆에 배치해야 한다.

보통 사람 내담자 삶 속의 개인을 나타내거나 공동체 또는 가족을 나타낼 수 있도록 충분한 수의 보통 사람을 제공한다. 쌍둥이, 세쌍둥이, 집단 등에 쓸 수 있도록 같은 것을 갖춘다. 이는 다양한 연령과 성, 인종과 문화는 경험을 표현하는 데 필수적이다. 일부 인형은 서 있고, 일부는 걷고 있고, 일부는 달리고 있고, 일부는 앉아 있어야 한다. 일부 사람은 팔, 다리를 펴거나 머리를 들고 있고, 일부는 굽히고 있거나 숙이고 있으면 좋다. 옷 입은 사람뿐 아니라 벌거벗은 사람도 꼭 갖춘다. 가능하다면 보통 사람이 입는 옷, 모자, 신발, 보석, 화장품은 따로 분류하고, 여기에 벌거벗은 인형용으로 특별히 디자인된 옷을 포함한다.

다양한 여가활동 중인 사람 여름과 겨울 각각 스포츠와 취미 생활을 즐기는 남자와 여자, 아이를 갖춘다. 예를 들어, 독서, 춤, 음악 연주, 스케이트, 스키, 썰매, 골프, 낚시, 자전거, 볼링, 달리기, 하이킹, 승마, 그리고 야구, 축구, 테니스, 농구 같은 것이다. 치료자의 지역에서 자주 활동하는 종목을 꼭 갖추는 것이 좋고, 여가활동에 쓰이는 품목을 갖춘다. 이를테면 축구공, 스케이트, 테니스 라켓, 그리고 축구 헬멧과 테니스 신발과 같은 소품이 있겠다. 이런 품목은 따로 놓되, 여가활동 범주 아래에 두면 된다. 종 또는 호루라기처럼 소리 나는 소품을 갖추고, 예술과 관련된 소품도 포함한다. 이를테면 악기, 전축, 팝뮤직, 페인트와 붓 같은 것이 있다.

다양한 직업의 사람 시골 출신과 도시 출신의 남자와 여자를 갖춘다. 예를 들면, 농부, 노동자, 경찰관, 소방관, 점원, 구급차 운전자, 회사원, 의사, 간호사, 교사, 과학자, 우주비행사, 연예인, 광대, 이외에 치료자가 찾을 수 있는 다른 직업의 인물을 갖춘다. 학교를 아이의 일터라고 본다면, 교실 책상에 앉아 있는 아이를 갖추는 것도 잊지 않는다. 또한 하위 영역에 직업별 의상뿐만 아니라 도구와 생산제품도 갖춘다.

과거와 현재의 특별한 사람 시대적인 의상을 입은 남자와 여자, 아이를 포함한다. 이를테면 여왕과 왕, 왕자와 공주, 황제, 해적, 개척자, 원시부족, 석기시대 사람이 있겠다. 또한 마릴린 먼로, 엘비스 프레슬리, 다이애나 왕비와 같이 과거와 현재의 대표적인 인물을 갖춘다. 따로 하위 영역을 두어 왕관, 왕자, 보물처럼 이들과 관련된 소품을 갖춘다.

환상, 민속, 신화적이고 마술적인 사람 반인/반수인 존재, 인간을 닮은 괴물 생명체, 우주 외계인, SF 인형, 그리고 만화나 동화, 최신 영화,

책에 나오는 등장인물을 갖춘다. 슈퍼맨, 배트맨, 파워레인저, 다스베이더, 요다 같은 등장인물은 아동과 청소년 모두에게 선과 악의 내면적인 전투의 상징이 될 수 있으므로, 최근 아동과 청소년 사이에서 인기 있는 인물을 알아둔다. 이외에 거인, 난쟁이, 신령, 마법사, 마녀, 요정, 디즈니 캐릭터들, 산타클로스, 드라큘라를 포함하고, 자유의 여신상, 피에타, 생각하는 사람 같은 유명한 인물 조각상도 포함시킬 수 있다. 따로 하위 영역을 두어 이 범주에 해당하는 소품을 모아놓는다. 이를테면 요술지팡이, 광선검, 소원을 비는 우물, 반짝이는 별이 있겠다.

싸움, 전쟁, 노예가 된 사람 찾을 수만 있다면 이 범주에 해당하는 과거와 현재의 사람을 남녀 모두 포함한다. 육군, 해군, 공군 등 여러 종류의 군대를 갖춘다. 내담자가 내면의 갈등을 완전히 풀어낼 수 있도록 서로 다른 부대 출신의 군인(예: 미군과 독일군)을 갖춘다. 흔히 이런 갈등은 내담자가 무엇을 선과 악이라고 생각하는지를 보여 준다. 가능하다면 군인은 말을 타거나, 탱크를 타거나, 걷거나, 총을 쏘고 있어야 한다. 들것에 실린 부상당한 군인과 붕대를 매거나 감옥에 갇힌 사람을 갖춘다. 인형(예: 붕대 맨 사람)을 찾기 어려우면 치료자가 찰흙으로 직접 만들어도 된다.

무장한 기사와 기마대, 그리고 카우보이 몇 명과 무기를 든 인디언을 갖춘다. 또한 사무라이 무사 같은 다른 문화의 전사뿐만 아니라 곤봉과 창을 든 원시 부족인을 갖춘다. 따로 하위 영역을 두어 총과 창, 칼 같은 전쟁장비와 수갑, 사슬 같은 노예를 나타내는 소품을 갖춘다.

죽음과 관련된 인형 죽음의 신, 악마, 좀비, 해골, 두개골, 수의를 입은 인형, 비석, 관 등 죽음을 상징하는 소품을 갖춘다. 이때 문화에 따라 죽음의 상징이 다르다는 것에 주의한다.

종교적이고 영적인 사람과 물체 다양한 종교와 영적인 믿음을 나타내는 사람과 소품을 갖추는 것이 중요하다. 예를 들어, 기독교, 불교, 힌두교, 유태인, 이슬람교, 토착신앙에 속하는 인형을 갖춘다. 여기에 성자 탄생 장면, 성모마리아, 예수님, 천사와 성인, 신부, 목사, 랍비, 수녀, 처음 성찬식에 간 아이, 시바신, 부처님, 아메리카 원주민 토착신앙을 나타내는 인형, 고대의 신과 여신 등의 소품을 포함한다. 또한 종교적인 소품도 갖추는데, 이를테면 십자가, 묵주, 아프리카 가면, 유태인의 별과 팽이, 아메리카 원주민의 카치나 수호신 인형, 이집트의 앙크 십자가, 그리고 다양한 종교에 해당하는 다른 상징물이 있겠다. 내담자가 속해 있는 종교집단과 가장 관련이 있을 것 같은 사람과 소품을 제공한다. 만약 필요한 소품이 없으면 내담자에게 모래놀이 회기에서 사용하고 싶은 특정 종교와 관련된 소품을 직접 가져오라고 한다.

다양한 인종과 문화 우리는 인종이나 문화와 상관없이 모든 사람은 다 같다고 보기 때문에, 앞서 열거한 다양한 범주에 모두 다른 인종과 문화를 포함하는 것을 선호한다. 그러나 일부 다른 저자는 이 범주를 별도로 두는 경향이 있다. 선택은 치료자에게 달렸다. 그러나 우리도 치료자의 공동체에서 우위를 차지하는 인종과 문화보다는 다른 인종과 문화의 소품을 갖추는 것이 중요함을 강조한다. 또한 다양한 문화를 나타내는 유물과 의복을 꼭 갖춘다.

신체 부위 머리, 눈, 가슴, 손, 발, 다리, 성기 같은 신체 부위의 소품을 갖춘다. 신체 부위가 부서진 인형과 소품과 같이 망가지거나 손상된 인형을 보관해 놓았다가 이 범주에 배치한다. 이런 소품은 온전한 것만큼 중요하다. 그것이 내담자의 감정을 나타내는 강력한 상징물로 여겨질 수도 있기 때문이다. 많은 내담자는 치료를 받으러 올 때 자신의 내면이 망가지고 손상된 것처럼 느낀다.

동물

동물은 지성이나 의지, 이성과는 구별되는 직관적인 삶과 본능을 상징한다. 그리고 종종 의인화되어 사용되기도 한다. 내담자의 모래상자 속 동물은 인류 본성의 다양한 면을 나타낸다. 예를 들면, 사자는 내담자의 강하고 공격적인 면을 나타낼 수 있고, 양은 내담자의 상처받기 쉬운 면을 나타낼 수 있다. 그러나 유대-기독교 전통과 무관한 사람은 다양한 영적인 인식에서 나오는 동물과의 연결성을 경험할 수 있다는 점을 기억하는 것이 중요하다.

다양한 크기, 색, 성, 나이, 종, 그리고 가족, 짝, 무리 같은 집단을 나타내는 동물 관련 소품을 모은다. 새끼에게 젖을 먹이는 어미를 갖추고, 부드럽고 털로 덮여 있거나 딱딱하고 매끈한 것 같은 다양한 재질과 질감으로 된 동물을 갖춘다. 또한 투명, 무색 그리고 색이 있는 소품, 형태가 있는 것과 무정형인 것도 갖춘다. 어떤 동물은 풀을 뜯어 먹고 있고 어떤 동물은 달리고 있어야 한다. 평화로운 동물뿐만 아니라 공격적인 자세를 취하고 있는 육식동물도 갖추어야 한다. 세계의 다양한 지역에 사는 동물을 갖춘다. 동물 범주 안에 땅이나 물, 공중과 같은 동물이 사는 장소에 따라 하위 영역을 만든다.

야생동물 육상동물을 한곳에 모아 놓는다. 예를 들어, 호랑이, 사자, 곰, 늑대, 하이에나, 뱀, 도마뱀 같은 육식동물, 사슴, 영양, 낙타, 코끼리, 긴꼬리원숭이, 짧은꼬리원숭이, 캥거루, 코뿔소, 하마, 기린, 얼룩말, 물

소, 큰 사슴 같은 초식동물을 갖춘다. 그리고 다람쥐, 시궁쥐, 생쥐, 토끼 같은 설치류를 갖춘다. 또한 땅에 사는 거미, 지렁이, 전갈, 곤충도 갖춘다.

또 한곳에는 수상 동물을 모아놓는다. 예를 들어, 고래, 상어, 악어, 돌고래, 물개, 거북이, 문어, 오징어, 새우, 게, 가재, 물고기를 갖춘다. 특히 상어와 악어, 고래 같이 입을 벌리고 있고 속은 비어 있는 소품이 있으면 유용하다. 내담자 중, 특히 아동은 종종 동물 안에 물체 집어넣기를 좋아하기 때문이다.

이외에도 공중에 사는 동물을 한곳에 모아놓는다. 독수리, 매, 부엉이 같은 맹조류를 갖추고, 또한 치료자가 찾을 수 있는 다른 종류의 어떤 새든지 갖추어 놓는다. 이를테면 펭귄, 울새, 백조, 휘파람새 같은 것이 있다. 박쥐, 그리고 파리, 벌, 모기, 나비 같은 날아다니는 곤충도 갖춘다.

가축 이 범주는 집이나 농장, 목장에 사는 동물로 구성된다. 개, 고양이, 기니피그, 햄스터, 토끼, 소라게, 금붕어, 열대어 같은 애완동물을 갖춘다. 앵무새, 박새, 그리고 새장에 있는 다른 새를 갖춘다. 비둘기와 공작새도 갖춘다. 또한 동물농장을 만들기에 충분한 양의 동물을 모은다. 소, 양, 염소, 돼지, 닭, 당나귀, 말, 칠면조 같은 농장 동물을 제공한다.

멸종하거나 신화적 또는 환상의 동물 이빨이 칼 같은 호랑이, 털이 많은 맘모스, 공룡 같은 선사시대 동물을 갖춘다. 페가수스와 미노타우로스, 유니콘, 용, 이무기, 머리 여럿 달린 괴물 같은 신화적인 동물도 갖추고, 영화와 만화 캐릭터, 괴물, 우주 생명체 같은 환상의 동물도 갖춘다. 만약 다양한 문화에 공통된 이야기와 전설이 있으면, 이에 나오는 동물을 찾아 갖추어 놓는다.

동물의 서식지 새장, 보금자리, 동물원, 동굴을 갖추어야 한다. 또한 동물을 잡을 그물도 갖춘다.

동물의 신체 부위와 부서진 동물 뼈, 발, 털, 깃털, 이빨, 알껍질, 피부껍질 같은 자연적인 동물의 신체 부위를 갖춘다. 또한 조개, 불가사리, 산호, 성게, 화석을 갖춘다. 부서진 소품과 머리, 다리, 꼬리 같은 각 부위의 동물 소품도 갖춘다.

식 물

식물 역시 종종 의인화되어 사용된다. 식물은 많은 사람에게 삶의 순환, 생명력, 죽음, 소생을 상징한다. 계절은 물리적인 세계의 변화하는 특성을 떠오르게 한다. 식물은 땅에서 자란다. 그리고 위대한 어머니인 대지의 여신, 비옥함과 밀접하게 연결된다.

식물을 모을 때는 바다, 산, 열대, 사막과 같은 다양한 장소에서 온 여러 가지 식물을 갖춘다. 다양한 크기, 색, 질감, 재질로 된 식물을 갖춘다. 식물 관련 소품은 씨앗이었다가 꽃이 피고 메마르거나 죽는 것과 같이 순환하는 인생의 모든 측면을 반영해야 한다. 인공적인 식물 형태뿐 아니라 자연적인 것도 갖춘다.

천연식물 나뭇가지, 모양이 흥미로운 부목, 매끄러운 가지, 가시가 있는 가지를 갖춘다. 말린 꽃, 잎, 잡초, 이끼, 바위와 나뭇가지 위의 이끼류, 씨 꼬투리, 곡식과 씨앗, 솔방울과 밤을 갖춘다. 양분과 습기를 공중에서 얻는 작고 살아 있는 식물을 갖춘다. 만약 싱싱한 식물을 구할 수 있으면 내담자에게 이런 것을 제공한다. 내담자는 갓 꺾은 싱싱한 꽃과 가지를 사용하면서 몹시 즐거워한다. 흔히 꽃의 색과 향기 그리고 상록수 가지는 내담자에게 특별한 장소와 사건에 대한 기억을 자극한다. 작고 싱싱한 삼목과 전나무 가지는 내담자가 원하는 크기로 자르도록 한다.

인공식물 다양한 성장단계에 있는 관목, 수풀 덤불, 울타리, 원예식물, 선인장, 낙엽수, 상록수, 야자수를 포함한다. 봄, 여름, 가을, 겨울에 나타나는 식물을 갖춘다. 묘목, 꽃이 핀 식물, 열매 맺힌 나무, 죽어 가는 식물, 죽은 식물을 갖춘다. 야채와 과일도 갖춘다(이것을 이 범주에 넣을지, 음식 범주에 넣을지는 치료자가 선택한다). 은색, 청동색, 금색 꽃과 나무, 관목, 잎뿐 아니라 다양한 색깔과 크기의 실크 및 플라스틱으로 된 꽃을 준비해서 마술적인 세계를 만드는 데 쓰이도록 한다. 크리스마스트리도 갖춘다.

광 물

바위, 금속, 보석과 같은 광물은 안정성과 영구성, 견고함, 냉정함을 상징할 수 있다. 바위는 힘과 거절을 나타내는 것으로 여겨진다. 일부 내담자에게 보석처럼 깎이고 다듬어진 돌은 영혼이 거칠고 불규칙한 돌이 아름다운 보물이나 보석, 장신구로 다듬어진 것을 의미한다.

치료자는 소품을 배치할 때 다양한 크기와 색깔, 모양, 질감, 재질의 바위, 금속, 보석을 갖춘다. 그러면 내담자는 다양한 풍경과 지형을 묘사할 수 있다. 이국적인 바위뿐 아니라 평범한 바위도 갖춘다. 구멍이 있는 바위나 화석을 갖춘다. 또한 잘리고 윤이 나는 바위 조각, 수정(한 조각 또는 덩어리), 그리고 자수정 및 호안석과 같이 천연 형태의 준보석, 황철광이나 다른 금속이 있는 바위를 갖춘다. 이외에도 철사, 유리구슬, 대리석, 인조 보석, 보석류를 갖춘다.

환 경

사람의 환경은 큰 의미를 지닌다. 예를 들어, 집은 보금자리와 방어 또는 폭력과 방종(방치)의 상징으로 여겨진다. 범위를 확장하면 집은 '자기'와 우주의 중심일 수도 있다.

이 범주를 모을 때는 다양한 재질로 된 다양한 크기의 소품이어야 함을 기억한다. 과거와 현재, 미래의 다양한 문화와 생활방식, 종교를 나타내는 소품을 갖춘다. 집, 인디언 천막, 이글루, 성, 요새, 동굴, 우주정거장 같은 다양한 집을 갖춘다. 또한 헛간, 가게, 교회, 절, 학교, 감옥, 병원, 운동장, 등대, 피라미드도 갖춘다. 훼손되고 불탄 집이나 건물을 갖추는데, 많은 내담자가 재앙을 겪고 살아남은 적이 있거나 내면에서 파괴됐다고 느끼기 때문에 모래상자에 그것을 표현할 방법을 필요로 한다.

탁자, 의자, 침대, 아기침대, 화장실, 목욕통, 설비 같은 가정 내에 사용하는 모든 종류의 소품을 갖춘다. 또한 삽, 갈퀴, 잔디 깎는 기계, 펜치, 톱, 드라이버 같은 도구와 기구를 갖추고, 만약 그 도구가 이미 '직업을 가진 사람' 영역에 포함됐다면 여기에 중복할 필요는 없다. 울타리, 문, 다리, 기둥, 아치, 신호등, 간판, 그리고 환경에서 흔히 찾을 수 있는 다른 소품을 갖춘다.

운송수단

운송은 내담자의 정신생리학적인 경험의 표현일 수 있다. 교통수단은 이동과 변화를 상징할 수 있다. 그것은 내담자의 삶에서 통제와 해소, 도피, 힘(권력)을 나타낼 수도 있다. 다양한 크기와 색깔, 재질의 운송수단을 모아야 한다. 원래 모습 그대로인 운송수단뿐 아니라, 사고가 나서 망

가진 것도 갖춘다.

지상 교통수단 차, 트럭, 버스, 택시, 농기구, 수레, 자전거, 오토바이, 썰매, 마차 같은 일상의 교통수단을 모은다. 기차의 차체와 엔진, 그리고 전차와 역마차, 지붕 있는 마차, 짐마차 같은 특정한 시대의 교통수단을 갖춘다. 소방차, 경찰차, 응급차 같은 구급차량을 한데 모아놓는다. 탱크나 무장한 군용차량과 같이 공격을 나타내는 교통수단도 갖춘다.

수상 교통수단 민간 선박과 군용 선박, 항해선, 보트, 카누, 뗏목, 잠수함, 항공모함, 전투선박과 같은 수상 교통수단을 갖춘다.

공중 교통수단 민간과 군용 프로펠러 추진기, 제트기, 수상비행기, 헬리콥터, 정기여객기, 풍선, 비행선, 우주왕복선, 우주선을 갖춘다. 또한 폭격기, 전투기, 병원수송기 같은 전쟁 관련 교통수단도 갖춘다.

기타 소품

이 범주에는 쉽게 분류되지 않거나 고유한 범주로 분류하기에는 너무 적은 소품들이 속한다.

천체와 지구 상징물 천체 소품은 때때로 우주와 자연의 모든 근본적인 힘의 통합을 나타낸다. 해, 달, 지구, 그리고 다른 행성, 별, 구름, 눈송이, 무지개 같은 소품을 갖춘다. 앞서 소개한 하늘 고리를 사용하여 천체와 지구 상징물을 매달 수 있다. 쉽게 손이 닿을 수 있는 곳에 하늘 고리를 놓아둔다.

반사하는 소품 거울과 같은 반사하는 소품은 진실과 자기실현, 지혜, 영혼, 신성한 지성, 진리를 상징할 수 있다. 다양한 모양의 거울과 얇은 금속판, 유리공, 구를 갖춘다. 이는 크리스마스트리 장식에서 찾을 수 있다.

반짝이는 소품 빛은 흔히 마음(영적 직관)이 빛나는 것, 즉 신성을 상징한다. 그리고 악과 어둠의 세력을 쫓아 버릴 힘을 가진 것으로 여겨진다. 빛은 진실과 명예, 영광, 기쁨을 준다. 모양과 색깔, 크기가 다른 촛대와 초를 갖춘다. 또한 작은 석유램프, 손전등, 그리고 건전지로 작동하는 다른 어떠한 빛도 갖춘다. 초를 켤 수 있는 성냥도 준비해 놓는다.

향기 나는 소품 시각, 청각, 촉각뿐만 아니라 후각도 내담자의 삶에서 경험을 제대로 표현하는 데 중요하다. 포푸리 꽃묶음, 향, 모닥불 막대기, 오래된 향수병, 작은 에센스 오일병, 허브 잔가지, 세이지 잎, 박하, 라벤더 같은 소품을 갖춘다.

중독과 의료적인 소품 많은 내담자가 자신과 가족 구성원의 중독과 의료적인 문제로 힘들어한다. 중독과 의료적인 소품은 내담자의 모래상자에서 중요한 요소다. 비행기에서 얻을 수 있는 작은 빈 술병, 빈 약통, 담배가 들어 있는 담뱃갑, 주사기, 의료용 경보 팔찌 등을 갖춘다. 만약 내담자에게 특정한 의료적인 문제가 있으면 자신의 상황에 적합한 특정 소품을 가지고 오고 싶어 할 수도 있다.

의사소통용 소품 현재 우리는 생활 전반에 의사소통 매체가 중심이 된 시대에 살고 있다. 이에 속하는 작은 책, 펜과 연필, 전화기, 텔레비전, 카메라, 컴퓨터, 라디오, 녹음기를 갖춘다.

용기 용기는 비밀과 보물을 담아 두는 특별한 장소가 된다. 이는 인생이 나타내는 다양한 것을 담는 저장소일 뿐 아니라, 억제하고 한정하는 제한적인 공간의 기능도 한다. 다양한 크기와 모양, 색깔, 재질의 용기를 갖춘다. 방수 처리가 되어 있어 모래뿐만 아니라 액체도 담을 수 있는 용기도 필요하다. 그리고 꽃병, 병, 유리그릇, 상자, 바구니도 갖춘다.

음식 음식은 양육과 영양을 상징한다. 음식은 생명을 유지하는 데 필수적이다. 또는 집착이 될 수도 있다. 달고 짠 음식, 패스트푸드, 피자, 사탕, 패스추리 같은 선호하는 음식 모형뿐만 아니라 과일, 야채, 치즈, 우유, 고기, 시리얼 같은 건강한 음식 모형을 갖춘다. 치료자는 포장된 사탕이나 쏟아지지 않는 다른 음식 등을 실물로 갖출 수도 있다. 내담자에게 사탕을 먹어도 된다고 허락할 수도 있다. 맛은 모래상자에서의 경험을 확장시켜 주는 또 다른 감각이다.

다용도 재료 간혹 내담자는 자신이 표현하고 싶은 것을 제대로 나타내는 소품을 발견하지 못할 수 있다. 재료를 이용할 수 있다면 많은 내담자가 자기만의 소품을 만들 것이다. 앞서 소개했듯이, 내담자가 만드는 소품은 흔히 제조된 소품보다 무의식을 더 많이 드러낸다. 그러므로 다양한 색깔의 색종이와 색종이 조각, 지점토, 찰흙, 끈, 천, 카펫 조각, 반짝이, 연필, 가위, 풀 같은 재료를 갖춘다. 내담자가 스스로 소품을 만들면 치료자는 내담자의 요구를 더 잘 이해하게 될 것이고, 어떤 재료를 추가할 필요가 있는지를 알게 될 것이다.

다른 비품 필요 시 모래를 거르는 데 쓸 수 있도록 부엌에서 쓰는 체나 조리도구를 갖춘다. 모래상자를 청소한 후에도 나뭇가지와 나무껍질 같은 작은 조각이 모래에 남기 때문에 다음 내담자가 모래상자를 사용하기 전에 치울 필요가 있다. 또한 체는 내담자가 자신이 만든 세계 위에 가볍게 모래를 흩뿌리는 데도 쓰인다. 이외에 작은 보조용(편의용) 상자를 준비한다. 내담자가 '세계 창조' 단계에서 재료를 모으는 동안 소품을 이 상자에 담아 둘 수 있다(3장 참조). 만약 내담자가 소품의 의미를 명확하게 알기를 원한다면 내담자가 볼 수 있도록 상징 사전을 갖춘다.

우리는 단지 치료자가 소품으로 갖추고 싶어 할 만한 방대한 품목을 제안할 뿐이다. 모래놀이는 각 범주에 속하는 소품 몇 개만으로도 효과가 있을 수 있다. 소품이라는 상징적인 언어는 치료자가 내담자에게 주는 선물이다. 치료자가 모으는 소품은 내담자에게 표현의 기회를 확대시켜 준다. 치료자는 소품을 모을 때 그것을 경험하게 되고, 그 새로운 소품을 사용해 자기만의 모래상자를 만들어 본다. "모래놀이 소품 수집은 단순히 중요한 상징물을 한데 모으는 것이 아니다. 그것은 그 상징물에 대한 치료자의 개인적인 관계를 나타낸다. 당신이 모은 소품을 본 사람은 당신과 당신의 영혼을 보게 될 것이다."(Hegeman, 1992: 101) "수집은 하면 할수록 늘어나고 바뀜을 기억한다. 치료자는 탐험을 통해 자신의 수집품을 발견할 것이다. 수집품으로 무엇을 만드는가는 수집품에 무엇이 있는가 만큼 중요하다."(Hegeman, 1992: 106)

요 약

◈ 모래놀이 치료실

〈모래상자〉

- 개수: 한 개나 두 개 또는 그 이상을 준비한다. 하나는 마른 모래를 담고, 다른 하나는 젖은 모래를 담는다.
- 크기: 약 50×76×7cm이고, 가족과 부부의 경우는 이보다 크다.
- 모양: 직사각형, 정사각형, 원형 또는 그 외 다양하다.
- 유형: 나무, 금속 또는 플라스틱으로 된 모래상자가 있고, 바닥과 옆면은 푸른색으로 도색한다.

〈탁자〉

- 개수: 하나 또는 그 이상을 준비한다.
- 크기: 모래상자, 물, 휴지, 소품을 놓을 만큼 커야 한다.
- 높이: 다양하지만, 탁자가 하나라면 허리 높이까지 오는 것이 적당하다.

〈배치〉

- 열린 선반과 보관 용기, 서랍 또는 캐비닛을 배치한다.

〈작업공간〉

- 모래놀이 영역이나 치료실을 분리한다.
- 깔끔하고 정리가 잘 되어 있어야 한다.

〈모래와 물〉

- 모래 입자: 20호부터 90호까지 다양하다.
- 모래 색: 하얀색이나 자연스러운 규토색, 검정색, 붉은색 등을 갖춘다.
- 물: 모래를 적시고 손을 씻을 깨끗한 물 주전자를 갖춘다.

〈그 밖의 재료〉

- 미니어처/소품
- 종이타월, 휴지
- 바닥 보호용 방수포
- 만들기용 재료
- 물 주전자/그릇
- 카메라: 폴라로이드, 35mm

◈ 모래상자에 쓸 소품

〈배치〉

- 세심하게 그리고 범주별로 구분하여 배치한다.

〈소품 모으기〉

- 범주당 몇 개씩 준비한다.
- 매력적인 소품만큼 혐오스러운 소품도 준비한다.
- 다양한 크기, 색깔, 질감으로 된 재료를 준비한다.
- 같은 것이 두 개 이상인 것도 필요하다.
- 무정형의 소품과 형태가 규정되어 있는 소품도 준비한다.
- 자연적인 소품과 인공적인 소품도 준비한다.

〈소품 만들기〉

- 구할 수 없는 소품은 내담자에게 직접 만들도록 제안한다.

〈격려하기〉

• 내담자가 적절한 개인적인 소품을 가져오도록 한다.

〈다용도 재료〉

• 만들기용 재료: 끈, 지점토, 찰흙, 플레이도, 종이, 색칠도구, 천, 색종이 조각, 가위, 풀을 준비한다. 이외에 하늘 고리, 물그릇, 체, 작은 보조용 상자 그리고 필요하다면 상징 사전도 준비한다.

〈소품 수집 경로〉

• 카달로그를 보거나 벼룩시장을 방문한다. 또한 할인점, 케이크 장식 가게, 재활용 장터, 전문점, 장난감가게에서 구입할 수 있고, 치료자와 친구의 낡은 장난감 및 작은 조각상을 가져와도 좋다.

◈ 소품의 범주

〈사람〉

• 보통 사람/다양한 여가활동 중인 사람/다양한 직업의 사람/과거와 현재의 특별한 사람/환상, 민속, 신화적이고 마술적인 사람/싸움, 전쟁, 노예가 된 사람/죽음과 관련된 인형/종교적이고 영적인 사람과 물체/다양한 인종과 문화/신체 부위에 속하는 소품을 갖춘다.

〈동물〉

• 육상, 수중, 공중의 야생동물/가축/멸종하거나 신화적 또는 환상의 동물/동물의 서식지/동물의 신체 부위와 부서진 동물에 속하는 소품을 갖춘다.

〈식물〉

- 천연식물이나 인공식물에 속하는 소품을 갖춘다.

〈광물〉

- 바위/천연 보석과 인조 보석/대리석과 구슬 등을 갖춘다.

〈환경〉

- 다양한 문화와 지역의 거주지/울타리와 다리 등을 갖춘다.

〈운송수단〉

- 지상, 수상, 공중 교통수단에 속하는 소품을 갖춘다.

〈기타 소품〉

- 천체와 지구 상징물/반사하는 소품/반짝이는 소품/향기 나는 소품/중독과 의료적인 소품/의사소통용 소품/용기/음식/다용도 재료에 속하는 소품을 갖춘다.

제3장 성인 개인의 자발적 모래상자

모래놀이치료에서 내담자는 개인마다 특유의 모래상자를 만든다. 첫 번째 모래상자에서 어떤 내담자는 자신이 삶을 어떻게 관망하는지를 보여 주거나 현재의 힘든 상황을 드러내는 반면, 어떤 내담자는 깊은 중심과 편안해지는 것을 표현한다. 내담자가 개인마다 다르듯이 치료자도 다르다. 치료에서 한 회기를 진행하는데 한 가지 방법만 있는 것이 아니며, 한 가지 치료과정만 있는 것도 아니다. 치료자는 자기 자신만의 이론적인 방향을 믿어야 한다. 그러나 모래놀이치료 회기 안에 일정한 순서가 있듯이 치료과정에도 일정한 양식이 있다. 내담자가 모래놀이를 하면서 조용하고 무의식적인 놀이에서 언어적이고 의식적인 놀이로 이동할 때 매우 생산적인 회기가 펼쳐진다. 치료자는 초기에 내담자가 내면의 소리에 귀를 기울이도록 격려하고, 그다음에는 더 많이 상호작용한다.

루이스 스튜어트(Louise Stewart, 1982)는 모래놀이치료 초기에 자아는 비교적 비활동적이고 의식은 파편적이라는 아이트(P. Aite)의 개념을 정교화하여 다음과 같이 말하였다. "무의식의 환상(fantasy)의 이미지와 자아-의식(ego-consciousness) 사이에 협력이 있지만, 치료과정은 무의식의 이미지에 의해서 이루어진다."(p. 206) 루스 암만에 따르면, "치료 초기에 내담자는 비판적이고 이성적인 의식의 인도를 받지만, 활성화되는 것은 상상과 감각기능, 특히 촉감이다. 정서와 감정이 활성화되면서 상상과 현실이 연합되어 모래상자에 이미지를 만든다."(Ammann, 1993: 7) 자아는 서서히 환상에 협력하기 시작한다. 이 과정은 융이 적극적 명상이라고 한 것과 유사하다. 이러한 협력이 이루어지면서 치료의 모든 관점은 연합되기 시작하고, 내담자는 새로운 태도와 행동을 보이게 된다. 이런 변화는 치료받는 동안 한 번 이상 일어나며 종종 중추적인 모래세계가 만들어진 후에 볼 수 있다. 모래놀이는 내담자가 자신의 무의식 자료를 의식 수준으로 통합하는 것을 가능하게 해 준다. 이런 과정을 촉진하는 것이 치료자의 역할이다.

우리는 모래놀이치료의 훈련과 경험을 통해 치료자가 어떻게 할 때 이런 협력이 가장 잘 일어나는지 알게 되었다. 내담자의 창조와 그것에 부여한 의미가 가장 중요하기 때문에 내담자의 인도를 따라가는 것이 중요하다. 내담자가 제시한 이미지를 존중하고 그것을 무의식의 상징으로 이해하는 것이 중요하다. 융의 관점에서 이미지와 의미는 같은 말이다. 따라서 이미지가 형태로 나타나면 의미가 전달되어 해석이 필요하지 않다. 이런 이유로 모래놀이치료 과정에서 치료자는 내담자의 인도를 따라가고 해석은 하지 않는다. 이는 치료자가 상호작용할 때도 마찬가지다.

모래놀이치료에 일반적인 과정이 있듯이 한 회기 안에서도 일정한 양식이 있다. 이는 내담자가 만든 정적인 세계에는 적용되지만 내담자가 장면을 바꾸는 동적인 세계에는 적용되지 않는다. 이 장에서는 내담자가 정적인 세계를 만들 때 유용한 순서를 설명한다. 효과적인 치료를 위해 우리는 드 도미니코에게 치료 회기의 다섯 단계와 치료자가 관찰하고 지시하는 방법을 배웠다. 우리의 단계와는 좀 다르지만, 드 도미니코의 회기에 대한 설명, 정적 또는 동적 모래상자에 대한 개념과 자발적 모래상자와 지시적 모래상자의 차이에 대한 설명이 매우 가치 있기에 그녀의 개척자적인 작업에 감사한다.

드 도미니코가 지적했듯이, 모래놀이치료 회기에서 내담자가 항상 모든 단계를 거치는 것은 아니다. 가끔은 첫 단계만 이루어지기도 한다. 여기서 설명하려는 것은 한 회기를 진행하는 데 사용할 수 있는 지침이다. 과정은 이어져 흐르며, 단계는 분리된 것이 아니다. 치료자가 한 회기에서 내담자와 어떻게 작업하느냐는 치료자의 치료 방향과 그 시기의 내담자 요구에 달려 있다. 치료는 보통 한 회기당 50분으로 이루어지는데, 충분하다면 한 시간 반으로 모래놀이치료 시간을 연장할 것을 제안한다. 회기를 연장하면 모든 단계를 거칠 수 있고, 더 공공연하고 의식적인 진행 속에서 조용히 창조하고 치료적인 작업을 하는 데 충분한 시간을 준다.

드 도미니코의 단계는 ① 제작단계, ② 첫 번째 경험단계, ③ 두 번째 경험단계, ④ 촬영단계, ⑤ 치우는 단계다. 1990년대 초 우리는 드 도미니코에게서 배운 틀을 내담자에게 사용하다가, 다음 6단계로 발전시켰다.

- 1단계: 세계 창조하기
- 2단계: 경험하기와 재배치하기
- 3단계: 치료하기
- 4단계: 기록하기
- 5단계: 전환하기
- 6단계: 세계 치우기

드 도미니코의 '제작' 단계와 같은 '세계 창조하기' 단계에서 내담자는 모래놀이치료 과정을 소개받고 자신의 세계를 만든다. 드 도미니코에 따르면 이 시기의 내담자는 자신이 원하는 세계를 창조하고 내적인 격려에 의해 나아간다. "모래놀이를 하는 것은 정신을 초대해 무의식을 활성화하고 자아가 협력해 흐름을 일으키거나 움직이게 해서 내면의 작업을 하는 것이다."(Signell & Bradway, 1995: 20) '경험하기와 재배치하기' 단계는 내담자 내면의 작업을 넓히고 더 깊이 내려가도록 한다. 이 단계는 드 도미니코의 '첫 번째 경험' 단계로, 내담자는 조용히 경험하고 자신의 세계에서 호흡하며 필요하면 자신의 세계를 재배치한다. 내담자는 세계를 자유 연상하고 일어나는 사고나 감정을 치료자와 공유한다. 치료자는 '반영해 주는 거울'로서 내담자를 지지한다. 모래놀이치료의 처음 두 단계는 최면 동안 의식이 바뀌는 것처럼 내담자는 대개 무의식에서 뭔가를 만들고 깊은 수준에서 이 과정을 경험한다. 초기에 치료의 소개와 설명 이후, 이 단계는 조용히 이루어진다.

치료자는 내담자와 함께하지만 세 번째 단계인 '치료하기'에서는 내담자와 더 많이 상호작용한다. 이는 드 도미니코의 '두 번째 경험' 단계로 치료자는 내담자의 모래상자와 함께한다. 로웬펠드가 말했듯이, 내담자는 자기 세계의 전문가다. 드 도미니코는 내담자는 안내자로 여행에 치료자를 데려가는 거라고 말한다. 그녀는 치료자가 스스로 "내담자의 정신을 통해 경험하고 관찰해야 함"을 강조한다(1989: 21). 치료자는 그 경험이 깊어지도록 질문을 하지만, 그 세계에 대한 자신의 인상을 끼어 넣지는 않는다. 이 단계는 여러 가지 치료적인 개입으로 탐색이 더해지는 시기이며, 문제를 해결하고 현재의 문제를 다루고 치료하며 무의식과 의식이 협력한다. 네 번째 단계인 '기록하기'(치료자가 내담자에게 세계가 어떻게 사진에 담기고 기록되기를 바라는지 묻는 드 도미니크의 '촬영' 단계[1989:

21])에서 내담자는 자신이 만든 세계를 사진에 담을 기회를 갖게 된다. 다섯 번째 단계인 '전환하기' 단계에서 치료자는 내담자가 자신이 창조한 세계와 자신의 삶을 연결하도록 도와준다. 치료자와 내담자는 함께 창조한 세계에 내담자의 문제가 있는지와 내담자가 배운 것을 어떻게 적용할 수 있는지 탐색한다. 드 도미니코는 '두 번째 경험' 단계에 이것을 포함시켰다. 여섯 번째 단계인 '세계 치우기'에서 치료자는 내담자가 치료실을 나간 후 치우고 이때 흘러나오는 것을 깊이 생각한다. 드 도미니코는 내담자가 치료실을 떠나기 전에 치워야 할 필요성을 설명한다. 내담자에게 첫 번째 소품을 치우게 하여 "손대지 않은 창조된 세계의 에너지를 부술 것"을 제안한다(1989: 21).

이제 모래놀이치료 과정에서 각 단계가 어떻게 전개되는지 자세히 살펴보고자 한다. 치료자는 자기 자신의 언어와 방식을 사용할 것이다. 여기서 제시한 예는 치료자가 치료를 진행하는 데 사용할 수 있는 제안이다.

모래놀이치료의 첫 회기 전에 해야 할 일이 있다. 내담자가 치료실에 처음 들어오면 치료과정에서 사용할 접근법에 대해 이야기를 나눈다. 모래상자와 소품이 전시되어 있으면 모래놀이가 치료자가 사용하는 방식임을 알리는 것이 된다. 소품과 놀잇감에 대한 내담자의 반응을 살핀 후, "이 소품은 아동만을 위한 것이 아니고, 성인을 위한 것이기도 합니다." 라고 말한다. 또한 "많은 성인, 커플, 가족이 모래상자와 이런 소품들을 사용해 매우 유익했습니다. 모래놀이는 말로 표현할 수 없거나 감정을 이해할 수 없을 때 언어의 역할을 해 줍니다. 내면의 소리가 말하도록 해 주세요. 언젠가 모래를 가지고 놀이를 하고 싶어질 겁니다."라고 한다. 더불어 모래상자의 작업이 어떤 것인지 대략적으로 설명하고 유익한 점과 어떤 내담자가 어떻게 모래놀이를 하는지 말해 주어 절차를 비슷하게 한다.

내담자에게 모래놀이 소품들을 보여 줄 때 그들의 반응에 주의를 기울이며, 이것으로 내담자가 모래놀이치료 과정에 얼마나 개방적인지 알 수 있다. 내담자가 모래를 만지는지, 다가가는지, 특별한 소품을 면밀히 보는지, 흥미가 없는지, 놀이 영역에서 다른 쪽으로 가버리는지 등을 살핀다.

모래놀이를 제안할 때

치료가 진행되고 치료자와 내담자 간에 신뢰가 생기면 모래놀이를 할 수 있다. 예외가 있기는 하지만 서로 신뢰를 갖기까지는 시간이 걸리므로 초기 두세 번째 회기에는 모래놀이를 하지 않는다. 하지만 어떤 때는 내담자가 먼저 모래놀이치료를 의뢰하여 오기도 한다. 우리는 내담자의 무의식이 그 시점에서 필요한 것은 무엇이든지 드러내도록 내담자를 돕는다. 내담자가 경험하는 것을 치료자가 함께하고 안전한 공간을 제공해 주면 내담자는 필요한 것을 스스로 한다.

어떤 사람은 치료자는 성인 내담자가 모래놀이를 시작할 때까지 기다려야 한다고 한다. 제럴딘 스페어(Geraldine Spare)에 따르면, "모래상자를 할 때 모든 정신 에너지와 힘은 내담자에게서 나와야 한다. 치료자는 모래놀이를 제안하지 않아야 한다. 만일 치료자가 내담자에게 모래놀이를 하도록 제안하면, 내담자는 치료자가 우위에 있는 것으로 생각해 화내거나 저항하기도 하는 반면, 치료자의 마음에 들기 위해 모래상자를 만들지도 모른다. 그러면 내담자는 자기 내면의 세계에 닿지 못할 것이다." (1990: 196) 그러나 스페어는 이보다 선행하는 기준은, 어느 중요한 시점에서 내담자의 욕구를 정확하게 평가하는 외부 평가와 무엇을 해야 할지에 대한 개인 내면의 명료성을 결합시키는 치료자의 중심성과 능력이라고 한다. 그녀는 이 중심화(centeredness)를 내담자 개인의 여정을 방해하지 않으면서 내담자를 대신해 행동을 시작하는 치료자의 의지라고 정의한다(1990: 196).

우리의 경험상, 대부분의 성인은 스스로 모래놀이를 시작하지 않는다. 우리는 모래놀이를 제안하는데, 이때 직관과 내담자와의 조화를 이루며 제안하는 것이 매우 효과적이다. 이미 신뢰관계가 형성되었고 모래에 세계를 꾸밀 것인지 아닌지가 내담자 자신의 선택이라는 것을 알기 때문에 치료자의 영향력은 작아진다.

대부분의 치료자는 내담자가 모래놀이를 하는 것이 유익할 것 같으면 회기 초반에 모래놀이를 제안한다. 특별한 문제나 상황이 있을 때도 제안할 수 있고 다음 회기가 적절하겠다고 내담자에게 제안할 수도 있다. 가능하면 좀 더 긴 시간을 계획해야 한다. 한 회기 중반까지 시간이 지났을지라도, 20~25분이면 모래상자를 만드는 데 시간이 충분하므로 지금까지 감춰져 있던 것을 무의식이 드러낼 수 있다. 모래상자를 만들어 보도록 권할 상황은 수없이 많다. 가장 공통적인 상황은 ① 치료 진행과정이 막힐 때, ② 감정과 생각을 말로 표현할 수 없을 때, ③ 감정이 막혔을 때, ④ 이해할 수 없는 통렬한 꿈을 꿨을 때, ⑤ 혼란스러울 때, ⑥ 결정하지 못할 때, ⑦ 해결해야 할 어려운 문제가 있을 때, ⑧ 직면하여 해결해야 할 외상이 있을 때다.

일단 상담의 초기 작업이 끝나고 내담자가 모래상자를 할 준비가 되면 모래놀이를 진행한다. 첫 번째 단계는 세계 창조하기로 내담자에게 모래놀이 소개하기와 세계 만들기로 이루어진다.

1단계: 세계 창조하기

내담자에게 모래놀이 소개하기

▌내담자에게 모래상자에 세계를 만들어 보라고 제안할 때는 내담자에게 유익한 사항을 반복해서 말하는 것이 도움이 된다. 또한 내담자가 긍정적인 기대를 갖게 하는 것이 좋다. 예를 들어, "당신과 비슷한 문제를 가진 사람과 만나고 있는데, 그 사람이 모래에 세계를 만들 때 해결책이 나왔습니다." "모래놀이는 머릿속에 떠오르는 것을 눈으로 볼 수 있게 합니다." 또는 "이 문제로 무언가 막힌 느낌이 있으신 것 같네요. 이미 해답이 우리 안에 있는데 자각을 못한 것입니다. 때로는 모래놀이가 해결책을 보여 줄 수 있습니다. 오늘 모래놀이를 해 보시겠습니까?" 라고 말할 수 있다.

내담자가 모래상자를 꾸미겠다고 하면 모래상자, 소품과 진행 절차에 대해 구체적으로 소개한다. 내담자가 여러 종류의 모래를 만져 보도록 한다. 치료자가 모래를 만지고 움직이는 것을 보여 준다. 모래를 편안하게 만지는 것을 보면 내담자는 쉽게 따라 할 수 있다. 모래를 움직여 상자의 바닥이 파란색으로 되어 있다는 것을 알려 준다. 이 파란색으로 물과 하늘을 만들 수 있음을 말해 준다. 다양한 소품을 보여 주고, 아무것도 사용하지 않아도 되고 몇 가지를 사용해도 된다는 등 내담자가 원하는 대로 할 수 있음을 알린다. 쉽게 찾을 수 있도록 소품이 범주별로 놓여 있음을 알린다. 내담자에게 물 주전자와 종이타월을 보여 주고 마른 모래나 젖은 모래를 사용할 수 있다고 말해 준다. 내담자가 어떤 것이든 만들 수 있고 언제든지 만든 것을 바꿀 수 있다고 설명한다. 예를 들어, "어떤 세계, 어떤 그림이나 장면을 만들 수 있고 원하면 모래상자에 대해 어떤 이야기든지 할 수 있습니다. 당신이 꾸민 모래상자에 대해 생각하거나 이해할 필요는 없답니다. 떠오르는 것은 무엇이든 할 수 있지요. 당신을 부르는 어떤 소품이든지 가져올 수 있어요. 깊이 생각하지 않고 소품을 가져오는 것이 예기치 못한 통찰을 가져다줄 수 있습니다. 매력적이거나 긍정적인 소품을 가져올 수도 있고, 싫고 부정적인 소품을 가져올 수도 있습니다. 무엇을 하든지 모래놀이를 하는 데 옳거나 그른 것은 없습니다."라고 말한다.

치료자는 내담자에게 모래놀이를 할 때 앉거나 서 있을 수 있고, 바닥에 모래상자를 놓을 수 있다고 알려 준다. 내담자는 조용히 하거나 말을 하거나 도움을 청할 수 있다. 침묵을 하면, 내담자가 작업에 더 깊이 몰입할 수 있으므로 침묵하라고 권할 수도 있다. 예를 들어, "모래놀이를 하면서 원하는 대로 선반에서 소품을 선택할 수 있습니다. 어떤 사람은 놀이에 몰두해 이야기하지 않기도 합니다. 그러나 어떤 사람은 모래상자를 꾸미며 말을 하기도 합니다. 원하는 것을 찾지 못하면 도움을 청하세요. 어디에 있는지 알려 줄 수도 있고 직접 만들어 사용할 수도 있습니다. 작업을 하는 동안 저는 조용히 있겠습니다."라고 말한다. 어떤 내담자는 이야기하거나 치료자와 상호작용한다. 이 경우 치료자는 반영만 해야 한다. 어떤 식으로든 내담자에게 영향을 줄 해석, 통찰, 생각이나 질문은 하지 않는다.

내담자에게 치료자가 어디에 앉으면 좋을지 묻는다. 만일 내담자의 반대편에 앉으면 의사 전달이 내담자에게서 상자를 지나 치료자에게 오고, 다시 치료자에게서 상자를 지나 내담자에게 가는 방식으로 이루어질 것이다. 치료자는 내담자의 반대편에 앉아 내담자 세계의 뒷모습을 볼 수 있다(De Domenico, 1988). 이는 치료자와 내담자 간의 에너지 흐름을 촉진해 친밀감과 교류를 증진시킨다. 하지만 치료실의 공간 때문에 이렇게 앉지 못할 수 있다. 이 경우에는 내담자와 90~150cm 정도 떨어져 모래상자의 측면에 앉을 수 있다. 이런 위치는 대부분의 내담자에게 편안함을 준다. 내담자는 종종 치료자가 어디에 앉든 상관없다고 한다. 그러나 내담자가 세계 만드는 것을 당황해하거나 이에 대해 말이 없거나 더 넓은 공간과 프라이버시가 필요한 경우가 있다. 이런 내담자는 치료자에게 좀 멀리 있으라고 요구할 수 있다. 어떤 내담자는 치료실에서 나가 달라고 요구하기도 한다. 어떤 치료자는 이런 요구를 받아들여야 한다고 생각하지만, 또 어떤 치료자는 내담자가 무엇을 만드는지 볼 수 없지만 에너지를 붙들 수 있는 위치에 있는 것이 내담자에게 더 큰 안전과 도움이 될 수 있다고 생각한다. 어떤 것을 선택하든 치료자는 내담자의 공간을 침입하지 않는다. 기록을 하려면 내담자가 시작하기 전에 기록을 해도 되는지 묻는다. 그리고 세계 만드는 것을 끝마치면 알려 달라고 한다.

때로는 내담자에게 해야 될 말을 제때 못했을 경우가 있다. 이 경우에는 내담자에게 방해가 되지 않을 때 말하도록 한다. 예를 들어, 언제 끝낼지에 대해 말하는 것을 잊었으면 생각했다가 내담자가 소품을 고르고 상자를 꾸미는 동안 말할 수 있다. 내담자가 좀 더 깊은 상태로 들어간 것 같으면 이런 말을 하지 않는다. 내담자가 자연스럽게 언제 끝나는지 알려 줄 것이다.

세계 만들기

이제 내담자에게 과정을 설명했으니 모래상자와 소품을 고르게 한다. 내담자가 어떻게 진행할지 생각할 때 치료자는 조용히 있는다. "치료 시간의 초반에 내담자는 정하지 못하고 머뭇거리며 앉아 있기도 한다. 이때 치료자는 조용히 기다린다. 모래놀이 기법을 사용할 때 치료자는 어떤 것도 할 필요가 없다. 오히려 뭔가 하려는 의지와 욕구를 스스로 절제해야 한다." (Ammann, 1993: 33) 내담자가 불편해하면 치료자는 조용히 "충분히 시간을 갖고 편안하게 생각하셔도 됩니다. 무엇이든지 하려고 서두를 필요가 없습니다. 무엇을 해도 좋습니다." 또는 "좀 낯설죠. 다른 사람들도 가끔 무엇을 할지 몰라 합니다. 그러나 조금 시간이 지나면 뭔가를 만들고 그에 몰입합니다."라고 말해 준다. 계속 부동 상태이면, 이때 내담자가 경험하는 것이 무엇인지 탐색한다.

일단 의식에 변화가 있고 몰입되고 편안해지면 소품을 고르기 시작한다. 내담자가 이렇게 하면 치료자는 선택한 것들을 볼 수 있는 위치에 있는다. 그 위치에서 내담자를 관찰할 수 있으면 조용히 있는다. 만일 선반에 가려져 내담자의 움직임을 보는 데 방해가 되면, "당신이 소품을 선택할 때 함께 옆에서 걸어도 되나요? 소품을 들어 주기를 원하거나 뭔가를 찾는 데 도움이 필요하면 알려 주세요. 소품을 담을 그릇이 필요하면 이 그릇을 사용할 수 있습니다."라고 말한다.

선택한 소품의 순서와 소품을 고르고 다루는 모습을 마음속으로 기록한다. 특별히 어떤 소품을 좋아하거나 싫어하는지 또는 흥미로워하는지에 주목한다. 경우에 따라 내담자는 한 소품을 들고 보다가 제자리에 놓기도 한다. 보기만 하고 사용하지 않는 소품은 사용하려고 고른 소품만큼 내담자의 문제와 관련이 있다. 어떤 내담자는 한 번에 한 가지 소품만 선택해 모래상자에 놓고 다시 선반으로 가서 다른 소품을 선택한다. 어떤 내담자는 여러 소품을 한꺼번에 선택해 모래상자에 놓거나 상자 옆에 놓았다가 세계를 꾸민다. 어떤 내담자는 많은 소품을 선택하고, 어떤 내담자는 적은 소품을 선택한다. 치료 후반에 치료자는 이런 관찰에 대해 언급할 수 있다.

내담자가 경험하는 것을 지켜보고 존중하는 것이 치료자의 역할임을 꼭 기억한다. 안전하고 보호된 공간을 만들어 안전감을 유지시키는 것이

치료자의 책임이다. 모래에 세계를 꾸미는 것이 내담자에게는 자신을 드러내는 작업이며 깊은 경험임을 기억한다. 캐런 시그넬(Karen Signell)과 케이 브래드웨이(Kay Bradway)에 따르면, "모래상자는 내담자의 과정이자 변화다. 상자를 만드는 것이 치유와 개성화 과정이다. 모래상자 만드는 것을 보는 것은 치료자의 특권이다. 각각의 단계가 그다음 단계를 시작하게 한다."(1995: 20) 치료자는 내담자가 요청할 때까지 조용히 있고, 내담자가 세계를 만들 때의 얼굴 표정, 몸의 에너지, 한숨 짓는 것 등 비언어적인 표현에 주목한다. 치료과정은 객관적으로 관찰하며, 내담자의 허락을 받아 내담자가 하는 것을 기록한다(기록에 대해서는 7장 참조). 치료자는 내담자가 상호작용이나 도움을 청하지 않는 한 놀이에 적극적으로 개입하지 않는다. 모래놀이치료는 치료자의 말이나 행동이 아니라 내담자의 창조성과 표현에 의한 정신의 자기치유 과정이라는 것을 내담자에게 알린다(Weinrib, 1983).

내담자가 세계를 창조할 때 치료자가 주목해야 할 특징과 행동이 있는데, 이러한 관찰은 치료자가 치료하기 단계로 이동할 때 중요하다. 여기에서는 행동의 의미나 본질, 언어나 비언어적인 신호를 언어적으로 탐색할 기회를 갖게 된다. 이제 치료자는 내담자가 모래상자에 접근하는 방식, 소품을 고르고 세계를 꾸미는 것에 주목한다. 어떤 사람은 매우 빠르게 하고, 어떤 사람은 찬찬히 생각하며 한다. 어떤 사람은 모래를 이리저리 움직이며 영역을 만들고 어떤 사람은 잠깐 동안만 모래를 만지기도 한다. 이것이 토대를 만드는 것이고 중심을 잡는 행동일 수 있다. 어떤 내담자는 소품으로 놀이하는 것보다 모래로 놀이하는 것을 더 편안해한다. 이런 내담자는 모래를 만지는 것 자체가 가치 있다. 한 32세 남성 내담자는 모래를 손목 높이까지 깊게 묻고 전혀 소품을 사용하지 않았다. 상자의 바닥이 보일 때까지 모래를 움직이고 옮겼다. 그는 자신의 영적인 부분을 찾았다고 말했다. 이것은 내담자 스스로도 놀란, 자신 안에 있던 미지의 영역을 탐색한 자기 여정의 절정이었다.

다음으로 치료자는 내담자가 선택한 소품의 특성에 주목한다. 색, 질감, 크기, 형태와 재질에 주목한다. 소품을 놓고 다루는 순서와 방식을 관찰한다. 내담자는 때때로 소품을 과감히 놓거나 머뭇거리며 놓는다. 또한 상자에 놓았던 소품을 다른 위치로 이동시키거나 상자 밖으로 빼 버린다. 예를 들어, 소품을 쌍이나 무리 지어 놓았다가 따로 떨어뜨려 놓고 상자의 다른 영역에 놓는다. 이때 내담자의 태도를 살핀다. 둘이나 셋 등의 무리를 같은 부류로 모아놓는지 반대의 부류를 함께 놓는지에 주목한다. 소품이 놓인 방향도 관찰한다. 소품이 다른 소품을 향해 있는지 아닌지, 내담자나 치료자를 향해 있는지 아닌지에 주목한다. 소품이 모래상자의 어느 위치에 놓여 있는지도 주목한다. 즉, 위에 있는지 아래에 있는지, 묻혀 있거나 감춰져 있는지, 한곳에 모여 있는지, 모래상자의 한 부분이 비어 있는지 등에 주목한다. 또한 소품과 상자의 영역이 나뉘어 있는지, 모래나 소품이 기하학적으로 놓여 있는지 본다. 치료자는 내담자와 모래세계에 함께해 내담자에 대한 중요한 정보를 얻을 수 있다.

암만은 모래상자에서 세계가 만들어질 때 치료자에게 일어나는 것을 간결하게 설명한다. “창조하기 단계 동안 치료자에게 일어나는 것은 더 본능적이고 신체적인 반응이다. 이것은 애매모호한 감각의 지각, 몸의 느낌과 직관, 내담자와의 감정이입적인 관계에 의존한다. 이는 무의식적으로 일어나기보다는 총체적인 인간(whole person)을 이해할 수 있는 수용적인 태도를 더 가지려는 의식적인 전환에서 나오는 것이다.” (1993: 6) 내담자가 하는 모든 것이 의미가 있음을 기억한다. 관찰하며 얻은 정보는 치료하기 단계의 토대가 된다.

또한 치료자는 내담자의 세계가 어떻게 만들어지는지 기억하기 위해 내담자가 세계를 꾸미는 동안 기록을 한다. 기록을 하면 기억하기도 쉽고 세계 창조의 순서와 변화를 주목할 수 있다. 만드는 동안 일어나는 정서 상태와 비언어적인 단서를 기록한다. 드 도미니코는 훈련에서 기록하는 방법을 가르쳤다(1989: 26-31 참조). 치료자는 기록하는 것이 귀찮고 방해되는 것이라고 생각할 수 있다. 치료자가 어떤 것을 선택하든, 초기에 기록하는 것을 연습하면 내담자가 세계를 창조할 때 어떤 일이 일어났는지 언급할 경우 도움이 된다. 어떤 치료자는 비디오를 설치하여 기록한다. 이는 회기를 되새기는 데는 좋으나 치료 때 바로 확인하여 언급할 수는 없다.

치료자는 대개 내담자의 행동과 소품의 선택이 무엇을 의미하는지 알고 있다. 그러나 이에 대한 어떠한 해석이나 가정도 하지 않고 미뤄 두는 것이 중요하다. 가정은 자연스럽게 이루어지기 때문에 이를 미뤄 두기란 항상 쉽지는 않다. 이런 경우 가정을 하되, 내담자의 설명이 가정을 확증할 때까지 마음속에 생각해 둔다. 치료자는 종종 잘못된 해석을 하는데, 그 이유는 다음과 같다. 첫째, 소품에 대한 치료자의 의미가 투사될 때다. 치료자가 내담자의 소품에 부여한 의미는 치료자에 대한 것이거나 또는 그 이상일 수 있다. 이는 치료자에게 내담자가 낯설거나 혹은 치료자가 내담자를 잘 아는 경우에 발생한다. 둘째, 특별한 소품에 원형적이고 문화적이거나 심리적인 의미를 부여할 때다. 치료자는 내담자의 소품에 일반적인 의미를 부여하지 않도록 주의해야 한다. 이는 치료를 오래 하지 않았거나 융 학파의 원형에 통달했을 때 일어난다. 셋째, 치료자와 내담자가 친분이 있는 경우다. 이 경우 치료자는 내담자와의 과거 경험이나 내담자의 이력을 알기 때문에 소품의 의미를 안다고 생각할 수 있다. 묵언의 해석으로 결론을 내리고 내담자의 문제와 전혀 관련 없는 논리를 따를 수 있다. 비언어적으로 의미를 전달하지 않도록 주의해야 한다. 치료자가 내담자의 이야기를 듣지 않고 자신의 생각에만 주목하면, 내담자와 그의 경험에 전적으로 함께하는 것이 아니다.

이런 상황은 종종 모래놀이치료 워크숍에서 발생한다. 치료자의 역할을 하는 사람이 소품에 부여한 의미가 나중에 내담자가 밝힌 것과 완전히 다르다. 한 워크숍에서 내담자 역할을 하는 사람이 상자에 커다란 미국 원주민을 놓았다. 이에 치료자 역할을 하는 사람은 내담자에게 이 소품이 위험하다는 불길한 느낌을 얼굴 표정으로 드러냈다. 치료자는 내담자와 온전히 함께하지 않으면서 치료하기 단계에서 자신의 육감에 따라 진행하며 내담자가 이 공포를 다루도록 격려했다. 내담자는 부당하게 해석당했다는 느낌이 들었고 치료자가 틀렸음을 입증했다. 내담자는 자신에게 미국 원주민은 보호자이고 감독자라고 치료자에게 말했다. 이 모래상자는 공포가 일어난 것이 아니라, 내담자에게 안전과 위로를 준 것이다.

내담자의 세계 창조하기 단계가 끝나면, 경험하기와 재배치하기 단계로 이동한다. 회기 소개, 소품 고르기, 세계를 창조하는 세계 만들기 단계의 지속시간은 내담자마다 다양하다. 어떤 내담자는 5~10분 안에 빨리 세계를 만들기도 하는데, 이는 일반적인 것일 수도 있으나, 치료를 회피하거나 진행이 싫거나 더 의식적이고 분석적인 수준에서 하는 것일 수 있다. 만일 세계 만들기 단계가 짧으면 경험하기와 재배치하기 단계를 깊게 하도록 격려할 수 있다. 이 단계는 일반적으로는 15~30분 또는 그 이상이 걸린다. 어떤 내담자는 전체 회기를 다 사용하기도 한다. 치료자는 내담자가 필요로 하는 시간만큼 준다. 시간이 다 되어 갈 때 내담자에게 그날 자신이 꾸민 대로 세계를 남겨 두라고 부드럽게 이야기한다. "상자 꾸미는 것을 아직 다 마친 것 같지 않은데 끝날 시간이 되었네요. 그 세계를 또 만들 수 있어요. 오늘 어떻게 만들었는지 기억하세요. 다음 회기에 다시 꾸밀 수도 있고 다르게 꾸밀 수도 있어요."라고 말한다. 완성한 모래상자를 사진 찍을 수 있도록 시간을 주고(기록하기 단계) 치료 종료 전에 짧은 전환 시간을 갖는다.

2단계: 경험하기와 재배치하기

경험하기

▌이 단계에서 내담자는 자신이 만든 것을 더 깊게 경험한다. 조용히 숙고하는 시간이므로 내담자가 자신이 만든 세계에 충분히 동화(assimilate)하도록 조용히 앉아 있고, 내담자가 그 세계에 몰입하도록 격려한다. "이 모래세계가 당신의 세계입니다. 그 안에 있어 보세요. 이 세계가 당신의 내면에 닿게 하세요. 눈으로만 경험하지 말고 당신의 모든 감각으로 경험해 보세요. 내면을 탐색하고 알려고 해 보세요. 말하지 않아도 되고, 생각나는 것은 무엇이든 함께 나눌 수 있어요."라고 말한다.

내담자는 더 깊은 수준으로 이동한다. 조용히 세계를 만들고 이어서 그것을 경험해 보는 것은 내담자에게 아주 의미 있고 값진 것이다. "당황해서 하는 침묵이 아닌 의식적인 침묵이다. 치료자와 내담자는 더 잘 이해하도록 해 주는 내면의 세계에 주목한다."(Ammann, 1993: 6) 어떤 판단 없이 모든 세계를 존중하고 소중히 다뤄야 한다. 어쩌면 치료자가 그 세계를 이해하지 못할 수도 있고, 치료자에게는 그것이 평범하거나 단순한 것일 수도 있다. 그러나 치료자는 이런 평가를 하지 않는다. 치료자가 할 일은 내담자와 내담자가 만든 것을 무조건적으로 존중하는 것이다.

내담자가 이 단계에서 말을 하면 반영적인 반응만 해 준다. 내담자가 정서적이고 비언어적인 단서를 분명히 보이면, 신체언어에 대한 반영적인 반응을 해 준다. 예를 들어, 경험하기 단계에서 내담자가 슬픈 안색으로 한숨을 지으면 내담자가 느끼고 있다고 생각하는 감정을 해석하거나 제안하지 않고 그저 "깊은 부분을 건드린 것 같네요."라고 한다. 어떤 종류의 질문이나 제안도 하지 않는다. 이때의 대화는 내담자와 내담자의 세계 간에 이루어진다. 치료자의 반응이나 설명은 치료자가 내담자의 말을 듣고 주목한다는 것을 알리는 것이어야 한다. 내담자가 치료자의 존재를 확인하고 싶어 할 때만 언어적인 언급을 한다. 치료자의 말이 방해가 될 수 있음을 기억한다.

드 도미니코에게 배웠듯이, 우리는 내담자에게 모래상자 주변을 걷고 여러 각도에서 꾸민 세계를 보게 한다. 이렇게 하면 내담자는 여러 관점에서 장면을 보고 모래상자 앞에서는 볼 수 없는 관점을 볼 수 있다. "사물이 다른 관점에서는 다르게 보이니 모래상자 주변을 걷고 상자의 측면, 뒤, 위나 정면에서 보세요."라고 말한다. 단, 이런 지시는 만든 세계와 함께하는 경험하기 단계 초반에 하거나 내담자가 상자 앞에서 만든 세계를 충분히 살핀 후에 한다.

내담자가 자신의 세계를 경험할 때는 비언어적인 반응을 살핀다. 예를 들어, 내담자가 특정한 소품을 볼 때 감정의 변화가 있는지 본다. 내담자의 눈이 멈춘 곳과 어떤 소품이 어떤 정서를 일으키는지 본다. 빠르게 살짝 보거나 의도적으로 피하는 곳을 본다. 한숨을 쉬거나 미소 짓거나 깊이 숨쉬는 곳이 있는지 살핀다. 모든 것에 주목하고 기억하기란 불가능하다. 내담자의 비언어적인 반응은 내담자에 대한 정보를 주고, 이런 정보는 치료적인 의미가 있다. 치료자가 함께할수록 이런 비언어적인 신호는 더 기억되고 자각된다.

경험하기 단계는 약 5분 정도 걸린다. 어떤 내담자는 1분 안에 끝내기도 한다. 이 경우 내담자가 자신이 만든 세계에 다시 들어가도록 격려하고 시간을 좀 더 가질 것을 제안한다. 그러나 내담자는 더 들어가는 것에 저항하거나 창조활동을 끝내고 그 세계에 움직임 없이 있는 것을 불편해할 수 있다. 이때 내담자에게 "괜찮으시면 시간을 가지세요. 그 세계에 있다고 상상하세요. 그 세계 주변을 거닐며 세계의 다른 모습이 어떠한지 본다고 상상하세요."라고 말한다.

재배치하기

내담자는 자신이 만든 세계를 충분히 경험하면서 모래상자의 어떤 것에 반응할 수 있다. 이런 반응은 내담자 안에 움직임을 일으켜 그 세계 안에서 소품을 움직이게 한다. 이때 내담자는 종종 소품의 위치를 바꾸고 소품을 치우거나 추가한다. 치료자는 내담자에게 상자를 그대로 둘 수도 있고, 원하면 어떻게든 바꿀 수도 있음을 알린다. 특히 완벽주의 성향이 있거나 비평에 지나치게 민감한 내담자의 경우, 어떤 평가가 이루어졌고 자신이 만든 세계가 잘못되어 뭔가 바꿔야만 한다고 생각할 수 있다. 그러므로 내담자에게 세계를 있는 그대로 놔둘 수 있다는 말을 하는 것이 중요하다. "자, 이제 세계를 충분히 경험했습니다. 이 세계가 어떠했으면 하는지 보세요. 당신은 세계를 바꿀 수 있습니다. 세계에 더 어울리게 소품을 추가하거나 위치를 바꿀 수 있습니다." 만일 내담자가 세계를 바꾸면 바뀐 세계를 음미하도록 한다. 그리고 세계의 변형과 함께 일어나는 내담자의 변화에 주목한다.

3단계: 치료하기

▌세계를 만들고 경험하는 것 자체가 치료이고 치유의 가치가 있다. 내담자는 자신의 가장 깊은 곳의 생각과 감정을 볼 수 있게 내놓는다. "창조적으로 모래세계를 만들 때는 상자 마지막 모습의 '성숙 수준(maturity level)'에 대한 걱정 없이 이미지가 점진적으로 나온다. 방어를 어떻게 극복해야 할까 하는 걱정 없이 대부분의 방어가 저절로 사라진다."(Ryce-Menuhin, 1992: 13) 그래서 내담자의 과정을 조용히 인내하고 수용하며 지켜보아야 한다. 이제 말을 해야 할지 말지 정할 시간이다. "치료자는 내담자가 표현을 하는 데 취약하다는 것을 가볍게 여겨서는 안 된다. 우선 드러난 정신을 관찰해야 하는데, 해석은 바뀔 수 있다."(Ryce-Menuhin, 1992: 15) 내담자가 매우 취약한 상태여서 만든 상자에 대해 이야기하는 것이 바람직하지 않으면 그냥 내담자를 그 세계에 있게 한다. 내담자가 자신이 만든 세계에 대해 이야기하고 싶어 하면 할 수 있고 그렇지 않으면 다른 것을 할 수 있다고 알려 준다. 언어적인 탐색이 유익하다고 생각하면 상호작용적인 역할을 더 한다. 치료하기 단계는 내담자가 자신의 세계를 치료자와 공유하는 시간이다. 내담자가 이야기를 하면서 어느 정도 바뀐 상태가 되어도 치료자가 함께 하는 작업이 내담자의 경험을 깊고 넓어지게 하여 의식과 무의식의 협력을 촉진할 수 있다.

치료하기 단계에서 내담자는 치료자를 자신의 세계로 이끌어 소품의 의미를 알려 주고 창조의 내용을 알려 준다. 치료자는 내담자가 더 탐색하여 무의식의 내면과 외부의 삶을 연결 짓도록 돕는다. 이것이 내담자가 더 의식적이고 의도적이 되게 하는 치료적인 작업이다. 이 단계는 세계 여행과 치료적인 개입으로 이루어진다.

세계 여행

초기에 치료자는 내담자의 관점에서 세계를 보기 위해 내담자에게 자신이 내담자가 있는 쪽에서 상자를 봐도 되는지 묻는다. "당신이 이 세계를 만든 사람입니다. 난 이 세계에 대해 잘 알지 못합니다. 안내자가 되어 나에게 이 세계에 대해 알려 주었으면 합니다. 이 세계의 여행에 저를 데려가 이 세계가 어떻게 만들어졌는지, 이 세계의 사람과 사물을 알려 주세요." 라고 말한다. 모래상자를 앞에서 볼 때와 내담자가 세계를 만들 때는 보지 못한 소품에 주목한다. 치료자는 볼 수 있으나 내담자는 못 보는 소품(예: 커다란 바위 뒤에 놓은 소품)에 주목한다. 내담자가 장면을 회고하도록 한다. 내담자는 치료자에게 세계에 놓은 소품을 순서대로 안내할 것이다. 내담자는 상자의 모든 소품을 설명하고 치료자의 지시에 따를 것이다. 이때 치료자는 내담자가 본 것처럼 볼 수 있도록 조용하고 주의 깊게 듣는다.

드 도미니코는 만일 내담자가 서두르면, 내담자에게 세계를 되돌아보고 보는 것을 정확히 설명해 달라고 요청하라고 한다. 즉, 치료자는 "이 사람들과 사물들이 무엇인지 모르겠네요. 모든 소품을 보고 당신이 본 대로 설명해 줄 수 있나요? 당신이 경험한 대로 저도 이 세계를 경험하고 싶어요."라고 말한다. 또 다른 접근은 만든 세계에 대해 이야기해 달라고 하는 것이다. 이는 자신의 문제에 거리를 둘 수 있고 위협을 덜 받고 있는 창조적인 내담자에게 효과적이다. 내담자에게 치료자는 낯선 나라나 행성에서 온 사람으로 이 세계에 대해 아무것도 아는 것이 없다고 상상해 보라고 한다. 내담자가 마지못해 설명하거나 더 자세하게 들어가는 것을 싫어할 때는 질문을 한다. "(한 소품을 가리키며) 이 소품에 대해 이야기해 줄 수 있어요?" 또는 "(한 소품을 가리키며) 이 소품에 대해 더 설명해 줄 수 있어요? 이 소품은 어떤 경험이나 감정을 일으키죠?" 혹은 "이 소품의 나이나 성별은 무엇이죠?" 개개의 소품에 이런 질문을 다양하게 적용할 수 있다.

또한 치료자는 내담자의 태도에 주목한다. 내담자가 저항하며 조용히 있고 싶어 하고 세계를 설명하지 않으면 치료자는 이런 태도를 존중해야 한다. "이 세계에 대해 이야기하고 싶은 것이 더 있나요? 아니면 말하지 않고 이 세계와 잠시 함께 있기만 하시겠어요?"라고 말한다. 한 내담자가 생각난다. 50세 여성으로 치료과정에서 몇 개의 모래상자를 만들었다. 이 내담자에게 이어지는 회기에도 모래상자를 해 보라고 했는데, 내담자는 매번 모래에 세계 꾸미는 것을 피했다. 여러 번 피하고 난 후, 그녀는 자신이 계속 모래상자를 피하고 있다고 말했다. 그녀는 말로 나타내는 것이 경험을 방해하고, 더욱이 판단과 해석을 하게 한다고 느꼈다.

어떤 내담자는 모래상자의 인물이 자신 또는 자기 삶에서의 어떤 사람이라고 한다. 만든 세계와 자신의 경험을 관련짓는 것이다. 내담자가 어떤 식으로 자신이 만든 세계를 제시하든지 그의 눈과 정신으로 모래상자를 보는 것이 중요하다. 내담자가 설명하는 것에 개방적인 태도를 취한다. 그리고 내담자가 부여하는 의미 외에 아는 것이 없는 것처럼 한다. 내담자와 세계를 여행할 때 소품에 대해 언급하는 것이 치료적이라고 생각하면 그가 말한 것을 반영한다. 더 탐색하기 전에 전체적인 여행이 적절하면 치료적인 개입을 할 때까지 언급이나 질문을 하지 않는다.

치료자는 세계가 내담자의 깊은 곳에서 만들어진 것임을 기억한다. 어떤 소품도 만지지 말고 물리적 · 심리적으로 강요하지 않는다. 내담자가 세계를 설명할 때 주의를 분산시키지 말고 이미지에 대한 경험적인 언어를 익힌다. 소품에 대해 이야기를 할 때는 내담자의 언어를 사용하는 것이 중요하다. 내담자가 언급하지 않는 소품의 성별은 말하지 않는다. 만일 그 정보가 중요하면 내담자에게 직접 묻는다. 종종 내담자가 이름을 말하기 전에 소품의 이름을 잘못 지어 내담자가 의도한 것과 다른 의미를 전할 수 있다. 예를 들어, 한 소품에 새끼쥐라고 이름을 붙이지 않은 한 내담자가 있었다. 치료자가 두 번이나 새끼쥐라고 부르자, 내담자는 거드름을 피우며 고쳐 주었다. 내담자에게는 그것이 새끼쥐가 아니라 쥐인 것이 중요했던 것이다. 내담자의 언어를 사용하는 것뿐 아니라 내담자의 말투나 해석을 사용하는 것도 중요하다. 예를 들어, 뱀은 내담자에게 치료자와는 다른 뭔가를 의미할 수 있다. 뱀에 대해 비언어적으로라도 치료자의 느낌을 전하지 않는 것이 중요하다.

내담자가 세계를 설명할 때 그가 말하는 단어와 신체언어, 얼굴 표정에 주목한다. 내담자의 몸이 무엇을 경험하는지 살핀다. 내담자가 장면을 설명하면서 강한 반응을 보이면 "몸이 어떤 경험을 하나요?" 혹은 "몸의 어디에 이런 느낌이 있습니까?" 라고 물을 수 있다. "당신은 슬프고, 화나고 당혹스러워 보여요. 신체의 어느 부분에 그 화가 느껴지세요?" 와 같은 앞서가는 질문은 하지 않는다. 이때 내담자의 어떤 반응이든 수용하는 것이 중요하다. 내담자가 하지 않으면 해석을 하거나 감정을 보고하라고 재촉하지 않는다. 내담자가 어떤 설명을 하면 그가 모르는 더 깊은 것이 있어도 더 하도록 재촉하지 않는다. 치료적인 개입 시기까지 기다리고 해석 없이 그 여행을 끝낸다. 그러나 내담자가 세계 여행 시기에 강한 정서를 보이면 그 상황은 언급한다.

감정이 일어날 때는 내담자가 그 정서에 머무르도록 한다. 종종 내담자는 자신을 힘들게 하는 감정에서 다른 감정으로 옮겨 가려고 한다. 치료자가 내담자의 힘든 정서나 깊은 정서 표현을 불편해하면, 그와 결탁해 내담자가 앞으로 나아가는 것을 방해할 수 있다. 반대로 내담자가 분석 없이 경험하는 것을 연결 짓도록 도와서 문제를 해결하고 치유될 수 있게 할 수도 있다.

만일 내담자가 어떤 소품을 모래에 묻거나 설명하지 못하면 여행 시기에 그에 대해 묻는다. 예를 들어, 내담자가 치료자를 여행시켰으나 한 소품을 언급하지 않으면, "(이름을 대며) 저쪽 소품을 봤습니다. 그에 대해 이야기해 주실 수 있습니까?"라고 묻는다. 치료자가 그 문제를 언급하지 않으려는 내담자의 무의식적인 의도에 무의식적으로 결탁할 가능성에 주의한다. 모래놀이치료에서 치료자는 내담자와 서로 연결되어 있어, 대부분 말로 치료할 때보다 내담자와 결탁할 가능성이 더 높다. 예를 들어, 결혼생활이 행복하지 않은 35세 남자가 다리가 놓인 세계를 만들었다. 그는 다리 아래에 병을 하나 묻었다. 이때 이 병이 내담자에게 상당히 큰 의미가 있다고 여겼고, 우리는 나중에 이에 대해 언급해야겠다고 생각했다. 그런데 세계 여행에서 내담자는 이 병에 대해 언급하지 않았고 우리는 이에 대해 질문하는 것을 잊어버렸다. 그 회기가 끝나 내담자가 간 후 우리는 즉각 묻힌 병을 생각해 냈다. 내담자가 돌아갔을 때 더 이상 결탁할 필요가 없었던 것이다. 다음 회기에 우리는 다리 아래 묻힌 병에 대해 이야기하지 않았다며 그 장면을 다시 만들도록 했다. 결국 내담자에게서 심오한 것이 드러났다. 치료자의 제의로 그 장면을 꾸민 그는 자기가 떠나면 아내가 약을 먹고 죽겠다고 위협하므로 아내를 떠나는 것이 커다란 공포라는 것을 알게 되었다. 무의식 수준에서 다리는 결혼생활을 그만두고 새로운 삶으로 가는 길이었고, 병은 아내가 자신을 위협하는 데 쓰는 약병이었다. 자신이 떠나면 아내가 자살할 것 같은 공포와 죄의식 때문에 그는 다리를 건너지 못했다. 그가 이 세계를 만들고는 너무나 놀라서 그의 무의식이 그 병을 기억하지 못하게 한 것이다. 우리는 그의 두려움 및 죄의식과 결탁했었던 것이다.

또한 치료자는 여러 가지가 무리 지어 있는 것에 주의를 기울이고 내담자가 사물의 무리, 즉 모래상자의 세계에 함께 속해 있는 것처럼 보이는 것에 주목하게 한다. "저쪽에 세 마리의 동물이 있고, 구석에 세 개의 조가비가 있고, 저쪽에 세 그루의 나무가 있습니다." 혹은 "이 구석에 동물이 모여 있는데 모래상자의 다른 부분과 분리되어 보이네요."라고 말할 수 있다. 모래상자에 보이는 무리에 대해 언급하는 것이 내담자의 생활에 대해 중요한 것을 드러내게 할 수 있다. 예를 들어, 내담자가 자신이 다른 사람에게서 고립되어 있음을 인식할 수 있다. 내담자가 무리에 주목하고, 모래상자의 세계가 자신의 삶을 어떻게 반영하는지 알게 되는 경우가 있다. 치료적인 개입이 있을 때까지는 그에 대해 언급을 미루는 것이 적절하다.

여행 시기 동안 치료자와 내담자는 거의 상호작용을 하지 않는다. 내담자는 여행을 이끌어 자신이 만든 세계를 이해하는 데 필요한 정보를 치료자에게 준다. 강한 감정이 생기고 피상적으로 설명할 때 치료자는 활발한 역할을 한다. 이 시기는 내담자가 말한 것을 사용해 정보를 모으는 시기다. 세계 여행은 모래상자의 복잡한 정도와 소품의 수에 따라 5~10분 정도 걸린다. 만일 치료활동이 여행 시기에 일어나면 치료적인 개입 시기로 흘러들어 가 시간이 더 걸린다.

치료적 개입

세계의 창조를 통해 "치료자는 내담자의 창조과정을 의사소통을 위한 대화로 받아들이고 내담자의 독특한 이미지의 언어를 배우기 시작한다." (De Domenico, 1986b: 5) 세계 여행 시기에 치료자는 내담자의 언어를 배운다. 이제 치료자와 내담자는 내담자 세계의 공동 탐색자가 된다. "내담자의 활발한 참여로, 경험 있는 치료자는 개인에게 특유한 이미지 언어를 일상적인 말로 바꿔 준다. 이것은 내담자가 자신의 활동과 매일의 삶에서 만나는 사람과의 의사소통을 통해 자신을 드러내는 능력을 키워 준다." (De Domenico, 1986b: 5).

치료자는 세계에 대해 질문을 시작한다. 내담자가 세계의 특별한 관점을 더 넓게 경험하고 실험하고 탐색하게 한다. 내담자의 삶과 기억이 연결되면 경험을 분석하지 않는다. 소품에 대해 언급하고 질문할 때, 치료자는 내담자가 아닌 내담자가 말한 것, 만든 세계를 반영한다. 예를 들어, 내담자가 여자는 자신이고 남자는 남편이라고 했으면, "당신이 남편에게서 돌아서 있네요."라고 말하기보다 "그 여자가 남자에게서 돌아서 있네요."라고 말한다. "당신이 이 소품을 이동시킬 때 어떠했죠?"라고 말하기보다는 "(이름을 부르거나 가리키면서) 이 소품이 세계에 놓이거나 위치가 바뀔 때 무슨 변화가 있었죠?"라고 말한다. 치료자가 모래상자에 초점을 두면 내담자가 충분히 분리하여 생각하고 자신이 두려워하는 위협을 줄일 수 있도록 해 주는 중립성을 제공한다.

치료자는 내담자의 설명을 통해 세계에 대한 정보를 얻음으로써 장면에 있는 문제를 알 수 있다. 세계를 만들 때와 여행 시기에 두드러진 것이 없다면 적절하다고 생각하는 곳에서 시작한다. 그러나 다룰 문제가 분명하고 내담자가 주요 문제를 다룰 수 없다고 생각하면 덜 위협적인 문제부터 시작한다. 만일 이때 치료자가 내담자의 가장 힘든 문제를 다룰 수 있다고 판단하면 이 주제에 주목하게 한다. 정서가 많이 실리지 않은 문제의 영역부터 시작하고, 내담자가 너무 위협적인 곳으로 급히 가지 않게 조심한다.

가장 고통스러운 부분에 주목하는 것을 미루는 것은 내담자에게 더 강렬한 작업을 할 준비를 할 수 있게 한다. 관계의 위기, 직장 스트레스, 임신을 위한 고투 등 여러 가지 문제를 가지고 치료에 임한 40대 여인이 생각난다. 그녀가 만든 모래상자는 이런 주제를 상징적으로 보여 주었다. 이 내담자가 자신의 세계로 치료자를 안내할 때, 우리는 비언어적인 단서를 통해 그녀가 아이를 못 갖는 것에 대한 깊은 고통이 있음을 알 수 있었다. 우리는 한 여자와 남자가 서로 마주 보고 있는 부분에서 시작했다. 왜냐하면 내담자는 여행 시기에 이 부부가 스트레스에 빠져 있다고 했기 때문이다. 우리는 이것이 시작하기 좋은 곳이라고 생각했다. 이렇게 덜 위협적인 부분에서 시작해서 한 아기가 침대에 누워 있는 부분으로 차차 옮겨 갔다. 그녀는 몇 개의 소품을 움직여 그 남자와 태어나지 않은 아기가 대화를 하게 했고 아기 문제와 관련된 질문에 답을 해 줄 현명한 올빼미를 가져와 자신의 고통을 깊게 표현했다. 처음부터 아기가 있는 상자의 이 부분에 주목하라고 강요했다면 내담자가 그 고통을 감내하고 다른 관점에서 문제를 바라보며 가능한 해결책을 내지는 못했을 것이다.

모래상자에서 상징으로 객관화되는 것은 내담자의 정신과 자아의 내용이다. 따라서 내담자를 직면시켜야 하는 것은 치료자가 아닌 창조물이다. 우리는 로웬펠드처럼 모래상자에서 전이가 치료자와 내담자 사이가 아니라 창조된 세계와 내담자 간에 일어난다고 생각한다. 내담자는 모래상자에서 자신과 직면한다는 말이다. 융이 말했듯이, "나의 내면의 이미지를 추구한 시간은 나의 삶에서 가장 중요했다. 나중의 삶은 처음에 나를 덮쳤던 무의식에서 나온 자료를 보충해 주고 설명해 주는 것뿐이었다. 이것이 한 생의 작업을 위한 제1물질(prima materia)이다." (Jung, 1963: 199)

치료적 개입 단계에는 다양한 모델이 있다. 치료자는 친숙하고 숙련된 기술과 이론적인 접근을 통해 그 순간에 치료가 될 만한 전략을 선택한다. 우리에게 도움이 될 만한 기술은 게슈탈트, 심리극, 상상, 회고법, 미술치료, 인지 재구조화와 신체 각성 등인데 이것으로만 제한되지는 않는다. 치료자의 지식 및 기술 그리고 내담자의 의지에 의해서만 제한될 뿐이다. 어떤 개입을 하느냐는 치료자에게 달렸다. 여기에서는 효과적인 접근에 대해 설명한다.

우리가 종종 사용하는 기술은 게슈탈트의 두 의자 기법이다. 모래상자에서 이 기법을 사용하여 인물이나 소품이 서로 이야기하게 할 수 있다. 모래상자에서 두 사람 또는 다른 상징 간에 해결되지 않은 문제가 있으면 이 인물들이 서로 이야기하게 하는 것이 도움이 된다. 예를 들어, "이 새는 고양이에게 뭐라고 말하고 싶어 하나요?" 라고 묻는다. 만일 내담자가 소품이 서로 이야기하게 하는 것이 바보 같다고 하면 "만일 새가 말을 할 수 있다면 고양이에게 뭐라고 할까요?" 와 같이 내담자가 가장하게 하는 것이 도움이 된다.

한 23세의 여성이 있었다. 이 여성은 2년간 한 남자를 사귀었지만 장래에는 확신이 없었다. 이 내담자는 모래상자에 흰색 옷을 입은 사랑스러운 여인이 꽃과 나비에 둘러싸여 평화로운 섬에 앉아 있는 장면을 꾸몄다. 내륙에서 한 남자가 이 여인을 보고 있다. 치료가 진행되면서 그 남자가 섬에 있는 여인에게 왔고, 그러자 고요함이 사라졌다. 내담자에게 그 여인이 그 남자에게 무슨 말을 하고 싶어 하는지 물었다. 내담자는 그 여인이 되어 "짐, 당신은 자기 뜻대로만 하려고 해서 내가 느끼는 것을 당신에게 말할 때 결코 들으려 하지 않아요. 내가 당신과 함께 있고 싶은지 모르겠어요. 당신이 섬으로 왔을 때 모든 게 바뀌었어요. 나 혼자만의 평화가 사라졌어요." 라고 말했다. 이때 내담자에게 남자 역할을 하게 한다. 내담자는 그 남자가 되어 "내가 부주의하고 지배적이라는 생각은 못했소." 라고 말한다. 모래상자의 남자와 여자는 계속 대화를 하면서 문제를 해결하고 서로의 관계를 위해 어떻게 행동해야 할지 절충을 했다. 내담자는 창조적인 상상기법과 분리를 통해 그녀의 관계 문제에 직면할 수 있었다. 모래상자가 안전감을 주기 이전에 그녀는 혼자 있는 것에 대한 공포를 드러낼 수 없었다. 모래놀이 후에 그녀는 자신의 공포를 인식하였고 관계에서 자신이 그것을 말하고 인정해야 함을 깨달았다. 그다음 회기에서 짐은 내담자와 함께 회기에 참석했고, 그녀는 그에게 이 문제를 언급할 수 있었다.

이야기가 전개되고 뭔가 드러나면 내담자를 혼란하게 하는 소품을 모래상자에서 볼 수 있다. 일단 치료자와 내담자가 불편한 것이 무엇인지 이야기한 후 위치를 바꾸는 것이 도움이 될 것 같으면, 치료자는 소품의 위치를 바꾸라고 제안한다. "그 아동을 그 남자에게서 옮기면 어떤 일이 일어날까요? 그렇게 해 보시겠어요?" 소품을 움직이거나 움직이지 않는 것은 내담자가 선택하는 것이고, 실제로 소품을 옮기는 것도 내담자다. 내담자가 소품을 움직이면 그 세계에 어떤 변화가 있고 두 가지 소품에 대한 느낌이 어떻게 바뀌는지 탐색한다.

어릴 때 아버지에게 신체적 · 정서적 학대를 받은 한 41세 여인이 있었다. 그녀는 아버지와 거리를 두고 생활해 오며 학대에서 벗어났으나, 이제 아버지가 건강이 좋지 않아 돌아가시기 전에 아버지와 화해를 하고 싶어 했다. 그녀가 아버지와 많은 시간을 보내면서 그들은 과거를 회상했다. 그녀는 마음을 평화롭게 하고 더 이상의 갈등을 피하기 위해 자신이 받았던 정서적인 학대 몇 가지를 되살아나게 했다. 이는 그녀에게 매우 불편한 것이지만, 그녀는 치료자에게 아버지를 향한 두려움과 화를 해결하고 싶다고 했다.

내담자는 모래상자에서 도시에 있는 커다란 남자 옆에 소녀를 놓았다. 빌딩은 모래상자 중앙을 향해 드문드문 있었고, 상자 왼편의 시골 풍경과 도시를 분리시키는 나무들이 있었다. 내담자가 모래상자를 설명하고 소녀의 두려움을 이야기한 후, 우리는 그녀에게 소녀를 그 남자에게서 옮기고 싶은지 물었다. 내담자는 그 소녀가 나무를 가로질러 가게 하고는 소녀가 조금 무서워한다고 했다. 소녀가 꽃이 만발한 초원에 도착했을 때, 내담자는 숨쉬는 것이 좀 더 쉬워 보였다. 소녀가 남자에게서 멀어질수록 두려움이 점점 줄어든다고 했다. 초원에 있자 소녀는 태양의 따스함을 느꼈다. 내담자는 자신이 꽃을 꺾어 아버지에게 가져가고 싶어 하는 것을 알았다. 우리는 내담자에게 그렇게 하고 싶은지 물었다. 내담자는 소녀의 손에 꽃을 들게 한 다음 나무를 가로질러 되돌아가게 했다. 전환하기 단계에서 내담자는 아버지와 거리를 두고 지내면서 자신이 아버지의 노여움과 고통을 완화시킬 수 있는 사랑을 주지 않았음을 깨달았다. 모래상자에서 소녀가 아버지에게 꽃을 주었을 때 그녀는 아버지에게 필요한 사랑을 준 것이었으며, 이로 인해 아버지의 분노는 사라졌다. 내담자는 이것을 자신의 상황에 적용했다. 내담자는 아버지의 기분을 통제할 수 없으나 그에게 친절하게 대할 수 있음을 알았다. 아버지에게 학대받은 느낌이 들 때면 아버지가 이해하지 못할 거라는 두려움이 있었지만 그녀는 아버지를 떠나 평화롭고 안전한 곳으로 갈 수 있었다.

내담자가 배치한 인물이나 사물은 종종 도움이 필요한 경우가 있다. 내담자가 자아존중감이 낮거나, 우울하거나, 불안하거나, 위기에 처해 있거나, 괴롭힘을 당해 온 경우가 그렇다. 이런 내담자는 모래상자에서 상징적인 이미지를 통해 자기 내면과 외부에서 도움을 찾을 필요가 있다. 이런 내담자에게는 모래상자의 인물이나 사물을 도와줄 어떤 사람이나 사물이 있다고 알려 주는 것이 효과적이다. "너무 놀라지 않도록 도와줄 사람이나 사물이 모래상자에 있나요?" "도움을 줄 수 있는 사람을 가져오시겠어요?" 혹은 "어떤 소품이 혼란을 줄여 줄까요?" 라고 말한다.

직장에서 위기에 처하고, 결혼생활로 힘들어하는 한 37세 내담자가 있었다. 이 내담자는 지난 회기에는 모래상자를 완성했는데, 이번 회기에는 중간에 참지 못하고 과민 반응을 보였다. 울타리 한쪽에서 여러 아동이 놀고 있고 다른 한쪽에는 〈미녀와 야수(Beauty and the Beast)〉의 야수가 있었다. 내담자는 아동을 야수에게서 보호하기 위해 모래상자에 울타리가 필요하다고 했다. 이를 탐색한 후, 치료자는 야수에게 필요한 것이 무엇인지 물었다. 그는 잠시 조용히 앉아 있다가 선반으로 가서 여러 가지 작고 부드러운 곰 인형을 가져와 야수 주변에 원형으로 놓았다. 내담자의 몸은 편안해졌고 다시 조용히 앉아 있었다. 그는 한숨을 쉬며, "아, 야수의 고통과 노여움을 달래기 위해 부드럽고 따듯한 위로가 필요해요. 내가 화가 날 때 아내의 부드러움이 필요하고 그녀가 나를 위로해 주기를 원해요."라고 말했다. 이것은 그의 내면이 드러난 것이다.

내담자가 모래상자에 놓은 인물이나 사물이 강한 감정을 보인다고 할 경우가 있다. 이는 내담자가 이런 강한 감정을 경험하는 것으로, 숨쉬기, 한숨 짓기, 눈물 짓기, 신체의 일부, 즉 가슴이나 배 만지는 행동이 나타날 수 있다. 이런 경우에는 내담자의 주의를 모래상자에서 자신의 신체로 가게 한다. 이것은 신체의 자각과 신체, 정신과 정서의 통합을 촉진한다. "신체의 어느 부분에서 이 정서를 느끼십니까?" 혹은 "당신의 손이 가슴에 가 있네요. 무슨 일인가요?"라고 묻는다.

이 기법의 예는 〈오즈의 마법사〉로 모래상자를 꾸민 48세 여인의 경우를 들 수 있다. 도로시가 깡통인간에게 접근해 말을 할 때 치료자는 강한 정서를 느낄 수 있었다. 처음에 내담자는 깡통인간의 가슴을 어루만지려고 장미 한 송이를 든 도자기로 만든 손을 모래상자로 가져왔다. 치료자는 그 손으로 내담자 자신의 가슴을 어루만져 보라고 했다. 내담자는 편안하게 숨을 쉬고 그 손으로 위로를 느끼는 것처럼 보였다. 그러고 나서 자신의 손으로 자신의 가슴을 어루만졌다. 몸이 편안해지자 내담자는 모래상자로 돌아왔다. 그녀는 실제로 깡통인간이 가슴에 손을 얹고 있었음을 알게 되었다. 내담자는 신체 경험으로 깡통인간이 진짜 가슴을 가지고 있고, 고통으로 위로가 필요할 때는 언제나 그렇게 할 수 있음을 알게 되었다. 내담자는 또한 자기 자신을 위로할 힘을 가졌다는 것을 깨달았다.

내담자의 초점을 모래상자에서 자신의 몸으로 옮겨 정서를 깊게 경험하게 하는 또 다른 방법은 몸을 움직이거나 심리극을 하는 것이다. 말기 암이라는 것을 최근에 알게 된 68세 여인이 있었는데, 모래상자에 커다란 바위 하나를 놓았고 치료 동안 반복해서 바위에 물을 부어 폭포수를 만들었다. 내담자는 자신의 이런 행동이 무엇을 의미하는지 잘 몰랐다. 폭포수의 의미를 분명히 하기 위해 뭔가를 해 볼 것인지 묻자 하겠다고 했고, 이에 내담자가 흐르는 물인 척하고 폭포수처럼 행동해 보도록 했다. 처음에는 내담자가 머뭇거려서 치료자가 먼저 물처럼 행동하는 모습을 연기했다. 내담자는 심리극으로 치료자를 따라 했다. 물이 되는 과정에서 내담자는 울며 바닥에 고꾸라졌다. 그녀가 진정한 후, 치료자는 "방금 일어난 일에 대해 이야기하시겠어요, 아니면 잠시 동안 이렇게 있고 싶으세요?" 라고 물었다. 내담자는 자신의 병에 대해 무력감을 느끼고 통제 불능 상태가 되는 것에 대한 두려움을 드러냈다. 떨어지는 물은 내담자의 무력감을 상징한 것이다. 우리는 이어지는 회기에서 내담자가 어떻게 자신의 병에 대한 충격을 다루는지 볼 수 있었다. 중요하게도, 내담자는 나중에 물이 또한 삶을 지속시키는 상징이라는 것을 스스로 깨닫게 되었다.

시각화와 심상을 사용하는 것이 유익한 경우가 있다. 치료자는 내담자에게 모래상자에서 실현하기 어려운 뭔가를 상상해 보라고 할 수 있다. 한 35세 내담자는 자신의 파트너가 통제적이고 완고해 사귀기가 어렵다고 호소했다. 내담자는 모래상자에 두 남자가 보드게임을 하고 있는 소품을 놓았다. 내담자는 통제당하는 남자가 조지이고 통제하는 사람이 마샬이라고 했다. 모래상자의 이야기가 전개되면서, 조지는 게임을 끝내고 다른 활동을 하려고 했다. 마샬은 게임을 계속하고 싶어 했다. 그러나 두 사람은 하나의 소품이어서 서로 떨어질 수가 없었다. 내담자는 평소 파트너와 의견이 다를 때 자신이 좋아하는 것을 말하기 어려워했다. 치료자는 조지가 게임보드를 그만하고 자기가 하고 싶은 것을 하는 것을 상상하도록 했다. 내담자는 조지가 호수에 가서 수영하는 것을 상상했다. 조지가 새로운 기분에 편안하고 자유로워하는 것을 상상했다. 조지는 더 이상 마샬에 묶여 있지 않았다. 잠시 후 내담자는 조지를 상징하는 혼자 있는 소품을 찾아왔다.

힘의 불균형도 시각화할 수 있는데, 가해자와 피해자가 모래상자에 형상화되었을 경우가 그러하다. 치료자는 가해자가 움추려들고 피해자는 더 커지는 것을 상상해 보라고 한다. 내담자는 나약한 인물이나 사물이 더 큰 힘을 갖는 위치에 있는 것을 상상할 수 있다. 내담자는 어떤 형태로든 이 커진 힘을 연출한다. 즉, 새롭게 힘을 가진 소품을 집어 원래 힘이 있던 인물을 짓밟게 한다. 적극적 명상이 결국 치유하는 모래놀이와 같은 것이다.

인지 재구조화도 모래놀이에서 할 수 있다. 이 책에 기술된 많은 개입방법은 내담자의 생각과 행동을 재구조화하는 예다. 인지 재구조화 기법은 내담자가 막혀 다른 대안을 찾을 수 없을 때 좋다. 치료자는 내담자가 상황을 보는 다른 선택이나 방법을 탐색하도록 도울 수 있다. 예를 들어, 직장을 잃어 우울한 32세 회계사는 여러 치료 회기에서 그의 부정적인 생각이 그 자신을 막고 있음을 드러냈다. 처음에 이 내담자를 대상으로 인지정서치료(Rational Emotive Therapy: RET)를 했으나, 그는 자신과 세상에 대해 자기 말과 믿음을 바꾸는 데 인지정서치료의 원리를 적용하지 못했다. 그래서 우리는 막혀 있는 사람을 도울 접근으로 모래놀이를 제안했다.

이 내담자의 모래상자는 거의 색이 없었다. 소품은 커다란 바위 한 개, 남자 한 명, 여러 동물과 책이었다. 만든 세계를 여행하고 짧은 토의를 한 다음, 상자의 남자가 말을 할 수 있다면 무슨 말을 할지 물었다. 내담자는 그 남자가 말을 하게 했다. "저는 결코 직업을 얻지 못할 거 같아요. 제 삶은 실패했어요. 제가 흑인이어서 어느 누구도 저를 고용하지 않을 거예요." 이에 치료자는 "이 세계에 그 남자를 도울 사람이나 물건이 있나요?" 라고 물었다. 그는 단호하게 "없어요." 라고 대답했다. 치료자가 "그를 돕기 위해 가져올 소품이 있나요?" 라고 묻자, 그는 잠시 두리번거리다 태양을 가져왔다. 치료자는 "태양이 그 남자에게 뭐라고 하나요?" 라고 물었다. 내담자는 아무 말도 하지 못했다. 이때 치료자는 내담자에게 태양의 역할을 해 보라고 했다. 내담자는 마지못해 따랐다. 태양이 "저에게 필요한 것이 무엇인가요?" 라고 말하게 했다. 내담자는 치료자를 보며 "도움이 필요해요. 제 삶은 실패했어요." 라고 말했다. 치료자는 모래상자의 남자가 뭐라고 하는지 물으며 내담자를 모래상자로 향하게 했다. 내담자는 그 남자가 되어 말했다. "저는 도움이 필요해요. 제 삶은 실패했어요. 저는 가족을 부양하지 못할 거예요." 이에 태양이 답했다. "당신은 당신의 삶이 엉망이라고 생각하는군요. 그러나 당신에게 어떤 일이 일어나고 있는지 자세히 봅시다. 삶의 모든 것이 실패했나요?" 내담자는 다시 그 남자가 되어 말했다. "글쎄, 모든 것은 아닙니다. 저는 저를 사랑하는 아내와 아이들이 있습니다. 편안한 집이 있지만 잃어버리게 될 겁니다."

우리는 내담자에게 그 남자의 가족과 집을 모래상자에 가져오게 했다. 내담자는 그것을 남자 옆에 놓았다. 우리는 그 남자가 가족과 가까이 있을 때 내담자의 태도가 바뀌는 것을 보았다. 태양으로서 우리는 모든 것이 실패가 아니라는 생각을 그 남자가 반복하게 하고, 편안한 집을 잃게 될 것이라는 말을 곰곰이 생각해 보게 했다. 그 남자는 "직업이 없으면 집세를 내지 못할 거야. 어느 누구도 나를 고용하지 않을 거야." 라고 말했다. 태양이 말했다. "당신은 미래를 볼 수 있어요?" "아뇨, 하지만 저는 해고당했고 어느 누구도 저를 원하지 않아요." "당신은 한 곳에서 해고당했어요. 전에는 고용되었죠?" "물론이죠." "그때도 흑인이었죠." 내담자는 웃으며 "물론이죠." 라고 답했다. 태양으로서 우리는 그 남자에게 확인시켜 주었다. "통계적으로 젊은 흑인의 실업률이 높아요. 그래서 당신의 걱정을 이해해요. 그러나 당신은 당신의 일에 능숙하잖아요?" "그래요. 나는 반에서 일등이었고 일했던 직장에서 좋은 평가를 받았어요." "고용될 가치가 있다고 생각하시죠?" "그래요."

모래상자의 남자가 비이성적인 생각, 즉 과잉일반화, 전부 혹은 전무 사고, 부정적인 결론 내리기, 긍정적인 것 없애기 등을 깨닫게 도우며, 태양은 그 남자상이 태도를 바꾸게 해 주었다. 그 남자가 태양에게 이야기를 계속할 때 내담자는 갑자기 웃으며 "이 남자는 꽤 비이성적이네요."라고 말했다. 모래상자의 남자에 대해 이야기하면서 내담자는 자신을 자기 상황에서 떼어놓고, 더 긍정적이고 능동적인 방식으로 자신에 대해 알게 되었다.

내담자가 효과적으로 자기 탐색을 하고, 깊은 경험을 하며, 정신을 드러내게 함으로써 치유를 촉진하는 절차와 방식은 수없이 많다. 치료자가 내담자를 존중하고 수용하고, 내담자가 만든 세계에 어떤 변화를 줄 수 있게 하고, 내담자가 행동으로 옮기려고 할 때는 어떤 접근이든 진전이 있다.

내담자별로 가능한 시간에 따라 다양하겠지만, 치료적인 개입은 적어도 15분이 걸린다. 회기가 끝나갈 때, 치료자는 내담자에게 오늘 만든 상자를 어떻게 두고 가고 싶은지 묻는다. "끝날 시간이네요. 당신이 두고 가고 싶은 대로 모래상자를 만들 수 있어요. 상자를 그대로 둘 수도 있고 바꿀 수도 있어요. 이것은 지금의 세계가 어떤지를 보여 주는 것이에요."라고 말한다.

4단계: 기록하기

내담자가 모래상자를 만들고 세계를 바꾸거나 남겨 두고 싶은 대로 소품을 두면, 내담자가 사진을 찍어 상징적인 이미지를 기록할 기회를 준다. 치료자도 내담자의 허락을 받아 사진을 찍는다. 카메라는 직접 현상할 수 있는 폴라로이드, 또는 필름을 인쇄하거나 슬라이드로 만들 수 있는 35mm 카메라 두 개를 갖추는 것이 좋다. 폴라로이드가 있으면 내담자는 자신이 만든 장면의 이미지를 집으로 가져갈 수 있다. 35mm 카메라로 찍으면 더 분명한 이미지를 기록할 수 있다. 슬라이드나 슬라이드 프로젝터를 가지고 있다면 치료자와 내담자를 위해 장면을 확대할 수도 있다. 사진은 검토를 위한 것이다.

대부분의 모래놀이 치료자는 모래상자를 기록하는 것이 매우 유익하다는 데 동의한다. 기록하는 방법은 다양하지만, 사진이 가장 널리 사용되는 방법이다. 로웬펠드를 포함한 일부 치료자는 도표를 선호한다. 에릭슨은 기록의 방법을 사진에서 스케치로 바꿨다. 이처럼 모래상자의 이미지를 구체화하는 것은 치료적이고 진단적이며 연구에 도움이 된다. 로웬펠드는 내담자의 사고를 연구하려고 모래세계를 도표화했다. 그리고 그녀는 그림이 치료자가 공유하고 있는 다른 것들처럼 치료자의 정신을 통해 처리되지 않은 원재료를 보여 주기 때문에 슈퍼바이저나 동료와 의논할 때 도표가 좋다고 말했다. 또한 에릭슨은 다른 자료와 비교하기 위해 내담자가 만든 것에 관심이 있었다. 칼프는 치료과정을 검토하는 데 사진을 이용했다. 어떤 사람은 사람 집단이 성, 나이, 문화 등에 따라 차이를 보인다는 임상적인 예감을 확인하려고 사진을 이용한다(Thompson, 1990). 예를 들어, 치료자는 다음과 같은 질문에 대한 답을 확인하고 싶어 한다. "우리 사회에서 여자는 남자와 달리 어떻게 공격성을 표현하는가?" 이 질문에 대한 답으로 치료자는 여러 반응 범주(표현방식과 사용한 물건)를 살펴보는 관찰 연구를 한다. 그다음 남자와 여자가 만든 모래상자의 세계를 비교할 수 있다. 미리 정의한 행동을 연구 대상자가 얼마나 하는지 측정하여, 여자나 남자가 공격성을 표현하는 방식의 차이에 대해 결론지을 수 있다.

만일 치료자가 기록하는 방법으로 사진 찍기를 선택하면, 내담자가 만든 마지막 장면을 찍어야 한다. 이 사진이 "상징적이고 역동적으로 해석하기 위한 정신자료의 기록인 것이다."(Ryce-Menuhin, 1992: 106) 사진을 찍어 두면 모래상자가 치워진 후라도 분석이나 검토는 할 수 있다. 또한 내담자의 치료과정에 치료자가 관여해 더 자세히 보게 되어 내담자의 눈을 통해 만든 세계를 볼 수 있다. 내담자의 관점이 곧 치료자의 관점이 되는 것이다. 그러므로 사진은 다양한 관점을 준다. 던다스(Dundas)에 따르면, "모래상자가 완성되었을 때 사진을 찍어 두면, 나중에 슬라이드로 사진을 보게 될 때 처음 모래상자를 보았을 때 분명하지 않았던 모양과 형태를 보게 도와준다. 슬라이드만을 보면서 나는 다른 관점을 갖게 되고, 신선한 접근으로 이해할 수 있게 된다."(1990: 3) 또한 치료자는 내담자의 심리적인 여정을 혼자서 음미하거나 내담자와 함께 치료과정에서 얻은 연속된 사진을 검토할 수 있다. "완성된 모래상자는 치료자와 내담자를 위한 기록이다. 사진은 그때 어떤 일이 일어나고 있었는지 보여 주고 무엇이 일어났는지, 그리고 원숙해지고 있는 것, 미래를 예견하게 해 준다. 연속되는 사진을 재음미하는 것은 진행해 온 여정을 확인하게 해 준다."(Signell & Bradway, 1995: 19)

사진은 내담자에게 일종의 전이 대상이다. 내담자는 자기 정신의 눈(eye)이나 무의식 속에 이미지나 경험을 갖는 것과 더불어 사진을 찍어 실체적인 표상을 갖게 된다. 사진은 모래상자가 치워진 후에도 계속 이미지를 생생하게 한다. 던다스는, "내가 모래상자를 사진 찍을 때, 한 아이는 그의 창조물이 사진 속에서 살 것이라는 것을 깨닫는다."(1990: 3)고 말했다. 또한 사진은 내담자가 세계를 창조하고, 탐색과 경험을 하면서 배운 것을 기억하게 해 준다. 사진은 치료과정을 시각적인 형태로 보게 해 주고 시각을 사용해 경험을 보강해 준다.

내담자가 계속 움직이기 때문에 내담자의 세계는 계속 바뀐다. 한때 내담자에게 즐거웠던 구조도 때로는 바뀔 필요가 있다. 과거 장면 사진은 내담자가 보고 기억하고 세계를 다시 만드는 것을 도와주므로 중요하다. 변화를 보는 것이 중요한 치료활동이다. 치료자가 내담자의 내외적인 삶에 대한 의문과 더불어 모래치료 과정의 각 단계를 계속 사진으로 기록하는 것은 깊은 통찰을 하게 해 준다.

카메라보다 비싸기는 하지만, 비디오를 사용하는 방법도 있다. 비디오로 촬영한 장면은 치료하기 단계에서 볼 수는 없지만 회기가 끝나고 나서는 치료자에게 귀중한 도구다. 비디오는 변화한 모든 것, 표현한 통찰, 언어적 · 비언어적 행동 등 치료자에게 전 과정을 보여 준다. 치료자는 내담자의 동의를 얻어 슈퍼비전 할 때와 가르칠 때 비디오를 사용할 수 있다. 또한 비디오는 전환하기 단계나 이어지는 회기에서 내담자를 탐색하는 데 유익하다. 비디오는 내담자에게 자신을 관찰할 기회를 주고 사물을 새로운 관점에서 보게 해 주기 때문이다.

암만이 강조한 것을 반복해 말하고 싶다. 사진은 유익한 도구이지만 경험의 마지막 산물이 아니라 과정의 구체적인 이미지라는 것을 기억해야 한다. 암만은 "내담자가 모래 그림을 '만든다(makes)' 고 말하는 것은 잘못이다. 오히려 내담자는 그림을 그리거나 무의식에서 그에게 흐르는 충동을 중간에 전달하는 것이다. 내담자는 특정 시간과 장소에서 자기 영혼의 움직임을 나타내는 것이다." (1993: 33)라고 강조한다.

내담자의 사진

이제 내담자는 자신의 상징적인 작업을 마쳤다. 내담자는 배운 것을 가지고 치료실을 떠나려고 한다. 치료자는 내담자에게 사진을 찍고 싶은지 묻는다. "상자 만드는 것을 마치면 자신의 세계를 사진으로 찍을 수 있습니다. 당신의 세계를 사진 찍고 싶습니까?" 내담자가 그렇게 하겠다고 하면 스스로 하고 싶은지 혹은 치료자가 할 것인지 묻는다. 내담자가 찍든 치료자가 찍든, 사진은 내담자가 찍고 싶은 구도로 찍도록 한다. 어떤 내담자는 자신이 세계를 기억할 수 있으므로 따로 사진을 찍을 필요가 없다고 한다. 어떤 내담자는 사진 찍는 것을 원치 않는다고 말한다. 이와 같이 그들은 모래상자의 의미와 경험을 축소한다. 어떤 내담자는 사진을 찍는 것이 경험을 방해하고 의미를 약화시킨다며 사진을 못 찍게 한다. 치료자는 내담자가 어떤 선택을 하든 그 선택을 존중한다.

치료자의 사진

내담자가 사진을 찍은 후 치료자는 사진 찍는 것을 허락받는다. "제가 사진을 찍어도 될까요? 당신이 만든 세계를 기록하려고 합니다. 사진은 당신이 한 모든 것을 기억하도록 도와줄 뿐 아니라 나중에 우리가 함께 볼 수 있습니다." 어느 위치에서 사진을 찍을 것인지 내담자에게 묻는다. 대개 내담자는 치료자에게 사진을 찍도록 허락하고 치료자가 원하는 각도에서도 찍으라고 한다. 우리는 내담자가 선택한 각도에서 사진을 찍거나 모래상자의 정면에서 사진을 찍는다.

내담자가 사진을 찍지 않으려고 하면, 내담자가 떠난 후 내담자의 허락이 있든 없든 치료자가 사진을 찍을 수 있다. 단, 사진을 찍으라는 허락을 받지 못했을 경우, 내담자에게 사진을 보이지 않아야 한다. 내담자가 사진을 찍지 말라고 했는데 치료자가 찍어 둔 사진을 보여 주면 내담자는 배신감을 느낄 수 있다. 내담자가 허락하지 않으면, 우리는 내담자의 의사를 존중해 내담자가 떠나고 나서도 사진을 찍지 않는다.

우리는 보통 모래상자의 정면에서 사진을 찍는다. 모래상자가 복잡하고 감춰진 상이 있거나 커다란 힘이 느껴지는 부분이 있으면 그곳을 더 찍는다. 치료자는 다음 내담자와의 회기 진행 때문에 모래상자를 치우기까지 상자와 충분한 시간을 갖지 못하는 경우가 많다. 드 도미니코가 말했듯이 사진은 장면을 되살려 주어 내담자의 세계를 분명히 해 주고 이해할 수 있게 해 준다. 이는 8장에서 더 자세히 다루겠다.

5단계: 전환하기

상징적이고 무의식적인 작업이 완성되었으니 내담자와 논의해 보자고 한다. 어떤 회기에 있든지, 치료자는 내담자가 치료실을 떠나기 전에 현실로 전환하는 것을 돕는다. 더 의식적인 수준에서 내담자가 모래상자의 경험을 통합하게 한다. 내담자가 모래상자에 만든 상징적인 이미지와 그 이미지가 그들의 삶에서 갖는 표상적인 의미를 연결 짓도록 돕는다. 치료자는 내담자의 모래상자에 드러난 것과 매일 일어나는 현실 간의 관련성을 알도록 한다. 사진은 모래상자의 마지막 장면을 보여 준다. 이제 내담자의 세계와 모래상자에 있는 문제에 의미를 부여하도록 함으로써 내담자에게 일어나는 변화를 더 구체화한다. 내담자가 모래놀이치료에서 익힌 것을 어떻게 현재의 실생활에 적용할 것인지 탐색할 때 내담자를 도와준다. 이것이 새롭게 깨달은 에너지나 새로운 통찰 그리고 무의식에서 가져온 것을 건설적으로 사용하게 해 줄 기회다.

의미 만들기

모래상자에서 일어난 것은 내담자의 무의식과 의식에서 비롯된 것이다. 모래상자는 내담자의 내면과 외부 세계에서 일어나는 것을 나타낸 것이다. 치료자의 역할은 내담자가 이런 자료를 이해하고 적용하도록 돕는 것이다. 만일 내담자가 반복적으로 사용하는 소품이나 주제의 의미에 대해 혼란스러워하면 다음 회기에서 이 혼란을 다룰 수 있는 확충 상자를 하도록 한다(6장 참조). 내담자에게 소품의 의미를 상징이나 신화 사전에서 찾아보라고 할 수 있다. 이런 해석이 자신의 삶과 관련이 있는지를 스스로 결정할 수 있음을 알게 한다. 적절하면 내담자에게 인간의 원형적이거나 초개인적인 경험(예: 성경 이야기, 신화, 민담)을 말해 준다. 사전이나 이야기 속의 의미는 내담자에게 맞지 않을지 모른다. 내담자의 관점이 우선이다.

모래놀이 경험과 내담자의 현실 연결하기

내담자가 자신의 모래놀이 경험에 대한 이해를 활용할 수 있도록 돕는 방법은 수없이 많다. 치료자는 내담자가 모래상자의 세계를 추억이나 현 생활의 문제와 연결 짓게 한다. 질문이나 언급을 할 때는 내담자에게서 나온 정보에 기초해 그 회기에서 나온 것을 반영한다. 예를 들어, 내담자가 추억을 떠올리고 모래상자의 초점을 과거의 관계나 사건에 맞추었다면, "방금 세계를 창조하고 경험했습니다. 모래상자에 있는 것 중에 어떤 것이 당신에게 추억을 떠올리게 했나요?" 라고 말한다. 만일 만든 세계가 현재의 문제와 관련이 있다면, "방금 세계를 창조하고 경험했습니다. 모래상자에서 일어난 일이 당신의 현재 삶에서 진행되는 것과 비슷합니까?" 라고 말한다.

이렇게 함으로써 치료자는 내담자가 일상에서 경험한 것이 모래상자와 얼마나 유사한지 깨닫게 해 준다. 예를 들어, 내담자가 위험한 소품들 옆에 자신인 한 여인을 놓았다면, 치료자는 내담자에게 그와 유사한 경험을 하는지 일상생활에 주목해 보라고 한다. "모래상자에 일어난 것들이 당신의 일상에서 나타난다는 것을 알게 될 것입니다. 예를 들어, 모래상자의 여인은 자신을 위협하는 야수 옆에 서 있습니다. 당신은 얼마나 자주 위험하고 위태로운 상황에 처하는지에 주목할 수 있습니다." 라고 말한다.

어느 회기에 있든 위협, 위험이나 불편한 상황을 다루고 견디거나 일어나는 문제를 해결하는 실질적인 방법을 탐색한다. 적절하다면 과제를 준다. 예를 들어, 앞의 내담자가 자신을 위험한 위치에 놓은 것을 알 때 치료자는 내담자가 어떻게 자신의 행동을 바꿀 수 있는지 묻는다. 내담자가 그러한 상황에서 떠나거나 도움을 청하면 내담자의 과제는 스스로를 돌보는 것이다. 만일 내담자가 이런 상황에서 벗어나는 방식을 알고 있으면, 과제는 잠재해 있는 위협을 미리 깨닫고 그것을 피하기 위해 의식적인 선택을 하는 것이다.

회기 사이에 내담자는 더 의식적이 되고 더 이성적인 수준에서 기능한다. 꿈, 기억과 감정이 모래상자를 하고 나서 떠오를 수도 있고 떠오르지 않을 수도 있음을 알게 한다. 그것들은 무의식을 깊이 파헤치는 기법처럼 종종 모래상자를 하고 나서 떠오른다. 이것이 자연스럽게 일어나지 않을 때는 추후의 꿈 등에 대한 언급은 최면 후의 제안과 비슷한 효과를 지녀 회기 후 계속적인 무의식의 작업을 하게 한다.

이런 꿈과 기억이 내담자에게 일어나 사건 속에서 내담자의 의식으로 통합할 방법을 논의한다. "모래상자를 마치고 나서 나온 많은 것이 무의식적인 것입니다. 그래서 그것이 당신에게 무슨 의미인지 즉각 깨달을 수 없습니다. 그러나 놀랍게도 당신 내면의 소리가 모래상자에서 당신이 이해해야 할 중요한 것을 말해 줍니다. 이것은 모래상자를 마치고 바로 일어나거나 며칠이 지나 일어날 수 있습니다. 꿈에서 나오기도 하고 기억이나 감정을 일으킵니다. 놀랍기도 하고 당신을 압도할 수 있습니다." 이렇게 감정, 꿈과 기억이 되살아날 때 어떻게 해야 할지 논의하는 것이 적절하다. "이런 자료를 일기에 써 보세요. 이런 자료와 모래놀이를 통해 흐르는 실마리를 찾아 그 의미를 찾을 수 있습니다. 몇 년 동안 궁금했던 의문에 답을 찾을 수 있습니다. 일기 쓰기가 어려울 경우 당신이 극복하도록 도와줄 다른 것들을 탐색해 봅시다."라고 말한다. 회기 끝에 강한 정서가 일어나면 내담자를 돕고 지지하기 위한 계획을 세운다.

6단계: 세계 치우기

회기가 끝나고 내담자가 가기 전에 만든 모래상자 장면을 치울지 그대로 놔둘지 선택하게 하는 것이 적절하다. 어떤 내담자에게는 만든 것을 없애는 것이 그가 행한 것을 무효로 할 힘(내담자의 잘못을 교정할 힘)을 자신이 지녔음을 인식하게 해 준다. 세계를 치우는 것은 한 행동을 마치는 것이고 새로운 창조를 위한 것이다. 만일 내담자가 세계를 치우려고 하면 전환하기 단계 전에 그렇게 하게 한다. 대부분의 내담자는 자신이 만든 대로 장면을 놔두려고 한다. 세계를 그대로 두는 것은 내담자가 치료실을 떠날 때 그 이미지를 함께 가지고 가게 하는 것이다. 사진을 찍지 않는 한 여성 내담자는 치료실을 나가기 전에 한참 동안 자신이 만든 장면을 보았다. 그녀는 논문을 발표하려고 회의에 가는 길이었는데, 논문 발표를 마치고 돌아와서 모래상자의 이미지가 여러 번 떠올라 강해졌고 힘이 되었다고 했다.

내담자가 장면을 치우지 않으면 그가 떠난 후 치료자가 할 것이라고 알린다. 치료자가 상자를 치울 때는 경험을 숙고하고 기록하는 데 충분한 시간을 가진다. 하지만 내담자가 치우고 떠날 때까지 기다릴 시간이 없을 수 있다. 예를 들어, 그 회기가 끝난 후 바로 다음 내담자가 오기로 되어 있다면 세계를 치울 시간이 없다. 그래서 내담자가 떠나기 전에 치울 수밖에 없다. 그런 경우 치료자가 소품을 선반에 놓기 전에 모래상자에서 소품 하나를 치워 달라고 한다. 이것도 전환하기 단계 전에 한다. 내담자에게 먼저 소품을 치우게 하는 것은 두 가지 목적이 있다. 첫째, 그것은 내담자에게 깊은 창조적이고 표현적인 경험이다. 내담자가 직접 에너지를 무너뜨리는 것이 중요하다. 둘째, 내담자가 처음 치운 소품은 그에게 중요한 의미를 지닌다. 이는 치료자가 탐색할 만한 추가적인 정보를 준다. 이렇게 내담자가 소품 하나를 치운 후, 치료자가 다른 소품을 치우는 것을 도와도 되는지 묻는다. 내담자가 있는 데서 장면을 치우는 것은 내담자가 해 온 과정을 뒤엎는 것으로, 내담자에게 파괴적일 수 있으므로 다른 방법을 찾아본다. 여분의 모래상자를 갖추는 것도 좋다. 모래상자를 그대로 한쪽에 덮어 두면, 다음 내담자가 다른 빈 모래상자를 사용할 수 있다. 이 방법의 유일한 단점은 이전 내담자가 사용한 소품을 다음 내담자가 사용하지 못한다는 것이다.

세계 이해하기

세계를 완전히 치운다. 이것으로 내담자의 치료과정을 다시 경험하고 세계의 의미를 더 배울 수 있다. 이때 통찰을 추가적으로 할 수 있고 치료과정의 다른 관점에 주목하느라 놓친 배치와 움직임을 알 수 있다. 종종 세계는 여러 번의 변형을 거친다. 치우는 과정에서 몇 개의 소품을 치우고 완성 전처럼 다른 소품을 놓아 보는 것이 도움을 준다. 이는 종종 내담자에게 일어났던 의미 있는 변화를 드러낸다.

치료자가 모래상자의 의미를 모르겠으면 다시 만들어 보고 작업을 하여 내담자의 경험을 되풀이해 본다. 서두르지 않고 내담자의 세계를 꾸며 보는 것이 좋다. 나중에 상자를 검토해 보고 싶으면 사진을 찾아보는 것이 도움이 될 것이다. 내담자 모래상자의 어떤 소품이나 관점이 치료자에게 정서적인 반응을 일으키면 그 소품을 가지고 치료자 혼자서 세계를 꾸민다. 이것은 공동전이 문제를 해결하는 데 아주 좋은 방법이다.

세계 정돈하기

소품들을 치울 때는 다른 내담자가 쉽게 찾을 수 있도록 소품을 질서 있고 정확하게 범주별로 정돈한다. 소품을 선반의 적절한 위치에 놓은 후 노트를 정리하고 경험을 숙고해 본다. 우리는 모래상자를 치운 다음 적는다. 사려 깊게 소품을 다뤄 추가적인 통찰을 한다. 원한다면 상자를 치우기 전에 적을 수도 있다.

앞서 언급했듯이, 이런 6단계가 모두 완성되지 않고 서로 분명히 구분되지 않는 경우가 종종 있다. 내담자가 세계를 창조하기만 하고 마쳐도, 이 회기 끝에는 사진을 찍고 내담자가 치료실을 나가기 전에 뭔가 말하게 한다. 내담자가 과정을 숙고하거나 논의하고 싶어 하지 않으면 최소한 내담자의 말수가 적다는 것을 언급해 내담자가 자신의 상태에 대해 더 큰 자각을 갖게 한다.

요 약

◈ 개인 모래놀이치료 회기의 단계

〈1단계: 세계 창조하기〉

- 내담자에게 모래놀이 소개하기: 안전하고 보호받는 자유로운 공간을 만든다. 내담자가 모래놀이에 긍정적인 기대를 갖게 한다. 내담자에게 모래상자, 소품과 과정을 다시 소개한다. 내담자가 편안해하는 위치에 앉는다. 모래놀이를 하는 데 맞고 틀린 것이 없음을 알려 준다. 내담자가 모래상자 꾸미는 것을 끝내면 이를 치료자에게 알리게 한다.
- 세계 만들기: 내담자는 모래에 장면을 만든다. 치료자는 이 장면에 대해 개입이나 해석을 하지 않으며 내담자가 경험하는 것을 지켜보고, 존중하며 주의를 기울인다. 내담자는 소품을 사용하거나 소품 없이 그리고 물을 사용하거나 사용하지 않으면서 세계를 꾸민다. 내담자가 세계를 만드는 동안 치료자는 조용히 하면서 주의를 기울인다.

〈2단계: 경험하기와 재배치하기〉

- 경험하기: 내담자가 세계를 충분히 경험하게 한다. 내담자가 장면을 숙고할 때 치료자는 조용히 앉아 있는다. 이것은 경험을 깊게 하는 시간이다.
- 재배치하기: 내담자가 세계를 있는 그대로 둘 수 있고 바꿀 수도 있음을 알려 준다. 내담자가 바꾼 세계를 경험할 시간을 충분히 준다.

〈3단계: 치료하기〉

- 세계 여행하기: 모래상자의 내담자 편에서 함께 한다. 내담자에게 자신이 만든 세계를 여행시켜 달라고 한다. 이때 내담자의 언어적 · 비언어적 단서에 주의를 기울인다. 모래상자 밖에 머문다. 내담자에게 자신에게 일어나는 정서와 함께하라라고 제안한다.
- 치료적인 개입: 세계에 대해 질문하고 내담자가 설명한 것만을 생각한다. 모래상자의 소품에 초점을 둔다. 게슈탈트 기법, 심리극, 상상, 회고법, 미술치료와 인지 재구조화, 신체 각성 같은 치료방법을 선택한다. 종종 모래상자에 많은 변화가 있을 수 있다.

〈4단계: 기록하기〉

- 내담자의 사진: 내담자가 자신이 선택한 각도에서 폴라로이드 카메라로 사진을 찍도록 한다. 내담자는 사진을 집에 가지고 갈 수 있다.
- 치료자의 사진: 내담자의 허락을 받아 나중에 참고하기 위해 사진을 찍는다.

〈5단계: 전환하기〉

- 의미 만들기: 내담자가 모래놀이를 통해 의식하게 된 통찰을 이해하고 적용하도록 돕는다.
- 모래놀이와 내담자의 실제 현실 연결하기: 내담자에게 모래상자의 사건이 자신의 생활을 어떻게 반영하는지 묻는다. 내담자가 만든 세계를 이해하도록 돕는다. 모래상자의 문제가 내담자의 일상생활에 어떻게 나타나는지 주목하게 한다.

〈6단계: 세계 치우기〉

- 세계 이해하기: 내담자가 치료실을 나간 후 세계를 완전히 치운다. 내담자의 치료과정을 숙고한다.
- 세계 정돈하기: 일어나는 변화에 주목한다. 소품을 선반의 적절한 위치에 놓는다. 기록을 완성한다.

◈ 세계 창조하기 단계에서 기억해야 할 것

- 안전하고 보호받는 자유로운 공간을 만든다.
- 내담자에게 모래상자, 소품과 치료과정에 대해 다시 소개한다.
- 내담자를 볼 수 있고 내담자가 편안해하는 곳에 자리를 잡는다.
- 내담자가 모래상자 꾸미는 것을 끝마치면 치료자에게 알리게 한다.
- 완전히 현재에 존재한다.
- 내담자가 말하라고 할 때까지 혹은 내담자의 신체언어에 반응하는 것이 중요하다고 생각될 때까지 조용히 있는다.
- 비언적인 단서, 즉 얼굴 표정, 한숨, 신체의 에너지에 주목한다.
- 내담자가 세계를 만드는 장면의 순서와 방식에 주의를 기울인다.
- 내담자가 요구하지 않는 한 적극적으로 개입하지 않는다.
- 모래상자 밖에 머문다.
- 해석하지 말고 내담자가 만든 것을 객관적으로 관찰하고 기록한다.

◈ 관찰해야 할 것

- 모래, 물, 소품을 사용하는지 그리고 뭔가를 향해 움직이고 멀어지는지 관찰한다.
- 소품을 선택하고 놓는 순서와 방식, 선택하고 만졌으나 모래상자에 놓지 않은 소품, 관심을 갖거나 싫어하는 소품이 무엇인지 관찰한다.

- 세계를 꾸미는 태도, 속도, 강도, 소품의 수를 파악한다.
- 모래상자의 양식: 반복되는 수, 색깔, 무리, 반대의 것, 기하학적인 것을 관찰한다.
- 소품의 특성: 질감, 색, 크기 등을 관찰한다.
- 공간 사용: 위아래, 무리와 빈약한 부분을 관찰한다.
- 소품이 향한 방향을 관찰한다.
- 비언어적인 단서: 얼굴 표정, 신체 에너지, 한숨, 내적·외적 이동을 관찰한다.
- 모래상자의 변화, 추가, 제거, 소품과 모래의 이동과 분리를 관찰한다.
- 소품에 이름을 붙이는 데 사용한 내담자의 언어에 주목한다.
- 묻거나 감춘 소품들이 있는지 관찰한다.

커플의 자발적 모래상자

제4장

3장에서는 개인과 모래상자 하는 방법과 모래놀이 회기의 단계에 대해 자세히 설명하였다. 이 장에서는 연인, 가족, 친구, 직장동료 등 서로 관계를 맺는 두 사람에 대한 치료를 설명하고자 한다. 치료를 받으러 오는 대부분의 커플이 친밀한 관계이므로 그 점에 초점을 둔다. 만일 치료자가 커플을 치료해 왔다면, 내담자가 개인이든 두 사람이든 적용할 기본적인 이론과 치료에서 고려할 사항(예: 과거 경험이 현재의 태도와 행동에 영향을 준다는 것, 내담자와 함께하는 것이 중요하다는 것, 그리고 내담자의 지혜를 믿는 것)을 알 것이다. 그러나 개인치료와는 달리 커플치료에서는 관계에서 커플과 치료자의 기능과 역동에 대한 이해가 있어야 한다. 이 장에서는 커플과 그들의 의사소통에서의 몇 가지 기본적인 특성을 설명하고자 한다. 또한 언제 모래놀이를 제시하고, 그때 사용할 방법은 무엇이며, 커플 모래놀이 단계에서 보이는 커플 내 역동에 대해 논의할 것이다.

치료자가 커플과 모래놀이치료를 할 계획이라면 커플과의 치료 경험은 물론, 기본적으로 관계의 발달과 의사소통에 관한 이론적인 지식이 있을 것이다. 그래서 여기서는 다른 이론가와 치료자 그리고 우리가 수년간의 경험에서 얻은 커플과 관련된 기본적이고 타당한 주장만 하려고 한다. 우리가 특정 이론을 언급할 때 그것이 관계에 대한 가장 좋은 관점이라는 것은 아니다. 그러나 커플에 대한 근본 원리나 그 세부사항을 열거하는 것은 이 책의 범위를 넘어선다.

첫째, 커플은 함께 올 때 각각 원가족에게서 물려받은 것을 가지고 온다. 머레이 보웬(Murray Bowen)은 자신과 타인에 대한 개인의 지각에 커다란 영향을 주는 것이 "가족관계에서의 정서적인 의존의 질"이라고 했다(Hall, 1991: 12). 개인의 신념, 가치와 관점, 타인과의 상호작용 등에 영향을 주는 것은 세계에서 개인의 현 존재 및 친밀한 관계와 분리될 수 없다. 우리는 두 사람이 맺어 온 새로운 체계와 마찬가지로 커플 각자를 원가족의 일부로 본다. 각자가 관계에 어떤 것을 가져왔는지를 고려하는 것은 중요하다. 통합과 개별화 또는 융합과 밀착에서의 차이나 결여 정도는 한 개인이 친밀한 관계에서 얼마나 정서적으로 단절되고 거리가 있는지, 혹은 밀착되어 있거나 의존적인지에 영향을 준다. 이것은 가까움과 소원함, 좇아가고 철회하는 행동에서 드러난다. 원가족 문제를 치료하고 이해하는 것은 개인을 도와 자신과 상대방에 대해 더 잘 알게 해 주고 능력을 키워 객관적으로 행동하게 해 준다. 파트너들이 보다 상징적인 수준에서 모래놀이를 공유할 때, 특히 원가족 문제를 다룰 때, 커플은 치료하러 온 문제가 무엇 때문인지 알아보는 데 더 개방적이 된다. 또한 이는 치료자가 커플에 대해 더 잘 알게 해 주고 그들이 무엇을 관계에 가져왔으며 어디에 문제가 있는지 평가하게 해 준다.

한 내담자가 생각난다. 프래니는 개인치료에서 관계에서의 무력감과 불공평함이 자신을 우울하게 했음을 알게 되었고, 그녀와 파트너 매리언은 공동치료에 참여하겠다고 했다. 두 사람이 모래세계를 만들 때 관계의 역동은 뚜렷이 나타났다. 매리언은 세계를 만들 때 자기 주장이 강했고, 프래니는 점점 참여하기를 두려워했다. 그들은 각자의 관점에서 세계를 설명할 때 상대방의 내면 작업과 각자 원가족으로부터 가져온 짐 속에서 서로가 새로운 것을 알게 되고 통찰을 얻었다. 매리언은 프래니가 청소년기에 비만 때문에 부모에게 비난받았다는 것을 전혀 알지 못했다. 또한 그것이 그녀의 자아존중감을 낮추고 자신을 드러내는 것에 대해 두려워하게 했다는 것도 전혀 알지 못했다. 이를 알게 된 매리언은 프래니가 거리를 두고 과민하게 반응하는 것을 더 참을 수 있게 되었다. 또한 매리언은 프래니가 자신과의 관계에서 열등한 위치에 있다고 생각하는 이유를 이해하게 되었고, 프래니가 더 자기 주장을 펼치고 자신의 감정을 나누는 데 자유롭도록 도와주었다.

둘째, 많은 이론가가 개인의 성격과 심리 유형 그리고 그것들이 관계에 어떤 영향을 주는지 연구하고 있다(Keirsey & Bates, 1984 참조). 파트너를 이해하고 세계에서의 존재방식을 수용할 수 있을 때, 그들은 서로 협동할 수 있다. 스타일과 성격이 다르고 신념이나 가치가 불일치할 때 갈등이 생긴다. 이런 심리 유형을 확인한 사람이 융이다. 그의 유형론은 커플을 연구하고 이해하는 데 사용된다. 파트너가 자신과 상대방의 성격, 사고방식, 세계와 관계 맺는 방식을 알고 이해하게 돕는 것은 관계를 돈독히 하고 개인을 성장시킨다. 우리는 각자 여러 단점은 물론 장점도 가지고 있다. "우리가 타인의 유형이 무엇인지 안다면 장점과 단점이 무엇인지 알 것이다. 유형의 차이를 안다면 친구나 파트너와 잘 지낼 수 있다."(The Education Center, 1995: 46)

우리가 치료한 한 부부는 자신의 '장점'에만 사로잡혀 상대방의 기여를 볼 수 없을 때 일어나는 딜레마를 보여 준다. 남편은 상당히 영적인 자기가 발달되어 있어 많은 점에서 영적으로 이끌었다. 아내는 밖에서의 신체 활동으로 신체적인 자기가 발달되었다. 남편은 신체적인 것에 아무 관심이 없었고 그것에 에너지를 쓰는 것이 가치 없고 영적인 것이 더 가치 있다고 생각했다. 부인은 자기의 방식이 더 낫고 더 근거가 있으며, 신체를 돌보지 않는 것은 건강하지 못한 것이고 무책임한 것이라고 생각했다. 이 사례의 부부는 핵심 가치를 공유하지 않았을 뿐더러 관계에 대한 서로의 기여를 인정하지 않았다. 모래놀이치료는 파트너에게 그 사람의 다양한 행동이 서로의 관계를 보완해 줄 수 있다는 것을 인식하고 이해하게 해 주었다. 모래놀이를 통해 그들은 서로의 기여에 감사하고 서로의 차이를 존중하게 되었다.

셋째, 사람들은 타인과의 관계에서 서로 다른 기대를 가지고 관계를 맺는다. 이런 기대는 종종 언어로 표현되지 않아 배우자들은 모르고 다른 방향으로 흘러간다. 많은 경우, 커플치료에서는 각자가 서로의 복지에 기여하고 있다고 믿는다. 그런데 그들의 신념과 바람을 입 밖으로 표현하지 않아 서로의 기대와 다르게 행동한다. 예를 들어, 보통 커플은 파트너가 좋아할 것 같은 것을 준다. 그런데 파트너가 선물이나 기여를 감사히 받지 않아 무시당했다고 생각한다. 치료자는 파트너가 자신들의 기대를 드러내어 서로 개인적인 소망과 바람을 보도록 해 준다. 파트너들이 모래상자를 만들 때, 특히 그들이 관계에 대한 자신의 소망이나 관점을 묘사한다면, 치료자와 파트너들은 서로의 기대에서 일치하지 않는 것과 일치하는 것을 볼 수 있다. 이제 그들은 가정이 아닌, 아는 것에 근거하여 행동한다. 만일 그들의 목표가 비슷하거나 보완될 수 있으면 이를 아는 것이 관계를 발전시킬 수 있다. 그러나 목표가 다르면 관계는 끝날 수 있다.

한 예로, 예비 결혼상담을 받으러 온 낸시와 테드의 경우, 그들은 처음에 자신의 관계를 이야기하는 데 15분이 걸렸다. 그들은 곧 있을 결혼에 매우 기뻐하며 흥분해 있었다. 직접적인 문제는 드러내지 않았다. 의식적인 수준에서 그들은 모래놀이가 흥미롭고 뭔가를 탐색하게 할 수 있을 것이라고 생각했다. 그들은 자신의 세계를 만들며 깨닫지 못한 문제가 있다는 것을 알게 되었다. 치료자의 제안대로 각자 모래상자를 만들고 서로의 관점에서 만든 세계를 보게 되었다. 그때 그들은 서로가 생각하는 삶이 다르다는 것을 알게 되었다.

우리는 그들에게 각자 만든 모래상자에서든 어디서든 소품을 가져다가 공동의 세계를 만들라고 했다. 여기에서 한 가지 드러난 문제는 아이를 갖는 것이었다. 낸시는 자신의 개인 모래상자에 있던 안락의자를 공동 모래상자로 가져왔다. 낸시가 결혼 후 바로 아이를 갖고 싶다고 하자 테드는 놀랐다. 그들은 아이를 갖는 것에 대해 이야기한 적은 있지만 피상적인 수준이었다. 두 사람은 서로 더 깊은 내적인 바람을 이야기해 본 적이 없었다. 테드는 자신이 아이를 원하는지 확신이 없었고 지금 아이를 갖는 것에는 더욱 관심이 없었다. 모래상자는 결혼 전에 이 문제를 탐색할 기회를 주었다. 낸시와 테드의 경우, 이 경험 이후 관계가 끝나 버렸다. 물론 모래놀이치료는 의견 차이를 없애고 타협하게 해 주기도 한다.

넷째, 파트너는 서로 다른 관점에서 상호작용한다. 에릭 번(Eric Berne)이 말하는 아이, 부모, 성인 자아 상태는 관계에서 파트너가 취하는 역할을 보게 하는 실용적인 접근이다(Berne, 1964 참조). 개인은 종종 어릴 때 배운 대로 행동한다(Steiner, 1974). 모래놀이는 통찰을 얻고 관계에서의 갈등을 헤쳐 나가게 해 주는 우수한 매개체다. 파트너 외에 다른 역할이 있어 외부의 역할이 관계를 채워 버릴 수 있다. 때때로 파트너 중 한 사람은 상대방의 역할이 자신들의 온전한 관계를 방해하는 것으로 생각할 수 있다. 예컨대, 부인이 밖에서 일을 하자 그들의 결혼생활이 극적으로 바뀐 경우가 있다. 부인이 자신의 관심과 에너지를 일에 쏟을 때 남편은 버려진 느낌을 받았다.

다섯째, 커플과의 작업에는 삼각관계의 가능성이 있다. 비록 많은 사람이 치료자는 삼각관계 안에 존재하지 않을 것으로 생각하지만, 어느 정도는 치료자의 존재가 삼각관계를 만든다. 보웬은 "가장 불편한 참여는 두 사람의 관계에 스트레스가 있을 때 제삼자가 둘 사이에 들어가는 것"이라고 했다(Hall, 1991: 23). 그렇기에 치료자는 역전이와 관계의 역동에 말려들지 않도록 주의해야 한다. 이를 방지할 수 있는 한 가지 방법은 내담자를 각자 보지 않고, 커플을 한 내담자로 보는 것이다. 치료자가 커플을 개인별로 치료하면 비밀 보장에 문제가 생긴다. 치료자는 한 파트너와 따로 하는 개인 회기가 어떻게 이루어지는지 커플에게 분명히 말해야 한다.

커플치료에서 파괴적인 관계 패턴뿐만 아니라 유익한 관계 양식을 깨닫게 하는 것은 두 사람의 관계를 건설적으로 바꾸는 데 도움이 된다. 모래놀이는 각자에게 "관련된 역사, 이상적인 비전, 목표, 자기의 감춰진 부분, 사회적인 자기와 역할을 드러내게 하는 매개체로, 이것은 두 사람을 치료받게 한 현재의 문제와 관련이 있다." (De Domenico, 1991: 3) 드 도미니코가 말한 것처럼 모래놀이는 두 사람에게 각자의 개성이 얼마나 관계에 기여하는지 지켜보고 탐색할 기회를 준다. 이것은 자신과 상대방에 대한 이해를 높이고 두 사람에게 어려움을 주는 행동, 양식과 지각을 발견하게 해 준다(De Domenico, 1991).

커플 모래놀이 회기 단계

커플이 하는 모래놀이에는 여러 가지 접근이 있다. 여기에서는 커플의 역동이나 문제에 의거해 일반적으로 진행되는 단계를 이야기하려고 한다. 먼저 드 도미니코(1991)가 제안한 커플이 공동으로 하거나 개별적으로 하는 모래상자 절차를 소개하고자 한다. 우리는 커플의 의사소통 상자와 개인의 모래상자에서 하는 드 도미니코의 10단계 치료단계와 그 단계에서 사용하는 용어, 관찰과 지시를 수정했다. 우리는 치료를 통해 내담자의 욕구를 체험하면서 이 방법을 발달시켰다. 단계는 개인 모래상자 작업과 유사하지만, 이보다 더 비언어적이고 무의식적인 작업에서 언어적이고 의식적인 작업으로 이동한다. 이 장에서는 커플의 의사소통을 촉진하고 개별화를 이뤄 가는 자발적 모래상자에서의 단계를 자세히 설명하고자 한다. 치료자는 자발적 모래상자에서 만드는 과정에 대한 설명이나 형식을 제시하지 않고 일반적인 지시만 한다. 6장에서 설명할 보다 구조적이고 지시가 분명한 지시적 모래상자의 권고사항은 이런 지침과는 다르다. 의사소통과 관련된 문제를 다룰 때는 커플에게 공동상자를 만들라고 한다. 어떤 커플은 모래상자에 서로 분리된 세계를 만들기도 하며, 어떤 커플은 공유하여 하나의 모래상자를 만들기도 한다. 어떤 커플은 자신의 소품을 건드리지 못하게 하기도 하며, 어떤 사람은 파트너의 소품을 허락 없이 움직이고, 조정하고, 치우기도 한다. 이와는 반대로 개별화 문제를 다룰 때는 개별 상자로 시작한다.

드 도미니코가 본래 제시한 단계는 ① 소개 단계, ② 상자 선택 단계, ③ 제작 단계(드 도미니코는 하나 이상의 모래상자를 사용할 때의 다양한 절차에 대해 설명했다[1991: 9-16 참조]), ④ 경험과 수정 단계, ⑤ 파트너와 나누기 단계, ⑥ 과정 숙고하기 단계, ⑦ 치료자와 나누기 단계, ⑧ 이해 단계, ⑨ 사진을 찍어 기록하는 단계, ⑩ 검토 단계다(De Domenico, 1991: 8). 드 도미니코의 10단계를 수정한 커플의 모래놀이 단계는 하나의 공동 모래상자를 만들든 또는 각자의 모래상자를 만들든 상관없이 다음과 같다.

- 1단계: 세계 창조하기
- 2단계: 경험하기와 재배치하기
- 3단계: 파트너와 의사소통하기
- 4단계: 치료하기
- 5단계: 기록하기
- 6단계: 전환하기
- 7단계: 세계 치우기

이 단계는 제안에 불과하며, 이 단계를 누구나 다 사용하는 것은 아니고 그 내용도 같지 않다. 회기를 진행하는 치료자의 이론과 내담자에 따라 적용하는 단계가 달라진다. 단계명을 보면 알 수 있듯이, 이 단계들은 개인 내담자와의 모래놀이 단계와 매우 비슷하다. 그러나 몇 가지 다른 점이 있다.

세계 창조하기 단계에서 커플은 모래놀이 과정을 소개받고 개별로 또는 공동으로 세계를 꾸민다. 이는 커플이 치료실, 모래상자, 소품, 지시에 익숙하도록 드 도미니코가 제시한 '소개 단계'와 커플이 사용할 모래상자를 정하는 '상자 선택 단계'와 일치한다. 대개 커플은 각자 이전에 모래상자를 해 본 경험이 있기도 하다. 이런 경우라면 간단한 소개로도 충분하다.

경험하기와 재배치하기 단계에서는 각자가 개인이나 공동 세계를 조용히 꾸미도록 한다. 바꾸고 싶으면 언제든지 바꿀 수 있음을 알리고, 상자를 따로 만들었으면 자신의 세계를 재경험한 후, 파트너의 세계를 경험하게 한다.

파트너와 의사소통하기 단계는 개인 모래상자 절차와 다르다. 이것이 드 도미니코의 '경험과 수정 단계'다. 이는 드 도미니코의 '파트너와 나누기 단계'와 '과정 숙고하기 단계'를 합친 단계로 각자 자신의 파트너를 완성된 세계로 데리고 간다. 이때 각자 자신이 만든 것과 나눈 것(share)이 그들에게 어떠한 의미인지를 숙고하며, 치료자는 조용히 있는다. 치료자는 존중하는 태도로 듣고 커플의 관점을 설명하고 커플을 도와 그들의 의사소통을 촉진시킨다.

치료하기 단계에서 치료자는 활발한 역할을 한다. 생각나는 질문, 반영적인 반응과 다른 치료적인 개입을 통해 치료자는 경험하고 이해하고 모래상자에 나온 역동에 근거해 문제를 해결하게 한다. 드 도미니코의 '치료자와 나누기 단계'에서 각자 자신의 세계를 치료자에게 여행시키고 치료자의 이해를 돕는다.

개인의 모래놀이치료에서와 드 도미니코의 기록단계처럼, 기록하기 단계는 자신의 관점에서 사진을 찍을 수 있다고 제의하는 단계다.

전환하기 단계에서는 내담자가 모래 세계를 마치고 현실로 돌아올 때, 치료자가 커플에게 만든 세계, 모래상자가 담고 있는 문제, 그리고 회기가 현재의 문제와 어떻게 관련이 있는지 이해할 수 있도록 한다. 그리하여 내담자는 치료실 밖 세상으로 이동하는 데 도움을 받는다. 드 도미니코의 '이해단계'는 탐색하는 단계로서 기록이 진행되는데, 우리의 전환하기 단계와는 달리 모래상자 안에서 마무리된다.

세계 치우기 단계에서 치료자는 커플이 치료실을 떠난 후에 모래상자를 치운다. 이것이 가능하지 않을 때는 파트너 각자에게 상자에서 소품

하나를 치우라고 함으로써 에너지를 끊고, 그다음 치료자와 커플이 나머지 소품을 치운다. 커플이 떠난 후, 치료자는 생각하고 기록할 시간을 갖는다. 드 도미니코의 마지막 단계인 '검토 단계'는 회기나 연속된 회기를 내담자와 사진 또는 비디오로 보는 것이다. 커플이 하는 개별화 작업(즉, 커플이 각자 자신의 모래세계를 만든 다음, 적절한 시기에 각자가 만든 세계를 함께 경험하기) 단계와 커플이 함께 하는 의사소통 작업(즉, 공동 모래상자 만들기) 단계 간에는 많은 중첩이 있지만 여기에서는 명확하게 하기 위해 두 가지를 따로 설명한다.

모래상자를 제안할 때와 사용할 접근법

치료자는 커플이 치료받으러 온 목적에 따라 치료과정의 여러 시점에서 모래놀이를 소개한다. 치료 초반에 모래놀이를 선택하는 데는 여러 지표가 있다. 모래놀이는 효과적인 평가도구이므로 치료 접수 후 커플의 관계를 처음 평가할 때 사용할 수 있다. 어떤 커플은 자의 혹은 타의로 모래놀이치료를 받으러 올 수 있다. 이런 경우에 치료자는 첫 번째나 두 번째 회기에 모래놀이치료를 할 수 있다. 예를 들어, 어떤 커플은 그들의 관계가 전체적으로 잘 맞으나 한 가지 힘든 문제가 있을 수 있다. 치료자는 그들과 한 번 만나고 나서 그들을 힘들게 하는 언어 양식을 모래놀이가 없앨 수 있을 것 같으면, 다음 회기에 모래상자를 해 보자고 제안할 수 있다. 어떤 커플은 결혼 전에 짧게 상담받기를 원한다. 이때 모래상자는 두 사람이 좀 더 탐색할 문제가 있는지 알게 해 준다. 이런 경우에 치료자는 치료를 위한 신뢰단계 없이 진행할 수 있다. 그러나 우리는 커플이 꼭 모래상자를 해야 하는 상황이거나 평가를 위해 모래상자가 필요한 상황이 아니라면, 짧게라도 신뢰 형성 단계를 거치는 편이 커플이 모래상자를 더 편안히 받아들이게 해 준다고 생각한다. 커플의 치료는 1시간 반에서 2시간을 잡아야 한다.

일단 모래놀이치료가 적절하다고 판단되면 모래놀이를 시작하는 데 두 가지 선택을 할 수 있다. 하나는 치료자가 커플이 작업할 상자의 수를 정하는 것이고, 다른 하나는 커플이 직접 상자의 수를 선택하는 것이다. 커플의 역동에서 치료자가 선택하기로 하면 치료자는 커플이 공동으로 하나의 상자로 할지 혹은 각자 두 개의 상자로 할지 정한다. 만일 두 사람이 서로 사이가 멀거나 연결 또는 의사소통이 어려우면, 두 사람이 공동으로 모래상자에 세계를 만드는 것이 서로 생산적으로 상호작용하는 것을 배울 수 있고 관계에서의 문제를 해결하도록 도울 수 있다. 이것을 의사소통 모래상자라고 부른다. 한 상자에서 작업할 경우, 치료자는 물론 커플은 커플 사이의 의사소통 기술과 양식, 관계의 역동에 대한 정보를 얻을 수 있다.

상자를 따로 하는 것은 커플이 서로 밀착되어 있거나 지나치게 공생적인 경우다. 개별 모래상자는 모래세계를 자율적으로 만들게 할 뿐 아니라 서로 만든 것을 보고 설명을 들음으로써 개별화를 촉진시킨다. 이를 개별화 모래상자라고 부른다. 이는 각자에게 상대방이 자신과는 다른 정체감을 갖고 있다는 것을 알게 해 준다. 개인의 자발적 모래상자 만들기는 비난받는 것에 대한 두려움, 통제나 다른 부정적인 결과 때문에 자신을 자유롭게 표현할 수 없다고 느끼는 경우에 유용하다. "두 사람이 동시에 세계를 만들 때, 그들은 개인으로 작용하고 기능하는 환경을 만들고 인내하는 것을 배울 수 있다." (De Domenico, 1991: 10) 이때 개인이 정체감을 유지할 수 있을 정도로 커플의 자아 강도가 충분할 때까지 공동 상자 만드는 것을 보류한다. 커플의 자아 강도가 충분할 때 커플은 건설적인 방식으로 함께 작업할 수 있다.

의미 있는 분리나 밀착이 없으면 커플은 하나의 상자 혹은 두 개의 상자를 선택할 수 있다. 초기 평가 동안 둘이 한 상자를 만들 것인지 혹은 개별로 세계를 꾸밀 것인지는 커플에게 맡긴다. 왜냐하면 그들의 선택이 치료자에게 그들의 정체감을 드러내 주기 때문이다.

치료자의 지시와 설명은 이전 장에서보다 덜 자세하다. 이는 3장을 참조한다. 여기에서는 커플의 작업에 대해 더 자세히 제시한다. 세세한 지시의 중요성을 강조하기 위해 치료자가 함께 해야 하고, 소품 배치와 소품을 놓는 순서, 속도와 양식, 세계를 만드는 신중성, 언어와 비언어적인 표현, 그리고 개인치료에서 한 많은 관찰에 주의를 기울여야 한다. 그러나 이제 치료자는 두 사람의 상호작용의 역동에도 주의를 기울여야 한다. 이 장에서는 가족과의 작업에 대해서는 설명하지 않지만 다음의 사항은 가족에게도 그대로 적용할 수 있다. 가족의 자발적 모래상자는 5장에서 다룬다.

의사소통 모래상자

1단계: 세계 창조하기

커플에게 모래놀이 소개하기

모래상자 세계는 커플 공동의 현실을 반영한다. 커플과 하는 첫 회기에서 치료자는 모래놀이를 개인과 커플에게 종종 사용하는 방법이라고 소개한다. 그다음 치료실, 모래상자, 소품과 사용할 수 있는 자료 등을 소개한다. 커플이 모래상자를 하기로 했으면 치료자는 모래놀이를 소개한다.

"두 분에게 있는 어려움에 대해 방금 이야기를 나누었습니다. 사람들은 대개 이런 어려움을 드러내지 않고 종종 감추고 있기 때문에 우리는 왜 그런지, 혹은 어떤 문제와 해결책이 있는지 정확히 알지 못합니다. 모래놀이는 많은 커플에게 감춰진 문제를 드러내고 자신과 서로에 대한 통찰을 얻는 데 매우 유용합니다. 두 사람은 서로 다른 방식으로 의사소통하므로 모래상자를 꾸미면서 우리의 내적 관점은 현재 우리에게 무엇이 일어나고 있고 이 문제를 어떻게 해결할지 그 방법을 보여 줄 것입니다. 한번 해 보시겠어요?"

치료자의 제안에 커플 각각이 어떻게 생각하고 반응하는지 살핀다. 그리고 어떻게 참여하기를 결정하는지 살핀다. 누가 리더 역할을 하고 강요하는지, 누가 순종하고 말수가 적고 불편해하는지 주목한다. 커플은 모래놀이가 아동의 놀이 같다고 할 수 있다. 이에 치료자는 종종 누구나 그렇게 생각할 수 있는데, 일단 모래놀이를 시작하면 표현의 자연스러운 흐름을 경험할 것이라고 말해 준다.

커플 중 한 명이나 둘 모두가 개인치료로 모래상자를 해 본 적이 있을 수 있다. 그런 경우는 상자와 자료에 대해 간단히 설명해 주는 것만으로 충분하다. 커플을 위한 커다란 상자가 있으면 그 상자를 소개하고 파란 바닥을 보여 주며 모래, 소품과 물로 원하는 무엇이든 꾸밀 수 있음을 알려 준다. 커플은 이 상자를 선택할 수도 있고 다른 상자를 선택할 수도 있다. 둘 중 어느 누구도 모래놀이를 해 보지 않았으면 이에 대해 충분히 설명해 주고 선반을 살펴볼 기회를 준다(자세한 내용은 3장의 세계 창조하기 부분 참조). 커플이 어느 정도 동의할 필요는 있지만 공동 세계를 꾸미는 데 옳고 그른 것이 없다고 말해 준다. 예를 들어, 커플은 ① 사용할 상자, ② 소품, ③ 물을 사용할 것인지 결정해야 한다. 커플은 자신들이 선택한 어떤 것이든 할 수 있다. 이야기하면서 하거나 말하지 않으면서 할 수 있고, 선택한 것은 원하면 언제든지 바꿀 수 있다. 커플이 치료자에게 묻지 않으면 치료자는 조용히 있을 것임을 알린다. 또한 커플이 소품을 추가할 때 치료자는 그것을 관찰할 위치를 정할 수 있다. 세계를 기록하고 사진을 찍고 비디오에 담을 계획이면 그래도 괜찮은지 커플에게 묻고, 이는 치료과정을 기억하는 데 도움이 될 것이라고 설명한다.

공동 세계 만들기

커플이 세계를 꾸미는 행동과 태도를 기억하는 것은 중요하다. 이때 치료자는 커플의 심리적인 역동을 한 단위로 받아들이는 것이 중요하다. 이것은 한 사람의 경험을 담는 개인과의 작업하고는 약간 다르다. 치료자는 판단하지 않으면서 커플의 역기능적이고 기능적인 행동을 받아들인다. 커플을 한 단위로 볼 때, 커플은 비난받거나 비교되지 않으면서 자신이 누구인지 표현할 수 있다. 또한 회기 동안 치료자는 신체적 · 정서적으로 모래상자 밖에 머물며 가능한 한 조용히 있는다. 그러나 초기 평가 후 커플 중 한 명이나 둘 모두 무례하게 굴거나 상자 소품의 선택이나 배치를 마음대로 하려고 한다면, 치료자가 개입하여 이 행동을 지적하거나 더 존중하며 행동하라고 조언한다. 나중에 전환하기 단계에서 이에 대해 논의한다.

이외에도 주의를 기울여야 할 행동이 많이 있다. 다음은 드 도미니코가 훈련에서 소개한 것과 우리가 커플과 작업을 하면서 관찰한 것을 근거로 만든 질문 목록이다. 먼저 커플의 언어적인 의사소통에 주목한다. 무엇을 놓을 것인지 대화하고 함께 정하는가? 상자를 선택하고 나서 혼자 소품을 선택하고 놓는가 혹은 뭘 놓아야 할지와 어떻게 나누거나 공유할 것인지 대화하는가? 세계에 무엇을 놓을 것인지 결정할 때 유쾌하게 하는가 혹은 논쟁하는가? 다른 사람이 한 것을 언어적으로 평가하고 비난하는가? 선택이나 배치에 대한 설명이 있는가? 다른 사람의 소품 옆에 소품을 놓는 것에 대해 허락을 받는가? 이야기를 많이 하는가 혹은 조용히 있는가?

다음으로, 커플이 비언어적으로 어떻게 의사소통하는지 살핀다. 관계에서 멀어지는 것(distancing)과 따르는(pursuing) 양식은 물론, 그들의 스타일, 속도, 당장 해결하기를 원하는 것에 주목한다. 그들의 신체언어는 무엇을 의미하는가? 거리를 두고 있는가 혹은 가까이 있는가? 한 사람이 지켜보고 다른 사람은 따르는가? 비언어적인 평가가 얼굴 표정, 한숨이나 신체적인 움직임에 드러나는가? 서로의 주제를 따르는가 혹은 무시하는가? 모래상자에 세계를 만드는 기여가 바뀌는가, 그렇다면 다른 사람은 그에 대해 어떻게 반응하는가? 서로의 작업을 받아들이지 않는가 혹은 수용하는가? 그들은 얼마나 유연한 태도를 보이는가? 그들은 서로의 여정을 지지하는가? 어떤 정서를 표현하고 어떤 정서를 억제하는가? 기쁨, 즐거움과 유머를 얼마나 많이 나누는가? 정서적인 분출은 어디에 있는가? 커플의 에너지가 모이거나, 상호작용을 막거나, 서로 창조성이 나타나는 것은 언제인지 주목한다. 서로의 강도 차이에 주목한다. 그들은 만드는 과정을 도와주는가 혹은 방해하는가? 그들의 접근방식이 만드는 과정에서 바뀌는가? 만들면서 서로 더 관여하는가 혹은 소원해지는가? 이런 질문들은 관찰할 행동의 일부일 뿐이다. 세계를 꾸밀 때 커플의 역동은 상호작용하는 관계의 소우주다. 치료자의 관찰, 파트너와 의사소통할 때의 설명은 치료하기 단계에서 탐색해야 할 것이다.

단계마다 걸리는 시간은 사람마다 다른데 세계 창조하기에 30분 정도를 준다. 만일 기록하고 싶으면 허락을 받아 비디오에 담고, 메모를 하고, 사진과 슬라이드를 만든다(8장 참조). 치료자는 커플과 함께 하면서 커플의 언어적 · 비언어적인 상호작용을 계속 관찰한다.

2단계: 경험하기와 재배치하기

경험하기

이것은 조용히 숙고하는 시간으로, 함께 만든 세계에 대한 커플의 경험을 깊게 한다. 개인과 하는 작업에서와는 달리, 치료자는 커플의 정서적인 표현에 반응하거나 언어적으로 반영하지 않는다. 이것은 다른 파트너가 세계에 몰입하는 것을 방해할 것이다. 그들 자신의 소품만이 아니라 세계 전체를 경험해 보라고 한다. 세계에 대한 다양한 감정이나 해석을 포함해 소품이 그들에게 불러일으키는 모든 의미는 옳다는 것을 알게 한다. 커플에게 조용히 상자 주변을 걸을 수 있고 다른 각도에서 세계를 볼 수 있음을 알린다. "자, 함께 세계 만드는 것을 마쳤으니 이것을 각자 경험해 봅시다. 이 세계의 모든 부분에 잠시 있어 보세요. 전체 세계가 당신들 각각에게 있음을 기억하세요. 당신이 거기에 있고, 어떠해 보이고, 어떻게 느껴지는지 상상하세요. 두 분이 이 안에 함께 산다는 상상까지 해 보세요. 당신은 상자 주변을 걸으면서 모든 각도에서 상자를 살펴볼 수도 있습니다."라고 말한다.

완성된 세계에 대한 커플의 반응을 관찰한다. 그들이 상자의 특별한 소품이나 영역에 반응하는지 본다. 서로가 개별로 만든 것을 경험할 수 있는지, 혹은 그들이 서로의 비언어적인 행동을 관찰하는지 본다. 이 단계에 적어도 5분 정도의 시간을 주고, 커플 각자에게 주의를 기울인다. 먼저 끝낸 사람에게 끝난 것을 알고 있으니 다른 사람이 끝낼 때까지 기다리자고 비언어적인 신호를 보내거나 자신의 세계를 다시 볼 시간이 더 있다고 조용히 제안한다.

재배치하기

개인치료 때처럼 완성한 세계를 깊이 경험하면서 바꾸고 싶은 것을 바꿀 수 있다. 두 사람이므로 서로 다른 반응이 나올 것이고 분명히 바꾸고 싶을 수 있다. 변화, 삭제나 첨가 모두 좋고 만든 그대로 놔둘 수도 있음을 커플에게 알린다. "이제는 두 분 모두 이 세계에서 시간을 보냈는데, 이것이 원하는 방식처럼 보입니다. 혼자 또는 두 분이 바꿨으면 하는 것이 있을 수 있습니다. 장면을 경험할 때는 말을 하지 않도록 요구했지만 지금은 서로 이야기할 수 있습니다. 저는 조용히 있겠습니다. 끝나면 알려 주세요."라고 말한 후, 그다음 어떻게 바뀌는지 관찰한다. 파트너가 자신의 소품만 옮기거나 치우는가? 또는 다른 소품도 옮기거나 치우는가? 파트너의 허락을 받았는가? 변화가 있을 때 커플의 반응을 관찰한다. 만일 과정을 기록하고 있으면 처음 완성한 것과 바뀐 것을 사진으로 찍을 수 있다.

3단계: 파트너와 의사소통하기

세계로 파트너 인도하기

한 사람이 경험할 때 치료자는 조용히 관찰하면서 커플이 자기 파트너를 세계로 이끌게 한다. "두 분은 세계에 각자의 소품을 놓으며 함께 굉장한 세계를 만들었습니다. 이 세계가 파트너와 당신에게 어떤 느낌을 주고 어떤 의미인지 알 것이라 생각됩니다. 파트너에게 당신이 보는 대로 세계를 여행시키세요. 장면으로 인한 어떤 경험이든 자연스럽게 이야기할 수 있습니다. 소품이나 영역에 대해 자세히 말할 수도 있고 이야기를 만들 수도 있습니다. 당신이 장면을 묘사할 때, 소품들을 이 세계의 주민으로 생각하고 제삼자의 입장에서 설명할 수 있습니다. 당신은 파트너가 놓은 소품에 대해 파트너와 비슷하게 생각하거나 다른 의미로 생각할 수 있습니다. 평소처럼 우리는 각자의 관점을 가지고 서로 다른 방식으로 사물을 볼 수 있습니다. 두 분 중 한 분이 파트너를 안내할 때는 조용히 들으며 이야기를 존중해 주세요. 당신은 자신의 의견을 내고 싶을 수 있지만 파트너가 말하는 것을 들어 주세요. 그다음 당신도 이야기할 기회가 있을 것입니다." 일단 지시를 하고 나면 커플 중 누가 먼저 할지 정하고 시작하게 한다. 관계의 힘이 불균등해서 한 사람이 다른 사람보다 자기 주장이 강하고 한 사람은 다른 사람을 따라가는 경우라면, 수동적인 사람이 먼저 하게 한다.

치료자는 관계를 촉진하고 깊게 하도록 돕는다. 이것은 온전히 함께하고, 감정이입을 하여 듣고, 명료화를 통해 이뤄질 수 있다. 커플에게 같은 시간을 준다. 만약 한 사람이 더 많이 말하면 말수가 적은 사람에게 질문을 더 할 수도 있다. 단계 시작 전 제한 시간을 알려서 수다스러운 파트너가 설명을 길게 하지 않게 한다. 예를 들어, "각자가 세계를 설명하는 데 5~10분 정도 사용하세요."라고 말한다. 이야기가 전개되는 동안, 듣는 사람이 어떻게 듣는지 살피며 관찰할 것이 여러 가지 있다. 자신의 생각 때문에 방해받는가? 방해하지 않는 것이 어려운가? 정말 관심 있게 보는가? 파트너에게 인정받으려고 설명하면서 지켜보는가? 말하는 사람은 얼마나 드러내어 말하는가? 파트너와 자신의 생각이 다를 때 그것을 치료자에게 언급하는가? 두 번째로 말하는 사람은 앞 사람의 영향을 얼마나 받아서 처음에 만들어진 장면을 설명하는가? 치료자는 말하는 사람이 사용하는 언어, 정서가 깃든 영역이나 소품에 주목한다. 다른 세부적인 내용은 3장의 세계 여행 단계 부분에 나와 있다. 언급하지 않은 소품이 있으면 치료하기 단계에서 언급한다.

과정 숙고하기

커플 각자가 만든 세계를 자세히 설명한 후 이러한 경험이 그들 자신에게 어떠했는지 서로 이야기하게 한다. 여기서 치료자는 안내단계나 그 당시 상자 밖에 있을 때보다 내담자를 더 의식적이고 분석적인 상태로 이끈다. "보시다시피 당신들 각자가 자신의 견지에서 세계를 보았습니다. 서로 함께 놀이를 하고 공동 장면을 만들 때 어떤 느낌이었는지 이야기해 주시겠습니까? 감정은 세계를 만드는 여러 단계에서 다를 수 있습니다. 예를 들어, 소품을 선택했을 때와 소품을 상자에 놓을 때 다른 느낌을 가질 수 있고, 장면이 형태를 이룰 때도 다른 느낌을 가질 수 있습니다."

더 수동적인 사람이 먼저 시작하게 한다. 커플이 언제 시작할지 모르면 구체적으로 질문한다. 예를 들면 다음과 같다. "소품을 선택하면서 무엇을 의식했나요?" "(이름을 말하며) 파트너가 당신의 소품 옆에 소품을 놓았을 때 어떠했나요?" "둘이서 같은 모래상자에 소품을 어떻게 놓았는가에 대해 주목했나요?" 장면과 과정에 다양한 관점이나 유사한 점이 있으면 그에 대해 묻는다. 동시에 커플 간의 역동을 계속 관찰한다.

커플 중 한 사람이 치료자에게 세계에 대한 이야기를 하고 감정을 말하도록 한 다음 다른 파트너도 하게 한다. "당신이 본 대로 파트너에게 세계를 설명하거나 정서를 이야기하세요. 그럼으로써 두 분이 서로 새로운 방식으로 대화할 기회를 가질 수 있습니다." 과정에 대한 논의는 그동안의 추측과 상대방의 몸짓, 표정 등을 보고 미루어 짐작했던 점을 없애 주고, 감정에 대해 개방적인 언어로 의사소통하게 하며, 서로에 대한 이해를 깊게 해 준다. 몇 분간 커플이 서로의 생각을 나누게 한다.

4단계: 치료하기

치료자는 내담자와 세계를 나누고 이야기를 통해 내담자의 언어와 세계에 대해 알게 된다. 지금까지 치료자는 커플이 서로 의사소통하고 방향을 제시할 때 외에는 조용히 있었다. 이 단계에서 치료자는 상호작용적인 역할을 한다. 두 사람의 허락을 받아 내담자와 같은 방향에서 모래상자에 함께한다. 커플의 모래상자 밖에 있으면서 내담자의 언어를 사용하고, 커플과 이야기하고, 비언어적인 행동에 주목하고, 그들의 욕구에 신경을 쓴다. 치료자는 "이제까지 서로에게 장면에 대해 설명하고 경험이 어떠했는지 이야기했습니다. 제가 당신들의 장면을 더 탐색해도 괜찮을까요?"라고 묻는다. 이후에는 개인 내담자에게 그랬던 것처럼 세계에 대한 경험을 깊게 할 수 있는 질문을 하여 통찰하고 서로가 더 잘 이해하도록 돕는다. 모래 속에 묻은 소품이 있거나 이야기에서 놓친 소품이 있으면 그에 대해서도 묻는다. 제삼자의 입장에서 소품이 그 세계에 살고 있는 것처럼 생각하고 세계를 탐색하게 한다. 게슈탈트, 심리극, 의사소통 기술, 상상이나 치료자에게 익숙한 치료 개입을 사용하여 이해와 해결에 도움이 되도록 한다. 더 자세한 설명은 3장의 치료적인 개입 단계에 대한 설명을 참조한다.

치료를 마치고 시간이 다 되면, 오늘 만든 것을 두고 가고 싶은 대로 세계를 정돈하게 한다. "끝날 시간입니다. 두 분이 원하는 대로 세계를 두시겠습니까? 그대로 놓을 수도 있고 소품을 움직이거나 뺄 수도 있고 추가할 수도 있습니다. 서로 마지막 모습을 어떻게 하고 싶은지 의논하세요." 이때 커플은 협동하여 마지막 결정을 하게 한다. 이것은 두 사람 관계에서 많은 갈등이 있었더라도 협동할 수 있는 기회가 된다.

5단계: 기록하기

치료자는 커플에게 자신들이 원하는 각도에서 각자 사진을 찍게 한다. "이것이 두 분이 함께 만들고 놀이한 것입니다. 이것으로 이 회기의 여정은 끝났습니다. 모래상자를 하고 나서 늘 그렇듯 마지막 장면을 사진 찍습니다. 사진을 찍을 때는 서로 원하는 각도에서 찍으세요. 서로 같거나 다른 관점에서 사진을 찍을 수 있습니다." 개인치료에서처럼 두 사람의 허락을 받아 치료자가 사진을 찍는다. 방법, 목적, 사진의 가치에 대해서는 3장의 기록하기 단계를 참조한다.

6단계: 전환하기

사진을 찍은 후에 커플을 모래상자에서 상담 상황으로 이동시킨다. 지금까지는 상자의 상징적인 표상에 초점을 두었다. 비록 파트너가 언어 수준으로 상호작용을 했지만 모래상자의 경험을 그들의 관계에 직접 적용하지는 못했다. 이 단계에서는 모래세계와 그 세계의 인물들에게서 실제 세계와 커플의 개인관계로 전환이 이루어진다.

의미 만들기

커플 중 한 명이나 두 사람 모두 자신들이 만든 세계에서 왜 같은 소품을 반복적으로 선택했는지 알지 못할 때가 있다. 그들은 소품의 사적이고 원형적인 의미를 궁금해할 것이다. 개인치료에서와 마찬가지로 커플은 소품의 의미를 상징이나 신화 사전에서 찾아볼 수 있다. 그러나 그러한 해석이 자신들에게 해당되는지는 스스로 판단해야 함을 알려 준다.

모래놀이 경험과 커플의 실제 세계 연결하기

커플이 모래세계를 만들고 경험하고 탐색할 때 일어난 것과 현재 커플의 관계가 어떻게 관련이 있는지 보게 한다. 커플의 삶의 역동이나 사건을 반영하는 모래상자에 나타난 문제들을 상세히 말하게 한다. 통찰을 주고 그들 자신, 관계, 성장의 가능성을 나타냈던 소품들, 배치와 대화의 의미를 탐색한다. 치료자는 "우리가 만든 세계에서 자신이나 자신과 관련된 것을 볼 수 있습니다. 모래상자의 소품 중에서 당신을 나타내는 것이 있습니까? 있다면 어느 것입니까?" 라고 말할 수 있다. 그리고 "모래상자에 나타난 문제에 대한 해결책을 탐색하세요. 세계를 탐색하면서 뭔가를 바꿀 수 있어요. 인물 간의 대화와 나온 해결책이 오늘 이곳을 떠난 다음 무엇을 해야 할지 말해 주나요?" 라고 물을 수 있다.

만일 적절하다고 판단되면 치료자가 본 것을 언급한다. 파트너들이 상호작용한 것에 대해 서로 탐색할 수 있다. 예를 들면 다음과 같다.

① 커플이 가까웠는가 혹은 소원했는가?
② 공격적인 태도를 보였는가 혹은 순종적인 태도를 보였는가?
③ 한 사람이나 두 사람 모두 개방적이었는가 혹은 비밀스럽고 감추려고 했는가?
④ 소품을 배치하는 방식은 어떠했는가? 질서정연하게 배치하는 사람이 있는 반면, 혼란스럽게 배치하는 사람이 있는 등 서로 달랐는가?
⑤ 활동이나 수동적인 수준이 서로 달랐는가?

이런 질문은 커플의 관계 양식을 보게 해 준다. 복잡한 문제가 나오면 치료자는 모래상자 진행을 한 회기 이상 할 수 있다. 문제가 해결되지 않으면 같은 문제가 새로운 상자에서 다시 나온다.

슬라이드, 비디오, 사진이나 세계를 다시 만드는 것은 모래상자를 계속 진행하는 데 도움을 준다. 드문 일이지만 시간이 되면 커플과 같이 찍은 사진이나 비디오를 회기 중에 검토한다. 그렇지 않으면 다음 회기까지 기다린다. 어떤 사진이나 테이프에 커플에게 보여 주고 싶은 행동, 문제, 양식이 있는지 확인하기 위해, 회기와 회기 사이에 그것을 치료자 혼자 검토한다. 사진과 테이프는 커플의 문제, 여정과 진전을 검토하는 데 사용한다.

치료자는 커플에게 경험을 통해 통찰을 강화하고 관계에서 역기능적인 역동을 바꿔 줄 과제를 줄 수 있다. 커플의 긍정적인 변화를 위해 치료실 밖에서의 활동을 제안할 수 있다. 이는 다음과 같다.

① 세계가 어떠한지 탐색하고, 파트너 각자가 창조한 세계를 이야기의 기초로 사용하게 한다.
② 어떤 소품을 선택했다면, 왜 그 소품을 선택했고 그 소품이 자신이나 파트너의 어떤 점을 나타내는지 서로 이야기한다.
③ 커플에게 세계가 자신, 파트너 그리고 파트너와의 관계를 어떻게 나타내는지 생각하게 한다.
④ 파트너가 싫어할까 봐 놓지 못한 소품, 주제, 장면이 있는지 생각하게 한다.
⑤ 상담실에서 바꾸겠다고 이야기한 것을 실천하게 한다.
⑥ 치료하기 단계에서 다루지 않은 질문이나 직관은 함께 생각해 보거나 기록하고 탐색할 주제일 수 있다.

회기 사이에 커플은 의식과 무의식 수준에서 얻은 통찰에 따라 행동할 기회를 가질 것이다. 그렇게 하는 것이 안전하면 파트너와 꿈, 생각과 기록을 나누도록 격려한다. 치료자는 커플이 회기에서 나온 사건이나 생각을 어떻게 이용할지 계획하도록 돕는다.

7단계: 세계 치우기

커플이 세계를 치우고 싶어 하거나, 다음 내담자를 위해 커플이 나가기 전에 소품이 잘 정돈되어 있어야 할 상황이라면 개인치료에서와 마찬가지로 커플이 치료실을 나간 후 장면을 치운다. 두 사람이 나가기 전에 상자의 소품을 치우게 하는 것은 드문 일이다. 그러나 그들이 치운다면 각자가 장면에서 한 개의 소품을 치워 선반에 놓도록 한다. 이때 어떤 소품을 치우는지에 주목한다. 그리고 치료자가 치우는 것을 도와도 되는지 묻는다. 그 이유는 3장의 세계 치우기 단계에서 자세히 설명했다.

세계 이해하기

커플이 떠난 후에 세계를 치우면서 그 회기에 나온 것을 재경험할 기회로 삼는다. 어떤 소품을 가져왔는지, 그리고 어떤 소품을 의미 있게 여겼는지 생각해 낸다. 또한 그 소품에 상대 파트너가 어떻게 반응했는지 회상한다. 커플 간의 역동과 변형을 생각해 낸다. 치료자가 혼자 모래세계에 있으니 다른 것에 주의하지 않아도 되고 상자에 초점을 둘 수 있다. 이때 통찰이 더 일어날 수 있다. 치료자가 관찰한 것과 커플에 대해 아는 것을 적용한다. 모래세계가 커플의 어떤 면을 보여 주는지와 커플이 향하고 있는 방향을 본다.

세계 정돈하기

선반으로 소품을 치우면서 계속 커플의 작업을 생각하며, 기록을 끝마친다. 혼란스러우면 파트너의 역할을 해 보며 나중에 세계를 다시 만들어 볼 수 있다. 개인치료에서와 마찬가지로 시간이나 상황이 되지 않아 모든 단계를 못할 수도 있다. 그러나 함께 만드는 것은 파트너의 새로운 상호작용에 꼭 필요하고 의사소통의 길을 열어 준다. 함께 하면서 두 사람은 단일화된 것을 만들고 역동에 대한 이해를 높일 수 있다. 자신의 생각을 나누면서 커플 안에서 자신의 개별성에 대해 더 많은 것을 알게 된다. 그리하여 그들은 커플로 수용되고 존중되어 커플 생활에 새로운 관점을 갖게 된다.

커플 의사소통 모래상자의 예

의사소통에 어려움이 있는 커플의 사례를 살펴본다. 이 커플은 치료를 받으러 오기 전 거의 2년 정도를 함께 생활하고 있었다. 두 사람은 여전히 서로를 사랑하고 함께 지내기를 바라지만 티격태격하는 관계는 더 이상 참을 수가 없었다. 그들은 개인별로 모래상자를 꾸몄지만 함께 하지는 않았다. 모래세계를 만들고 재조정하면서 그들의 강한 의지와 서로의 공간을 인정하지 않는 모습이 나타났다. 그들은 상대방이 소품을 선택할 때 서로 관찰했다. 그들은 서로의 선택에 비판적이었다. 세계를 꾸미는 한 시점에서 제시카는 머리가 셋 달린 공룡을 매튜가 작업하는 쪽의 바위 위에 놓았다. 매튜는 즉각 제시카 쪽에 사나워 보이는 괴물을 놓았다. 그리고 그들은 장면을 조용히 관찰하면서 치료자에게 둘 다 파트너의 소품을 받아들이지 않는다는 비언어적인 신호를 보냈다. 파트너와 의사소통하는 단계에서 그들은 그 소품에 다양한 의미를 부여하고 서로의 차이를 받아들이는 것이 힘들다는 것을 알았는데, 특히 괴물의 존재에 대해 그렇게 생각했다.

치료하기 단계에서 우리는 서로 적대적인 두 괴물이 대화를 해 보도록 제안했다. 두 괴물은 서로에게 다가가 소리를 지르고 싸우기 시작했다. 싸움은 분명하게 해결책이 없어 보일 때까지 계속되었다. 자칫 몸싸움으로 번질 가능성이 있어 우리는 개입을 하여 싸움을 중지시키고 그들의 몸이 어떤 경험을 하고 있는지 주목하라고 했다. 둘 다 팔에 긴장이 많다고 했다. 제시카는 가슴, 목과 턱이 죄어 온다고 했고, 매튜는 위에 혹이 느껴지고 엉덩이와 다리가 긴장된다고 했다. 회기가 거의 끝날 때쯤에는 신체 감각을 잠시 느껴 보게 했다. 편안히 긴 숨을 쉬며 긴장을 풀어 보라고 했다. 우리는 그들의 신체가 이완되는 것을 보면서 그들이 모래상자로 돌아와 이제 서로의 안전한 곳에 자신들의 소품을 놓도록 했다.

커플이 그날 두고 싶은 대로 세계를 재배치하고 사진을 찍은 후 전환하기 단계로 이동했다. 치료자는 소품이 그들과 어떻게 연결되는지 탐색했다. 생각, 정서와 신체의 느낌을 포함하여 그 경험이 그들에게 어떠했는지 서로 이야기하게 했다. 그리고 회기가 끝나기 전에 그들이 배운 것을 어떻게 적용할 것인지 물었다. 치료자의 안내에 따라 그들은 의견이 불일치 할 때마다 ① 그 상황에서 스스로 물러나고, ② 정서를 느껴 보고 생각에 주목하고, ③ 회기에서 했던 것처럼 깊은 숨을 쉬며 괴물이 편안해지는 것을 상상했다.

다음 회기에서는 의사소통 기술을 가르치고 실천에 옮겨 보게 했다. 그리고 그다음 주에는 다시 모래상자를 했다. 이전 회기의 괴물처럼 이제 자신을 나타내는 소품을 선택하라고 했다. 그들은 서로 같거나 다른 소품을 선택할 수 있다고 알려 주었다. 처음 상자를 경험하고 호흡하기와 의사소통 기술을 사용한 후이므로, 그들은 덜 사나운 소품을 선택했다. 새로운 의사소통 기술을 사용해 소품이 말을 하게 했다. 그리고 나서는 상자에서 멀어지게 했다. 신체적으로 서로 밀어 파트너를 움직이도록 했다.

그들은 같은 힘을 가진 것 같았고 실제로 같은 위치에 있었다. 서로 춤을 추게 하고 돌아가며 서로를 이끌게 했다. 그들은 쉽게 방을 이동했다. 이런 경험을 한 후, 치료자는 신체 감각의 차이와 서로 밀어내는 것과 협동하는 것이 가져다주는 결과에 대해 이야기를 나누게 했다. 모래상자를 끝내기 위해 상자로 돌아오게 하고 소품이 여전히 적절한지 보라고 했다. 그때 그들은 덜 공격적인 소품을 선택했고 소품을 나란히 놓았다. 커플은 전환하기 단계에서 그들의 반응과 드러난 것에 대해 이야기를 나눴다.

개별화 모래상자

1단계: 세계 창조하기

| 의사소통을 위한 커플의 공동 모래상자와 개별화를 위한 개별 모래상자에는 공통점이 많다. 여기서는 둘 간의 차이점에 대해서만 이야기하고자 한다. 앞서 언급했듯이, 커플의 관계가 굉장히 강하거나, 서로 의지하는 경향이 있거나, 상대에게 자유롭게 자신을 표현하지 못하거나, 어떤 이유에서든 둘 사이에서 개인적인 정체성을 유지하지 못할 때는 개별 모래상자를 하게 한다. 이렇게 개별 모래상자를 하는 것은 개별화를 촉진시켜 상대방과 자신의 독특성을 존중하고 가치 있게 여기게 해 준다. 또한 개별로 세계를 만드는 것은 다른 사람이 있는 데서 독립된 개인으로 기능할 수 있는 자기 자신과 파트너의 능력을 경험할 기회를 준다. 치료에서 커플이 모래상자를 개별로 하는 방법은 다양하지만, 우리는 개별화를 증진하고 커플이 서로의 독특성을 존중하는 데 초점을 둔다. 개별 모래상자에서의 지시방법에 대해 소개한다.

커플에게 모래놀이 소개하기

한 사람이나 커플 모두가 전에 모래놀이를 해 본 적이 없으면 모래놀이와 자료들에 대해 충분히 소개한다(3장의 모래놀이 소개하기 부분 참조). 모래놀이를 해 본 적이 있으면 다음과 같이 말할 수 있다. "각자가 모래 위에 자기 자신의 장면을 만들어 보는 좋은 시간을 가질 것입니다. 잘 아시다시피, 때때로 관계에서 어려움이 있고 어떻게 느끼는지 표현하거나 다른 사람이 어떻게 느끼는지 이해하기가 어렵습니다. 모래에 세계를 만드는 것은 자신과 서로에 대해 알려 주고 이해와 해결을 보여 주는 새로운 방법입니다. 당신이 하고 싶은 모래상자를 선택할 수 있습니다. 젖은 모래상자를 선택할 수도 있습니다. 그러고 나서 자신의 세계를 꾸며 보세요." 만일 평가를 위한 것이 아니라면 "파트너의 것이 아닌 당신의 것에 주의를 기울이세요. 원하시면 각자 했던 것을 서로 나누게 될 겁니다."라고 말한다. 이야기를 나누는 것이 한 사람이나 커플을 방해한다면 하지 않을 수 있다.

커플이 세계를 자유롭고 독립적으로 만들게 하려면 상자를 나란히 놓지 않는 것이 가장 좋다. 만약 서로 세계 꾸미는 것을 볼 수 있는 가까운 위치에 있다면, 모래상자 하나를 방 다른 쪽으로 옮긴다. 세계를 만드는 데는 20~40분을 준다. 치료자는 "약 한 시간 동안 장면을 만들 수 있습니다. 누군가가 먼저 만드는 것을 끝낼 수 있습니다. 그럴 때 파트너를 방해하지 않도록 자기의 자리에 있으세요. 스스로 만든 상자에 몰두해 보세요. 보면서 소품을 추가하거나 움직이거나 한두 가지를 뺄 수도 있습니다. 이제 더 이상 손을 대지 않아도 되겠다고 생각할 수도 있습니다. 세계 만드는 시간이 끝났을 때 당신과 당신 파트너에게 알리겠습니다."라고 말한다.

개별 세계 만들기

파트너가 따로 작업을 하기 때문에 공동으로 세계를 만드는 것보다 누군가 주도하고 그것을 따르는 경우는 적다. 말을 하지 않고 작업하고 다른 사람이 작업하는 동안 방해하지 않게 한다. 치료자는 소품 찾는 것을 도와준다. 각자가 만드는 동안이나 다른 사람이 끝나고 나서도 이야기를 하거나 서로의 상자를 보지 못하게 한다. 개인이 상자를 만들 때는 관찰할 것이 많다. 커플이 아직 분리되지 않아 서로 영향을 받기 때문에, 치료자는 의존성, 침입, 파괴 행위나 영향을 지켜보는 것이 중요하다.

치료자는 모래상자를 볼 수 있고, 커플에게서 편안한 위치에 있는다. 만드는 속도, 태도, 의도, 선택한 소품, 소품의 위치 그리고 전체성(wholeness)으로 다가가는 세계에 주목한다. 각자의 비언어적인 표현, 움직임과 정서가 깃든 말투 등에 주의한다. 두 개의 개별 작업을 동시에 보아야 하기에 주의를 많이 기울여야 한다. 일어나고 있는 것을 잘 기억하도록 적는다. 커플의 모래상자 기록에 대해서는 8장을 참조한다. 분명히 치료자는 한 번에 두 가지 상황에 온전히 주목할 수 없다. 그러나 그곳에 있으면서 커플 각자의 치료과정에서 중요한 점을 알 수 있다. 한 사람이 먼저 작업을 끝내면, 작업을 하고 있는 파트너를 기다리는 인내와 존중을 관찰하고, 끝내지 못한 사람이 세계를 만들면서 서두르는지 아닌지 본다. 정해진 시간이 되면 이제 그들이 놔두고 싶은 대로 장면을 정리하게 한다.

2단계: 경험하기와 재배치하기

경험하기

각자가 자신의 세계에 몰두하게 한다. 각자가 만든 세계를 조용히 숙고하고 자신의 세계를 모든 관점에서 충분히 보게 한다. “몇 분간 당신 세계의 모든 부분을 충분히 경험하세요. 장면을 보고 상자 주변을 돌며 다른 각도에서도 세계를 보세요. 상자의 다른 쪽에서 보면 모습이 달라 보일 겁니다." 정해진 시간 안에 한 사람이 끝났다 하더라도 다른 사람이 자신의 세계를 온전히 경험할 수 있도록 충분한 시간을 준다. 각자가 하는 것을 전부 관찰할 수는 없겠지만 잘 지켜본다. 치료자는 이 단계에서는 조용히 있는다.

재배치하기

만든 세계를 바꿀 수 있음을 알려 준다. "종종 사람들은 자신의 모래상자를 주의 깊게 보면서 바꾸고 싶어 합니다. 소품을 움직이거나 뺄 수 있고 뭔가를 추가할 수 있습니다. 아니면 그대로 놔둘 수도 있습니다. 자신의 세계에 어떤 거라도 할 수 있습니다."라고 말한다.

파트너의 상자 경험하기

이 시기에 서로를 존중하고 차이를 받아들이고 자신의 파트너가 가진 가정을 지각할 수 있다. 치료자는 "서로 괜찮으면 상대에게 자신의 세계를 보여 주시겠습니까?"라고 말한다. 둘 다 괜찮다고 하면 "이제 파트너의 세계에 온전히 몇 분간 있어 봅시다. 상자에 대해 어떤 비난도 하지 말고 어떤 것도 만지지 마세요. 이것은 파트너의 것이니 존중하세요."라고 말한다. 조용히 있으면서 두 사람이 파트너의 세계에 반응하는 것을 본다.

3단계: 파트너와 의사소통하기

공동 작업을 하지 않고 파트너들은 개별적으로 완전히 다른 세계를 꾸몄다. 각자가 세계에 대해 다양한 해석을 할지라도 만든 사람이 부여한 의미를 존중해야 한다.

세계로 파트너 인도하기

파트너를 자신의 세계로 여행시키게 한다. 관찰자는 조용히 있으며 언어적 · 비언어적 반응을 하지 않고 해석하지 않으면서 듣도록 한다. 이것이 파트너의 세계이고 파트너가 이 세계에 부여한 의미에 젖어 보라고 한다.

과정 숙고하기

파트너 각자가 자신의 개별 모래세계를 자세히 설명한 후에는 커플이 서로에게 자신의 세계를 나누고 상대방의 세계가 그들과 같은지 이야기를 나누라고 한다. "보셨듯이, 두 분은 각자 독특한 자신의 세계를 만들었습니다. 치료실에서 파트너와 함께 자기 자신의 장면을 만드는 것이 어떠했는지 서로 이야기하시겠습니까? 상대방에게 자신의 세계에 대해 이야기하는 것이 어떠했는지, 자신이 만든 것에 대해 상대방의 설명을 듣는 것이 어떠했는지 서로 이야기하시겠습니까?" 이때 마찬가지로 더 수동적인 사람이 먼저 이야기하게 한다. 커플이 이야기를 시작하기 어려워하면 치료자가 다음과 같이 질문을 할 수 있다. "각자 모래상자를 만드는 것이 어땠습니까?" "상대방이 무엇을 하는지 궁금했습니까? 아니면 자신이 하는 것에 온전히 주의를 기울였습니까?" 치료자는 진행을 하면서 그들의 역동을 살핀다. 만일 커플이 치료자에게 말을 하면, 치료자는 두 사람이 서로 이야기하게 한다. 파트너들이 자신들의 생각을 서로 나누도록 몇 분의 시간을 준다.

4단계: 치료하기

커플이 상대에게 자신의 모래세계를 여행시키는 것을 지켜보고, 그 과정이 어떠한지 탐색하면서 치료자는 더 상호작용한다. 상황에 따라 커플과 여러 다른 접근법을 선택할 수 있다. 개별화 작업을 할 때 다른 파트너가 조용히 지켜보는 동안, 우리는 각 파트너와 그/그녀의 세계 속에서 치료적으로 작업한다. 우리는 질문을 하고 서로 이야기를 나누는 치료적인 개입을 통해 각 파트너가 자신의 세계에 대한 탐색과 이해를 깊게 한다.

예를 들어, 어떤 커플은 매우 다른 두 개의 세계를 만들었다. 여자는 매우 조용한 세계를 꾸몄는데 자연과 공상적인 천체의 소품이 드문드문 있었다. 반면, 남자는 탈것, 사람, 자연과 관련된 소품으로 풍부하고 활동적인 상자를 꾸몄다. 우리는 여자와 작업을 하면서 마술적이라고 한 별들을 세계 주변으로 움직이고 싶은지 물었다. 그녀가 그렇게 했을 때, 남편은 개개의 소품과 그 별이 닿는 상자의 부분에 평안과 평화가 깃드는 것을 분명히 보았다. 그는 아내의 작업을 존중하고 비판 없이 보면서 자연의 고요가 전에 경험해 보지 못한 수준에서 자기 아내의 복지에 얼마나 중요한지 알게 되었다. 그는 사실 아내가 자신의 바쁜 생활을 싫어하는 것이 그녀가 완고하고 자신과 상호작용하는 것을 싫어하기 때문이라고 생각했었다.

커플이 각자 자아 강도가 커지고 더욱 개별화될 때 여러 가지 방법으로 개별 모래상자를 할 수 있다. 서로 상대에게 여행시키고 상자의 무엇이 자신들과 같은지 이야기한 후, 치료자는 상대가 자신의 세계에 들어와서 관찰자가 아닌 공동 거주자와 공동 탐색가로서 세계를 경험해도 좋은지 묻는다. 그들이 서로의 세계와 자신이 한 경험을 얼마나 나누는지 탐색한다. 세계를 만든 사람은 자신의 세계에 우선권을 가지며, 상대방은 감정을 표현하고 질문하고 상호작용한다. 치료자는 커플이 하나의 세계를 충분히 탐색하게 한다. 그 세계에 함께 살면 어떤지, 그리고 그들이 어떤 경험을 할 수 있을지 본다. 이후 상대방의 세계로 이동한다. 파트너들이 자신의 정체감과 안전감을 유지할 수 있을 정도로 개별화된 경우에만 이런 상호작용이 일어난다.

두 번째는 커플이 서로의 상자를 나란히 놓는 것이다. 치료자는 커플에게 세계가 각자와 어떻게 연결되는지 언어적으로 탐색하게 한다. 치료자로서 상자에서 나온 문제의 유사점과 차이점을 탐색할 수 있는 질문을 자유롭게 한다. 또한 각자 자신의 상자에서 이 문제를 어떻게 처리하는지 확인한다. 세계가 상대에게 전달하는 주제나 메시지가 어떤 것인지 탐색한다.

세 번째는 상대의 모래상자에서 소품을 가져와 하나의 세계를 함께 만드는 것으로, 개별화 작업에서 의사소통 작업으로 이동하는 것이다. 이런 결정은 치료자가 재량껏 한다. 커플의 요구에 따라 회기를 진행하면 되는 것이다.

5단계: 기록하기

기록하기 단계는 자신의 세계를 사진 찍고 치료자가 커플의 허락을 받아 각자의 세계를 사진 찍을 수 있는 것 외에, 개인과 공동 세계를 만드는 커플의 단계와 비슷하다(3장 기록하기 단계 부분 참조).

6단계: 전환하기

의미 만들기 및 모래놀이 경험과 커플의 실제 세계 연결하기

커플이 자신의 세계를 이해하도록 돕고 모래상자를 치료실 밖의 생활과 연결 짓는다. 서로의 세계에 대한 견해의 유사점과 차이점에 대해, 그리고 자신의 상대방에 대해 무엇을 배웠는지 탐색하게 한다. 또 커플에게 자신들이 했던 오해를 확인하게 한다. 어떻게 자신의 개인적인 정체성을 강화할지 탐색하게 한다. 그리고 의사소통 모래상자 회기의 전환하기 단계에서의 제안에 따라 오늘의 경험에서 배운 것을 활용하도록 격려한다.

7단계: 세계 치우기

앞의 세계 치우기 단계에서 설명한 것처럼 치료자는 커플이 떠난 후 인식을 하면서 세계를 치운다. 주의 깊게 세계를 치우면서 커플 각자에 대해 통찰을 더 얻을 수 있다. 이러한 인식 속에서 커플 간 갈등의 원인을 좀 더 알게 되거나 커플의 관계를 증진시킬 열쇠를 발견할 수 있다. 치료자는 커플의 작업을 숙고하면서 떠오르는 생각을 정리하는 데 체계적인 방법이 있기를 바랄 것이다.

치료자는 커플의 요구에 따라 여러 가지 접근법으로 커플과 작업할 수 있다. 6장에서는 개인과 커플에게 더 지시적인 방식으로 작업을 하는 데 많은 선택이 있음을 보여 준다.

요 약

◈ 커플 의사소통 모래놀이치료 회기 단계

의사소통 모래상자는 파트너가 서로 거리감이 있고 의사소통이 어려운 경우 사용한다.

〈1단계: 세계 창조하기〉

- 커플에게 모래놀이 소개하기: 간단히 모래놀이를 다시 소개한다. 오래된 방법을 버리고 의사소통하는 새로운 방법을 배우고 통찰을 얻을 수 있음을 알린다.
- 공동 세계 만들기: 커플이 한 상자에서 세계를 만들게 한다. 커플의 역동을 심리적으로 수용한다. 각 사람과 그들의 관계에 주목한다.

〈2단계: 경험하기와 재배치하기〉

- 경험하기: 커플이 함께 만든 세계를 생각할 때 조용히 있는다. 자신의 소품이 아닌 전체 세계를 보라고 한다.
- 재배치하기: 커플에게 세계를 그대로 두거나 바꿀 수 있다고 한다. 이 활동을 하면서 서로 이야기를 나눈다.

〈3단계: 파트너와 의사소통하기〉

- 세계로 파트너 인도하기: 각자가 자신의 세계로 인도하는 것을 조용히 관찰한다. 소품이 나타내는 것에 각자 다른 생각을 가질 수 있지만 각자의 관점이 자신에게는 타당하다고 해 준다.
- 과정 숙고하기: 세계를 함께 만들면서 경험한 것과 개인의 관점에 대해 무엇을 주목했는지 이야기하게 한다.

〈4단계: 치료하기〉

- 치료자는 더 상호작용하면서 커플과 함께 세계를 탐색한다. 가능한 한 상자에 초점을 많이 두면서 다양한 치료 개입을 사용한다.

〈5단계: 기록하기〉

- 각자 원하는 각도에서 사진을 찍도록 한다. 허락을 받아 치료자가 사진을 찍을 수도 있다.

〈6단계: 전환하기〉

- 의미 만들기: 커플에게 해석의 마지막 말이 개인에게 특별한 것임을 알게 한다.
- 모래놀이 경험과 커플의 실제 세계 연결하기: 커플에게 모래상자의 장면을 자신들의 관계와 연결 짓게 한다. 모래상자에 나타난 양식, 문제와 해결을 탐색한다. 사진을 찍어 과정을 검토한다. 추후 활동을 제의한다.

〈7단계: 세계 치우기〉

- 세계를 이해하기: 커플이 떠난 후 세계를 치우며 어떤 소품을 누가 선택했는지, 파트너의 반응은 어떠했는지, 그리고 모래상자 안에서와 밖에서의 역동에 대해 생각한다.
- 세계 정돈하기: 소품을 치우며 커플의 작업을 계속 생각한 후 기록한다.

◈ 커플의 개별화 모래놀이치료 회기 단계

개별 모래상자는 파트너가 서로 밀착되어 있고 개별화가 필요하거나 서로에게 자신을 표현하는 것을 보류하고 있는 경우 사용한다.

〈1단계: 세계 창조하기〉

• 커플에게 모래놀이 소개하기: 간단히 모래상자를 다시 소개한다. 모래상자가 서로에 대해 알게 해 줄 것이라고 알린다.
• 개별 세계만들기: 방해받지 않으며 다른 모래상자에서 동시에 자신의 세계를 만들게 한다. 심리적으로 개개의 과정과 커플의 역동을 수용한다. 각 사람과 그들의 관계, 둘 모두에 주의를 기울인다.

〈2단계: 경험하기와 재배치하기〉

• 경험하기: 각자 자신의 세계를 생각할 때 조용히 있는다. 자신의 세계를 다른 관점에서 보게 한다.
• 재배치하기: 상자를 그대로 놓을 수도 있고 바꿀 수도 있음을 알려 준다.
• 파트너의 상자 경험하기: 커플이 동의하면 비난이나 방해 없이 파트너의 세계에 몰두하게 한다.

〈3단계: 파트너와 의사소통하기〉

• 세계로 파트너 인도하기: 각자가 파트너를 자신의 세계로 인도할 때 치료자는 조용히 관찰한다. 개인적인 설명을 하게 하고 각자가 여행을 존중하면서 조용히 주목하게 한다.
• 과정 숙고하기: 치료실에서 파트너와 자신의 세계를 만드는 것이 어떠했는지 이야기하게 한다. 자신의 세계를 나누고 다른 사람의 세계를 경험하는 것이 어떠한지 묻는다.

〈4단계: 치료하기〉

• 치료자는 치료과정에서 더욱 상호작용한다. 커플은 상대가 지켜볼 때 각자의 세계를 파트너와 탐색한다. 모래상자에 주목하면서

다양한 치료적인 개입을 한다.

〈5단계: 기록하기〉

- 각자 자신의 세계를 사진 찍는다. 허락을 받아 치료자가 사진을 찍는다.

〈6단계: 전환하기〉

- 의미 만들기 및 모래놀이 경험과 커플의 실제 세계 연결하기: 모래상자에서 나온 것과 그들의 관계를 연결 지어 보도록 한다. 방식을 바꿔 줄 추후 활동을 제의한다. 스스로 소품의 의미를 탐색하게 한다.

〈7단계: 세계 치우기〉

- 커플이 나간 후 각자의 접근, 상대에 대한 반응, 모래상자의 안과 밖에서의 역동을 회상하면서 세계를 치운다. 소품을 제자리에 놓으면서 커플의 작업을 숙고한 후 기록한다.

◈ 커플과 작업할 때 기억할 것

〈커플치료에서 생각해야 할 것〉

- 삼각관계를 피한다.
- 커플을 하나로 본다.
- 파트너가 치료자가 아닌 서로를 언급하게 한다.
- 파트너의 다른 관점을 존중하게 한다.
- 또한 3장의 '세계 창조하기 단계에서 기억해야 할 것'의 요약 내용을 검토한다.

◈ 커플과 관찰해야 할 것

- 커플은 물론 개인의 역동을 관찰한다.
- 기능적인 행동은 물론 역기능적인 행동도 관찰한다.
- 커플의 언어적 · 비언어적 의사소통을 관찰한다.
- 서로의 소품에 대한 상호작용을 관찰한다.
- 드러내는 행동과 억제하는 행동을 관찰한다.
- 힘의 균형과 불균형을 관찰한다.
- 만드는 과정에서 각 파트너의 기여가 있는지 관찰한다.
- 각자 역할의 다양성을 관찰한다.
- 속도, 양식, 강도 등에서 파트너 간에 차이가 있는지 관찰한다.
- 서로에 대한 반응과 관찰을 살핀다.
- 다양한 생각을 주의 깊게 듣고 감내하는 능력이 있는지 관찰한다.
- 한 사람이 다른 사람에게 미치는 영향의 정도를 관찰한다.
- 또한 3장의 '관찰해야 할 것'의 요약 내용을 검토한다.

아동과 가족의 자발적 모래상자

제5장

아동의 모래놀이

지금까지 성인과 하는 모래놀이에 대해서 자세히 살펴보았다. 그러나 대개 치료자는 아동(11, 12세 미만) 및 청소년(12, 13~18세)과 모래놀이를 하여 놀이방식을 확대하고, 아동 및 청소년과 실습을 해 보고 싶어 한다. 하지만 많은 심리치료자는 청소년과의 작업 내용을 다룬 과정과 지도가 적어 몹시 걱정한다. 졸업 후 직장에서 갑자기 많은 아동 내담자를 만나면 그들을 다룰 기술이 별로 없어 당황하게 된다.

보통 부모와 학교, 가족 서비스 기관은 문제를 겪는 아동 · 청소년을 치료자에게 의뢰한다. 아동 · 청소년이 존중되지 않는 사회적 분위기 속에서 그들은 슬픔과 분노를 느끼고 폭력으로 행동할 수 있다. 그리하여 이와 같은 의뢰는 지속되거나 계속 증가할 것이다. 놀이, 특히 모래놀이는 문제를 겪는 아동·청소년과 작업하는 이상적인 접근방식이다. 그것은 내면의 생각과 느낌에 다가가서 문제를 의도적으로 대면하거나 멀리하지 않고 무의식적으로 해결하도록 한다.

로웬펠드(1935)가 처음 깨달았듯이, 모래와 물, 소품을 사용한 놀이는 아동이 세상에 대한 자신의 생각을 객관화함으로써, 이러한 생각을 정의하고 한정하여 주도할 수 있는 이상적인 방법이다. 아동과 청소년은 청년과 성인보다 더 구체적인 경향이 있어서 자신을 표현할 물리적인 형태가 필요하다. 성인의 경우와 마찬가지로, 아동의 모래놀이에서도 최소한 표면적 의미와 상징적 의미의 두 가지 측면이 나타난다. 모래놀이는 아동이 명료화할 수 없어 보이는 의식과 무의식의 자료를 소통하게 하는 강력한 매개체가 될 수 있다. 와인리브는 "모래놀이치료는 본질적으로 무의식적인, 또는 어떤 단계에서는 반(伴)의식적인 과정이다. 그것은 아동에게 마술적인 매력이 있고 강한 효력이 있다."(1983)고 적절하게 언급했다.

우리는 9세인 마리아와 작업하면서 모래놀이의 마술적인 매력을 경험했다. 부모의 말의 의하면 마리아는 마지못해 치료를 받으러 왔다고 한다. 마리아는 쭈뼛거리며 치료실로 걸어 들어와서 벽에 늘어서 있는 많은 소품을 보자 놀라서 눈이 휘둥그레졌다. 그리고는 모래상자를 봤다. 그녀는 즉시 고운 산호모래가 들어 있는 상자로 가서 손가락으로 모래를 만져보았다. 마리아에게 주변의 소품을 모두 가져다가 모래상자에 놓아도 된다고 하자, 그녀의 눈은 더 커지고 얼굴에 미소를 띠기 시작했다. 이런 상징과 모래상자로 가득 찬 이곳은 마리아의 마음을 열어 주었다. 아동이 모래와 놀이에 자연스럽게 끌리는 것을 보면, 모래놀이가 아동에게 이상적인 치료도구가 될 수 있다는 생각을 하게 된다.

모래놀이에서 아동과의 작업은 3장에서 소개한 성인과의 작업과 비슷하나 약간의 차이가 있다. 성인과 달리, 아동은 아직 언어와 추상적 사고가 제한적이고 청소년기까지 추상적인 사고가 형성되지 않는다. 그러나 모래놀이에서 아동은 내면의 의식적인 생각과 무의식적인 생각을 언어적으로 의사소통하지 않고도 표현할 수 있다. 성인과는 반대로 아동은 자기 안에서 무슨 일이 벌어지고 있는지, 또는 모래로 된 세계가 무엇에 대한 것인지를 놀이 탐색이 끝난 후에도 인식하지 못한다. 더 많은 경우 아동은 놀이에 대해 이야기하지 않고 단지 그것을 경험하기만 한다. 그러나 어떤 변형이 일어난다. 무의식적인 마음은 놀이를 통해 문제를 물리적인 형태로 표현함으로써 그것을 빨리 해결할 수 있다. 결과적으로는 행동에 자발적인 변화가 일어난다.

아동과의 모래놀이는 성인의 경우보다 더 다양한 형태가 있다. 이러한 변형은 보통 아동의 상상력과 창조성, 그리고 치료자의 지도에 따라 좌우된다. 아동의 회기 역시 단계를 거쳐 전개된다는 점에서 3장에서 소개한 성인의 회기와 매우 비슷하다. 많은 경우에 아동은 움직이고 행동하며 모래상자를 만들거나 치료자를 모래세계에 참여하도록 초대하기 때문에 모래상자에서 일어나는 활동 수준이 더 크다. 성인도 한 개 이상의 모래상자를 사용할 수 있듯이, 아동도 자발적으로 여러 개의 모래상자를 사용할 수 있다. 특히 치료자가 아동에게 중요해 보이는 모래상자의 영역을 확충하도록 이끄는 것에 따라 사용할 수 있다. 흔히 아동은 치료자와 함께 숨바꼭질과 같은 게임을 하자고 한다. 대개 놀이의 규칙은 아동 자신이 정한다.

치료에서 보는 아동은 저마다 자아발달 단계가 다르다. 치료자는 많은 아동이 자아의 힘이 매우 약하며 방어가 아직 제대로 형성되지 않았다는 점을 기억해야 한다. 자아의 힘과 의식적인 자기 인식은 아동기와 청소년기를 거쳐 천천히 발달한다. 그러므로 성인과 할 때보다 덜 직접적으로 접근하는 것이 중요하다. 아동은 도전을 받으면 극도로 불안해져서 협조를 거부한다. 아이가 있거나 아이와 작업해 본 사람은 누구나 이런 현상을 경험한 적이 있을 것이다. 저항과 걱정을 줄이기 위해 보통 아동에게 제삼자의 경우를 들어 아동을 불안하게 하는 주제에 대해 이야기한다. 예를 들면, "너는 무슨 일이 있었는지 말하는 것을 어려워하는 것 같구나."라고 말하기보다 "많은 아이들이 자신에게 무슨 일이 일어났는지 말하는 것을 어려워한단다."라고 말할 수 있다. 또는 아동에게 혼란을 주는 주제는 놀이치료를 통해서만 다룬다.

아동과의 모래놀이에서 치료자는 모래상자에서의 놀이를 계속하면서 제삼자의 예를 드는 방법을 유지한다. 이것은 소품과 자신, 또는 삶 속의 다른 누군가와의 사이에 연관성을 만들어 내는 성인의 경우에만 항상 해당되는 것은 아니다. 청소년은 성인보다는 이러한 연관성을 덜 보고 아동은 거의 보지 못한다. 예를 들면, 성인은 소품을 자신이나 자신의 삶에 관련된 사람과 동일시하는 반면, 아동은 보통 그러지 않는다. 연관성을 보는 것은 아동에게는 중요하지 않다. 아동의 무의식적인 마음이 그 작업을 할 것이다. 아동이 스스로 주제를 이야기하지 않으면 모래상자에서 벌어지는 일에 대해 어떠한 언어적인 이해도 강요하지 않는다. 아동은 단지 장면을 창조하고 완성하기만 할 뿐, 그들이 만든 모래세계에 대해 이야기하고 싶어 하지 않는 것이다. 그러나 청소년은 어린 아동보다는 좀 더 자신이 만든 세계와 그 의미를 탐색하려고 한다.

워크숍 참가자 중 한 명이 들려준 이야기는 아동에게 무의식적인 해결에 저마다의 방식과 시기가 있는지를 보여 준다. 놀이기법 경험이 많지 않았던 젊은 학교상담가인 제프는 대부분의 회기를 내담자에게 이야기하면서 보냈다. 그는 수업 중 산만한 행동을 보여 담임교사가 의뢰한 5학년 학생인 아담과 작업하면서, 자신의 무능력에 점점 좌절하게 되었다. 아담은 제프가 자신에게 질문을 하거나 자신의 행동에 대해 직접적으로 이야기를 꺼낼 때마다 아무런 대답도 하지 않은 채 가만히 있었다. 아담은 제프가 이야기하는 동안 대부분의 시간에 앉아서 조용히 손가락만 만지작거리고 있었다. 수업 중에 하는 행동은 변하지 않았다. 워크숍에 참가했던 동료와 이야기를 나눈 후, 제프는 내담자 중 몇몇과 모래놀이를 해 보기로 결심했다. 그는 모래놀이치료에 대해 조금밖에 알지 못했지만 워크숍 교재를 읽고 모래상자를 사고 몇몇 소품을 모았다. 다음 주에 아담은 방에 들어오자마자 즉시 모래상자로 향했다. 그다음 몇 주에 걸쳐서 아담은 전쟁 장면을 많이 만들며 모래에서 놀았다. 제프는 가만히 앉아서 지켜봤다. 제프가 어떠한 언어적인 개입조차 하지 않았음에도 아담의 행동이 변하기 시작했다. 교사들과 부모는 아담이 전보다 덜 산만하고 더 행복해 보인다며 기뻐했다. 이 사례에서 치유의 과정은 분명히 비언어적이고 간접적인 것이었다. 제프는 이 결과에 너무나 감명받아서 모래상자 작업에서 일어난 일과 그 과정을 효과적으로 진행하는 방법을 더 잘 이해하기 위해 모래놀이 워크숍에 참여하였다.

모래놀이가 아담에게 강한 영향을 준 여러 가지 측면이 있겠지만, 그중 하나는 아마도 모래상자가 그에게 전이 대상으로 작용했다는 점이었다. 위니컷(Winnicott)이 묘사했듯이 자아가 출현할 준비가 되었을 때, 모래상자는 아동이 자아발달에 있어서 '나'와 '내가 아닌 것'의 차이 구별을 시작할 수 있도록 한다. 이런 구별은 정상적으로 아동기 초기에 나타나는데, 이것이 아동과의 작업과 성인과의 작업의 구분점이 된다. 와인리브가 제시했듯이 어떤 경우에는 모래상자가 전이 대상으로서 치료자를 대체하게 되는데, 그 이유는 "모래상자가 독립적인 대상이 됨에 따라 부분적으로 전이는 치료자라는 사람에서 모래상자로 옮겨 간다."(1983: 52)는 것이다. 우리는 모래상자가 안전감을 제공해 주는 동시에 독립성을 길러 준다는 점에서 와인리브에게 동의한다. 자아가 이미 발달하고, 좀 더 의식적으로 자신을 독립체로 인식하게 되도, 해결되지 않은 어린 시절의 문제가 제기될 때 모래상자는 전이 대상으로 작용할 수 있다.

아동과 작업하는 것은 만족감을 주기도 하고 도전이 되기도 한다. 하지만 아동치료에 익숙하지 않은 치료자에게는 아동이 창조해 내는 무질서나 어수선함이 혼란스럽고 시간 낭비라고 생각할 수 있다. 아동은 모래놀이를 하면서 종종 소품, 상자 그리고 물을 지나치게 많이 사용한다. 게다가 아동은 통찰력이 부족하고 내면에서 일어나고 있는 일을 언어로 표현하는 능력에 한계가 있어 치료자가 당황스러울 수 있다. 치료자는 아동에게 언어화나 즉각적인 행동 변화가 생기지 않을 때, 과연 이 아동에게 진척이 있는 것인지 궁금할 수 있다. 더구나 아동은 몇 번의 회기에 걸쳐 같은 행동을 반복한다. 이럴 때 치료자는 자신의 효능성에 대해 의문이 들면서 자기의심을 한다. 또한 치료자는 아동과 함께 규칙을 만들고 지키게 할 필요가 있다. 특히 발달적으로 미성숙하거나, 억압된 감정을 무의식적인 행동으로 나타내거나, 파괴적인 아동과 작업하는 경우 더욱 그렇다. 이런 것들이 때로는 무조건적으로 수용하는 조력자로서의 치료자의 자세에 반대되는 것처럼 느껴지기도 한다. 더욱이 놀이치료는 치료자가 기꺼이 아동의 수준에 맞춰 놀이를 해야 한다. 치료자는 아동과 작업할 것인지를 결정할 때 이런 요소를 고려해야 한다.

만약 아동과 작업하려고 한다면 다양한 발달 수준에서 하는 모래놀이 방식, 그리고 사용할 수 있는 치료적인 개입에 대한 다음의 정보가 치료자의 준비를 도울 것이다.

모래놀이의 발달단계

모래놀이를 통해 아동의 발달단계를 평가할 수 있는 틀이 있으면 도움이 된다. 무엇을 기대할지, 그리고 아동의 놀이가 발달적인 관점에서 무엇을 의미하는지를 이해하는 것은 치료자가 아동의 기능 수준을 평가하고 과정을 진행하고 인도하는 데 도움이 된다. "그러한 분석이 있을때…… 그것은 치료적 정보를 제공할 수 있다."(Stewart, 1990: 42) 그리고 치료자에게 그 과정을 속도 있게 전개하게 하는 정보를 주어 돌봄과 간단한 치료를 해야 할 때 유익하다.

발달이론을 깊이 있게 다루는 것은 이 장의 범위를 넘어서는 것이니 그에 대해서는 간략히 논의하고자 한다. 아동과 작업하고 있는 치료자라면 에릭슨과 피아제가 제시한 것과 같은 주요 발달이론을 알고 있을 것이다. 또한 아동치료자들은 성차와 문화의 다양성 문제에 주의를 기울이는 최근의 연구를 알고 있어야 한다.

모래놀이에서 내담자 개인의 발달에 주목하는 것이 발달 패러다임에서의 위치를 찾는 것보다 더 큰 이점이 있지만, 일반적인 발달단계를 잘 아는 것도 가치가 있다. 우리는 도라 칼프와 찰스 스튜어트(Charles T. Stewart)의 글에서 참고한 정보를 제공한다. 그들이 둘 다 경험 많은 모래놀이치료자이고 다양한 단계에서 아이들이 보이는 모래놀이 유형에 관해 발견했기 때문이다. 여기서의 목표는 아동이 기능하는 단계와 그러한 발달 신호를 드러내는 것을 모래놀이치료에서 발견할 수 있도록 행동에 대한 치료자의 인식을 증대시키는 것이다. 아동의 성숙 수준과 발달지체는 다양한 유형의 놀이와 선택한 소품, 모래상자의 주제에서 자주 드러난다.

노이만(Neumann)의 이론과 자아발달 단계에 대한 관점이 일치하는 칼프에 따르면, "첫 단계(약 6, 7세까지)에서 자아는 주로 그림으로 표현하는데 거기에는 동물과 식물이 주를 이룬다. 다음 단계(약 11, 12세까지)에서는 전투가 반복되는데 특히 사춘기에 그렇다. 이때까지 아동은 아주 강해져서 자신을 전투에 투입해 외부의 영향력과 싸울 수 있고 그것을 지배할 수 있다. 마지막으로, 그는 한 인간으로서 환경에 받아들여지고 집단 구성원이 된다."(1980) 많은 모래놀이 치료자는 이것이 꼭 맞는 모델이라고 생각한다(예: Bradway & McCoard, 1997; Dundas, 1990; Stewart, 1990). 이런 양상 중 일부가 내담자의 모래상자에서 벌어지는 것을 본 적은 있지만, 많은 모래놀이 치료자는 동물, 다음에는 전투, 그다음에는 공동체라는 주제가 항상 있는 것은 아니라는 데 동의한다. 그러나 (치료자가 보는) 리듬과 양상은 내담자의 과정을 이해하는 데 도움을 준다. 우리는 장면이 흔히 (초기 발달단계에서의) 혼돈에서 (아동이 성숙해지고 자아정체감이 발달함에 따라) 질서로 이동하는 것을 보아 왔다.

스튜어트(1990)는 노이만, 에릭슨, 피아제의 발달단계를 통합하여 모래놀이를 평가하는 방법을 고안해 냈다. 그가 자신이 고안한 방법의 한계를 인정했지만, 치료자가 아동과 하는 모래놀이 작업에서 그것을 탐색해 보도록 여기에 소개하고자 한다. 우리는 경험을 통해 그의 발견에 동의하는 부분도 있지만, 때로는 아동의 놀이 유형이 이런 연령상의 모델과 맞지 않는다는 사실을 발견했다. 더욱이 이 모델이 여러 문화권에 공통적으로 적용되는지 추적하고 확인할 만큼 우리의 경험이 폭넓은 것은 아니다.

스튜어트의 패러다임에서는 까꿍놀이나 숨바꼭질처럼 나타나고 사라지는 게임이 첫 단계인 영아기에 나타나는데, 이것은 7～10개월에서 2세까지의 시기다. 발달상의 한계 때문에 일반적으로 2세 반 미만인 아동과는 모래놀이를 하지 않는다. 그러나 어린 시절의 외상이나 방임 때문에, 즉 어머니에게서 분리되어 자기 자신과 외부 세계에 대한 신뢰를 형성하지 못한 채 성장하여 더 연령이 높은 아동이라도 심리적으로 이 단계에서 기능할 수 있다. 따라서 아동의 연대기적인 연령뿐 아니라 놀이가 아이의 성숙 수준을 어떻게 드러내는지 주목할 필요가 있다(더 자세한 사항은 9장 참조). 영아기 단계의 아동은 종종 모래상자를 가까이에 있는 모든 소품으로 채운다. 그들은 또한 어떤 일이 일어나게 하는 데 집중한다. 이를테면 움직이고, 이동시키고, 쳐다보고, 모래상자 안의 모래가 부딪치는 소리에 귀를 기울인다. 게다가 그들은 소품이 어떻게 되는지 보기 위해 모래상자 안으로 소품을 밀거나 던질 수도 있고 모래에 묻거나 꺼낼 수도 있다.

스튜어트의 두 번째 단계인 유아기 I은 1~2세부터 3~4세까지의 시기를 가리킨다. 그 연령은 영아기와 겹치는데 발달에 있어서 차이가 생기기 때문이다. 이 단계에서 질서와 무질서로 이루어진 게임이 나타난다. 아동은 자율성을 얻기 위해 투쟁 중이다. 이것은 내적 갈등을 가져온다. 왜냐하면 아동은 자신을 양육해 왔고 또 계속해서 양육하고 있는 부모에 대항해서 싸우고 있기 때문이다. 아동은 부모의 통제에 저항하면서 의존과 독립 사이에서 갈등한다. 모래상자는 아동의 자율성 발달을 시작할 수 있는 안전하고 제한된 공간을 제공한다. 이때 치료자는 그들이 보유와 제거의 문제를 다루는 것을 볼 수 있다(예: 집착하기 아니면 놓기, 반대 상황의 직면, 만들기 아니면 파괴하기). 우리는 창조와 파괴뿐 아니라 엄청난 혼돈이 있다는 스튜어트의 관찰을 지지하는 경험을 하였다. 예를 들어, 4세 내담자는 몇 차례의 연속된 회기에서 수많은 소품으로 혼돈스러운 장면을 만들었다가 파괴하였다. 시간이 지나자 그는 선택한 소품을 좀 더 구분하기 시작했고 그것을 모래상자를 가로질러 나란히 세웠다. 몇 번의 회기에서 이런 행동을 반복했다. 소품이 일관된 모습을 이루지는 않았지만, 그는 모래상자 안과 치료실 밖의 세계에 큰 질서를 부여하기 시작하였다.

스튜어트의 세 번째 단계인 유아기 II는 3~4세부터 6~7세까지다. 이 시기에 유아는 자기가 하는 게임의 중심 초점이 된다. 공격받는 것과 피하는 것과 관련된 행동이 모래상자 안에 자주 드러난다. 스튜어트는 여기에서 강조할 점은 공격자가 되는 데 있는 것이 아니라 위험에서 도망치는 데 있다고 하였다. 유아의 공격이나 갈등은 더 높은 연령에서 보이는 전투와 같은 것보다 덜 조직화되는 경향이 있다. 공격과 갈등이 나타나지만, 모래상자 안에 묘사되는 중심 인물이 초점이 되는 것에 대한 더 많은 증거가 있다(예: 공격받는 집이나 사람, 울타리로 둘러싸인 영역, 중심 인물이 나타나는 섬 또는 물웅덩이). 이 시기는 아동이 부모에게서 또래에게로 떨어져 나올 때 독립심을 훈련하는 것에 대한 불안을 경험하는 전이기다. 또한 이 단계 동안 아동은 바닥에 모래를 흘리고 적절한 시간에 회기를 끝내는 데 저항하는 것과 같은 행동으로 한계를 시험한다.

유아기 II로부터 6~7세부터 11~12세까지인 스튜어트의 아동기로 전이하면서 대극단계로 이동하는데, 서로 가로지르거나 분리되어 상자에 배치되는 이원성이 나타난다. 이 전투단계에서 치료자는 흔히 전투에서 적군으로 모래상자에 초대되기도 한다. 이것은 브래드웨이와 맥코드(Bradway & McCoard, 1997)의 경험에서도 확인되었다. 스튜어트는 중기 아동기 게임에 또래 간 성차가 나타난다고 하였다. 남녀 모두에게서 이전 단계보다 더 큰 자기 통합이 이루어지기는 하지만, 남아와 여아의 모래상자 사이에는 중요한 차이가 나타나기 시작한다. 남녀 모두에게 싸움이나 위험이 나타날 수 있으나, 남자아이가 카우보이와 인디언이나 군인 간의 전투 장면을 더 많이 묘사하기 쉽다. 반면, 여자아이는 반대 세력과의 개인적인 투쟁을 더 많이 묘사하고 흔히 무장 세력 대신 위험한 동물을 사용한다. 여자아이의 모래상자는 공통적으로 더 차분하고 평화롭다.

이런 대극단계를 거치는 동안 땅덩어리는 서로 분리될 수 있다(예: 벽, 울타리, 골짜기, 강에 의해). 경계를 설정하고 내외적 갈등을 다루는 능력을 습득한 징표는 방어와 제한을 해 주는 울타리의 사용 등으로 나타난다. 그러나 장벽을 점진적으로 제거하거나 다양한 재료로 만들어지는 연결다리로 모래상자 안 영역들 간에 연결을 한다. 이것은 내담자가 자신의 반대 부분을 연결하고 있음을 보여 준다. 자기 반대쪽에 대한 통합과 수용이 일어나는 이런 전이기 동안 소품은 모래상자 안에서 균형을 이루고 중심화되는 경향이 있다. 그것들은 서로 가까워져 접촉하거나, 중앙에 원을 형성할 수도 있다. 그 원은 치유와 통합을 위한 정신의 무의식적 시도일 수 있다. 브래드웨이와 맥코드에 따르면, "우물, 음식, 가스 펌프를 포함해서 에너지의 원천이 종종 전이기에 나타난다."(1997: 112) 아동이 모래상자 안에 에너지의 원천과 양육활동을 표현하는 것을 관찰하기란 어렵지 않다. 한 9세 내담자는 모래상자 안에서 싸움을 벌이다가 식탁을 차리고 티파티를 하는 장면으로 바뀌기 시작했다. 그것은 이 내담자에게 변화가 일어나고 있다는 증거였다. 싸움과 티파티 장면이 몇 차례 번갈아 나타난 후, 그런 변화는 우연히 모래를 엎지르는 것으로 마무리된다.

스튜어트의 패러다임은 아동이 대략 12세가 되면 끝난다. 칼프의 모델에 따르면 이 시기에 집단에의 적응이 시작된다. 청소년이 '그 집단'의 구성원이 되기에 충분한 힘을 얻기까지 자아가 발달함에 따라 사회에서의 자기 위치에 대한 청소년의 관점은 변화하기 시작한다. 10대들은 종종 비밀을 간직하고 성인을 믿는 것을 주저하지만, 한편으로는 성인세계에서 자기 위치를 이해하기 시작한다. 청소년기는 새로운 과업에 익숙해져 가고, 이에 따른 편안함에 저항할 시기다. 10대들은 아동에서 성인으로 이동하는 딜레마를 다룰 뿐 아니라 부모로부터 자신의 역할에 대한 여러 메시지를 받기도 한다. 그들은 흔히 세계에(그리고 성인인 치료자에게) 그들이 컸다는 것을 보여 줘야 한다고 느낀다. 청소년은 모래놀이가 유치하다고 인식하기 때문에 종종 모래에서 놀기를 망설인다. 그러나 모래놀이 환경이 우호적이라면, 모래놀이는 청소년이 분리의 문제와 싸우고 있을 때 그들의 우월함과 통제력을 동시에 주장하는 기회가 될 수 있다. 모래놀이는 심지어 그들의 '개성화된 자기'가 자율성을 얻고 성인 치료자와 함께 지도자 역할을 하는 동안에도 자신의 '아이 같은 면'이 활성화되는 것을 허용해 준다. 이 시기는 실생활 상황과 사회적 인식에 대한 느낌을 묘사한 모래상자의 장면에 의해 증명됐다. 성차는 분명하게 계속해서 나타난다. 남자는 야외 장면을 더 많이 만드는 반면, 여자는 실내 장면을 더 많이 만드는 경향이 있다.

12세의 줄리는 부모의 이혼과 아버지의 재혼에 적응하는 데 어려움을 겪고 있어 우리를 찾아왔다. 그녀의 아버지는 최근 두 딸이 있는 여성과 재혼했다. 줄리는 아버지, 어머니와 며칠씩 번갈아 가며 같이 살았다. 치료에서 줄리는 모래상자 안에 집 내부를 꾸미는 데 몇 주를 보냈다. 줄리의 모래상자에는 두 부모와 세 아이로 구성된 인형들이 있었다. 매주 모래상자 안의 집에서 활동하는 표현들이 바뀌어, 아이와 부모 간의 갈등에서 가정의 조화가 이루어지는 방향으로 변화되었다. 처음에 줄리는 친부모 사이에서의 부조화와 싸우면서 동시에 이복자매들과 적응하고 있는 것 같았다. 그녀는 아버지와 계모 사이의 평형을 내면화하고 형제가 생긴 것에 적응하기 시작할 때까지 자신의 상황을 계속해서 모래에 재창조했다. 모래상자 안에 있는 가족은 치료실 밖에서 그녀가 만들어 내고 있는 변화를 나타냈다.

아동의 모래놀이 양상

아동과의 모래놀이에서 종종 나타나는 특이한 양상이 있다. 대부분의 아동은 원하지 않는 자극을 걸러내고 자기 내부의 한계를 설정하는 데 있어서 성인보다 덜 능숙하다. 그래서 치료자는 분명한 한계를 설정하고 과도하게 많은 소품으로 그들을 과잉 자극하는 일을 피할 필요가 있다. 모래놀이 치료실을 꾸밀 때 치료자의 목적은 아동의 무의식적이고 의식적인 마음을 자기 마음대로 할 수 있는 확장된 언어를 제공하는 것이지 장난감가게를 만드는 것이 아니다. 쉽게 과잉 자극되거나 산만한 아동과 함께 할 때는 선반을 가리거나 소품의 수를 한정할 수 있다.

아동이 많은 소품을 모래상자에 던져 넣고 매우 혼돈스러운 장면을 만드는 것은 이상한 일이 아니다. 이것은 대부분 연령상으로나 심리적으로 매우 어린 내담자에게서 흔히 일어난다. 또한 충동 통제가 거의 이루어지지 않거나 해소될 필요가 있는 감정으로 가득 찬 아동은 선반에서 모래상자로 소품을 닥치는 대로 가져다 놓을 것이다. 치료자는 그 행동의 목적을 판단하고, 그런 행동이 흐르면서 자연스럽게 변하는지 보기 위해 이런 무절제한 행동이 몇 회기 동안 지속되는 것을(참을 수만 있다면) 허락할 수 있다. 아동은 흔히 그것이 더 이상 소용없을 때까지 반복할 것이다. 그럴 때 변화가 일어나고 행동이 변한다. 만약 아동에게 외부적인 제약을 설정할 필요가 있다면 치료자는 아동이 선반에서 꺼내는 소품의 개수를 제한해도 된다(7장의 '소품 수 제한하기' 참조). 또한 그 반대도 가능하다. 즉, 아동은 때때로 지나치게 질서정연하거나 비어 있는 세계를 창조하기도 한다. 아동의 심리발달사와 현재 상황(예: 결핍/빈곤, 생활 속에서의 혼돈,

완벽주의), 발달단계, 충동 통제를 확인해 봄으로써 이런 행동의 의미를 평가하는 것이 중요하다.

어떤 아동은 지나치게 많은 소품을 사용하고, 또 어떤 아동은 여러 개의 모래상자를 사용한다. 이것은 특이한 일이 아니다. 아동과 자주 작업한다면 최소한 세 개의 모래상자를 가지고 있어야 한다. 아동은 자신의 다양한 면을 구획하는 것처럼 보인다. 예를 들어, 세 개의 세계를 창조했던 8세 아이가 있었다. 치료 회기 중 전환하기 단계 때 그 아동은 그 세계가 자신의 삶에서 좋아하는 여러 가지 물건과 같다고 말했다. 때때로 아동의 상상력은 계속해서 세계를 확장해 나가도록 하고, 세계의 여러 부분을 만들기 위해 아동은 추가로 모래상자가 필요로 한다. 또 우리는 애완동물 가게와 할머니 집을 만들기 위해 모래상자가 더 필요했던 6세 아이와 작업한 적이 있다.

아동 · 청소년은 모래상자에서 흔히 전이 문제를 끌어낸다. 특히 그들이 보기에 치료자가 자신을 구해 줄 사람이거나 또는 자신이나 자신에게 일어나는 일을 통제할 수 있는 사람이라면 더욱 그렇다. 교사와의 언쟁으로 치료를 받은 11세 아이가 있었다. 그녀는 힘과 통제 문제를 반영하는 모래상자를 만들었다. 회기가 끝날 무렵, 그녀는 자신이 만든 세 개의 상자에 미친 듯이 많은 소품을 추가했다. 그러면서 그녀는 "당신이 치울 게 많을 거예요."라고 말했다. 그녀는 치료자가 청소하는 데 걸리는 시간을 늘려놓음으로써 그 교사 대신 치료자를 벌주는 상황을 만들었다. 이런 복합적인 투사 반응과 자기 권한 강화는 의식적인 것이 아니었다.

모래상자 안에서 모래를 적시는 대부분의 성인과 달리, 일부 아동은 물을 넘치게 한다. 이 경우 치료자는 이런 일을 편안한게 허락할 것인지 결정해야 한다. 만약 치료자가 그런 일에 마음이 편치 않은데도 아동이 계속 뭔가를 띄우거나 가라앉히거나 빠뜨릴 물을 원하면, 치료자는 그런 용도로 사용할 빈 모래상자를 줄 수 있다. 아동은 빈 모래상자를 자유롭게 물로 채우거나, 바닥에 약간의 모래를 놓아 토대가 되면서도 모래가 물을 전부 흡수하지는 않게 할 수 있다. 그러고 나면 아동은 소품을 물에 잠기게 하거나, 사람 또는 다른 인형을 빠뜨리거나, 소품을 물 밑으로 넣거나, 물속에서 소품을 움직이게 할 수 있다. 모래상자에서 계속 물이 넘치는데도 신경 쓰이지 않다면 이런 행동을 계속 하도록 허락할 수 있다. 이런 상황이라면 치료자의 모래상자 중 하나를 물이 넘치는 행동에 적합하게 만들 수 있다(2장의 '모래상자' 참조). 치료자는 모래가 차 있는 모래상자에 들어갈 용기나 다른 그릇을 제공할 수 있다. 그런 용기는 소품이 들어갈 수 있을 만큼 충분히 커야 한다. 그래야 아동이 모래를 파서 용기를 넣고, 그 안에 물을 채워 소품을 띄우거나 움직이게 할 수 있다.

일부 아동은 용기에 모래를 채웠다가 비우기를 반복한다. 이런 행동이 그들에게 힘과 통제의 느낌을 주는 것 같다. 심지어 모래상자에서 모래를 다 비웠다가 다시 채우기를 원할 수도 있다. 이것이 바로 빈 모래상자가 필요한 이유다. 비웠다가 다시 채운다는 것의 반복은 아동들이 흔히 하는 또 다른 행동인 지었다가 부수는 것의 반복과 유사한 의미일 수 있다. 흔히 그들은 한 회기 내에서, 그리고 보통은 하나의 모래상자 안에서 지었다가 부수기를 반복한다. 아동이든 성인이든 모래상자 안의 모든 변화는 짓고 바꾸고 부수는 일의 한 형태다. 그럼에도 모래와 소품으로 구조를 만들어 정신없이 지은 다음 부숴 버리는 일은 성인보다는 아동에게 더 흔히 나타난다. 이런 양상은 일반적으로 분노의 해소 또는 권한 강화에 대한 욕구를 반영한다. 그것은 또한 아동에게 창조하고 파괴하고 또 다시 창조할 능력이 있다는 것을 알려 준다. 게다가 일부 아동은 회기의 끝에 소품을 치우기를 원한다. 이것은 아동이 세계에 대해서 힘을 갖기를 원한다는 것을 더 여실히 보여 준다. 또 아동에게 세계를 창조하고 부수고 재창조하거나 고칠 능력이 있다는 것을 스스로 깨닫게 해 준다.

아동은 또한 소품을 모래상자 안에 묻고 숨기기도 한다. 아주 어린 아동에게 이것은 대상영속성에 대한 실험을 반영하는 것일 수 있다. 연령이 높은 아동에게 소품은 흔히 그들이 의식하지 못하거나 탐색하지 않기로 한 문제다. 종종 숨겨진 소품은 그 아이가 받아들이지 않는 자신의 측면을 나타내기도 한다. 소품을 꺼내는 것은 풀리지 않는 문제를 보거나 그것을 다루려는 의지인 경우가 많다.

아동에게만 특별하게 나타나는 양상이 또 있다. 그것은 아동이 고르는 소품의 유형과 그것을 사용하는 방식이 흔히 성인과 다르다는 점이다. 아동은 환상과 영화와 관련된 인형, 선사시대 동물, 카우보이와 인디언, 군인 인형을 성인보다 더 많이 사용한다. 그들은 종종 모래상자 안에 한가로운 장면을 만든다. 전투, 힘겨루기, 권위적인 인물과의 갈등 같은 특정 주제는 아동의 모래상자에 자주 나타난다. 종종 아동은 힘이나 권위가 있는 소품과 힘이 없는 소품을 모래상자에 가져다 놓는다. 이런 행동은 쉽게 이해되는데, 개성화와 자기 권한 강화를 향해 나아가는 아동들의 삶에는 발달단계상 힘과 통제에 대한 내적 · 외적 투쟁이 모두 있기 때문이다. 더욱이 청소년은 정체성과 개성화의 주제를 다루는 경향이 있다.

아동의 어떤 행동은 모래놀이 말고 다른 방법을 택할 필요가 있음을 암시한다. 아동이 모래를 던지거나 모래상자에 기어오르려 할 때는 다른 활동을 선택하는 것이 낫다. 이런 행동은 아동이 모래놀이가 요구하는 제한을 따를 능력이 없음을 말해 준다. 아동이 발달상으로나 정서적으로 모래놀이를 할 준비가 안 됐다고 판단한다면(9장 참조) 일시적으로라도 다른 치료방법을 택할 필요가 있을 것이다.

이 장의 범위가 한정되어 있기 때문에 이런 양상과 그것이 내포한 의미의 중요성에 대해 간략히 논의했다. 그러나 아동이 반복된 양상을 보이고 그 아이의 언어적인 소통과 비언어적인 소통, 행동, 발달사가 무슨 일이 벌어지고 있는지에 대한 충분한 단서를 주지 못한다면, 아동치료자나 아동발달 전문가와 상의하거나 부록 3의 모래놀이 관련 도서나 상징 사전 목록을 참고한다.

모래놀이의 다양한 방식

자발적인 정적 모래상자

자발적인 정적 모래상자를 만들 때, 아동은 성인과 비슷하게 진행 중인 행동이 없는 장면이나 세계를 건설한다. 모래치료의 단계와 치료자의 지시는 3장의 설명과 유사하다. 앞서 언급했듯이, 이 자료는 드 도미니코의 자료를 수정한 것이다. 그러나 아동과 모래 작업을 하기 전에 소개할 몇 가지 내용이 있다. 많은 아동이 치료실에 들어오면 소품과 모래상자에 매력을 느껴서 모래에서 놀기 시작한다. 때때로 첫 방문인 경우에도 그렇다. 적절하기만 하다면 아이가 요청하거나 흥미를 보일 때는 언제든지 모래와 소품을 가지고 놀도록 허락한다. 성인처럼 모래놀이에 앞서 꼭 신뢰관계를 형성할 필요는 없다. 왜냐하면 놀이는 아동의 삶에서 자연스러운 과정이고, 아동은 대개 상징적인 의미를 의식하지 못하고, 치료자가 아동을 직접 대면하지 않기 때문이다. 대신 신뢰는 창조의 과정을 유지해 주고 북돋아 주는 만큼 발전한다. 모래놀이 과정을 끝내기에 불충분하지 않으면 높은 연령의 아동과 청소년을 위한 회기는 보통 한 시간으로 제한한다. 만약 불충분하다고 생각하는 경우라면 90분짜리 회기를 진행할 수 있다. 어린 아동은 시간이 늘어나면 집중하지 못하고 기운이 없어지거나 산만해질 수 있다. 아동의 주의 시간이 짧은 편이라면 회기를 30~40분으로 줄여도 된다.

모래놀이를 소개할 때는 특히 어린 아동일 경우에 모래놀이를 하는 이유에 대해 아동에게 간략하게만 설명한다. 모래에서 잘 놀지 않으려 하는 아동에게는 이렇게 말하면 좋다. "가끔 아이들은 생각과 느낌을 말로 하는 걸 어려워한단다. 사람들은 생각을 그림으로 표현할 때가 많아. 그래서 생각하고 있는 것이나 느낌을 그림으로 표현하는 게 더 쉽다는 걸 알게 되지. 이 모래상자에서 너는 모래와 물, 선반에 있는 소품을 가지고 그림을 만들어도 돼. 이걸 하면 무엇이 네 안에서 방금 말한 그런 문제를 일으키고 있는지 알아내는 데 도움이 될 거야. 그러면 그걸 낫게 만들 방법을 찾을 수 있어." 모래놀이를 잘 하지 않는 아동은 흔히 수줍어하고 완벽주의 성향이 있고 실수하는 것을 겁내는 아동들이다. 이 경우 아동에게 그 상황을 잘 알려 주고 허용적인 태도를 자주 보이는 것이 중요하다. 만약 아동이 계속 머뭇거리고 그 과정을 불편해하면 모래놀이 말고 이야기 나눌 다른 방법을 찾을 수도 있음을 알려 준다. 단, 모래를 사용하고 싶을 때는 언제든지 그래도 된다고 말해 준다. 이런 아동은 이어지는 회기에서 모래상자로 돌아오는 경우가 많다.

아동이 놀이를 시작하기 전에 만들고 싶은 것은 뭐든지 만들어도 되고, 노는 데 맞는 방법이나 틀린 방법이 없다는 것을 알려 준다. 모래와 물, 소품을 보여 준다. 그다음에는 치료실의 규칙을 설명해 주는 것이 필요하다. 치료자들은 각자 자신의 규칙을 개발할 것이다. 우리는 생산적인 놀이에 필요한 규제 외에는 하지 않는다. 모든 놀이에 있어 첫 번째 규칙은 어떤 경우에도 아동이 자기 자신이나 치료자를 다치게 해서는 안 된다는 것이다. 아동에게 모래상자 안에서만 물과 모래를 가지고 놀도록 하고 소품과 물을 쓰고 싶은 만큼 얼마든지 써도 된다는 것을 알려 준다. 우리는 선반에 있는 소품 전부를 모래상자에 쓰도록 허락한다. 과잉 활동적이거나 파괴적인 아동이 오기 전에 부서질 우려가 있는 소품은 치워 놓는다. 특별한 경우를 제외하고 청소년과 성인에게는 이런 안내가 필요 없다.

청소년과의 상담과정에서 모래놀이를 소개하는 방법은 성인의 경우와 유사하다. 청소년에 대해 알아야 할 점은 그들은 모래놀이를 아이들이 하는 것이지 성인이 하는 것이 아니라고 믿기 때문에 놀이를 무시하는 경향이 있다는 점이다. 모래상자를 쓸 것인지는 항상 청소년 스스로 선택하는 것임을 알려 준다. 그러나 이런 재료가 아동만을 위한 것은 아니라는 점을 강조할 필요가 있다. 성인 내담자 중에도 정기적인 모래놀이가 삶의 문제를 해결하는 데 큰 도움이 된다는 것을 말해 준다. 아울러 치료자도 스스로의 문제를 이해하고 풀기 위해 모래상자를 쓴다는 것을 알려 준다. 치료자가 모래상자에 직접 두 손을 넣어 시범 보이는 것은 성인보다 청소년의 경우에 더 중요하다. 손으로 모래를 거르거나 움직여 보인다. 이로써 성인인 치료자도 모래를 좋아하고 그것을 사용하면서 편안하게 느낀다는 것을 청소년에게 보여 준다. 청소년 내담자에게 이야기하는 동안 모래에 낙서를 하거나 뭔가를 써도 된다고 제안해도 좋다. 이런 활동은 모래와 친해지고 편해지도록 하고 부드럽고 변화된 단계에 이르게 해 준다. 그것은 또한 청소년의 주의를 충분히 흐트러뜨려서 회기 동안 더 자유롭게 이야기할 수 있게 해 준다.

성인의 경우와 마찬가지로 청소년에게도 도움이 될 수 있을 때 모래놀이를 제안한다. 그러나 청소년이 모래상자에 끌리는 데는 아동이나 성인보다 더 오래 걸린다. 치료자는 청소년의 경우 모래에서 놀기를 강요하지 않지만 흔히 신뢰관계가 발달할수록 그들은 모래놀이를 하자는 제안에 호의적으로 반응한다. 심지어 자발적으로 모래상자로 와서 문제를 꺼내

놀기도 한다.

아동과 청소년이 세계를 만드는 것을 마치면, 성인과 하듯이 경험하기와 재배치하기 단계로 나아간다. 치료자는 "이 그림은 꼭 세상 같구나. 특별한 장소네. 잠시 여기서 사는 것처럼 해 보자. 원하면 일어나서 모래상자 주변을 걸어도 되고 이 세계를 여러 방향에서 바라봐도 돼."와 같이 말해도 된다. 어린 아동들은 이런 과정에 매우 적은 시간을 보내는데, 그들이 가만히 앉아서 반추해 보는 데 한계가 있기 때문이다. 연령이 높은 아동과 청소년은 좀 더 오랜 시간 그렇게 하면서 상상력을 발휘해 마치 그 세계에 사는 척한다. 이때 일부 아동은 그 세계에서 사는 것이 어떨지 자진해서 이야기하기 시작한다. 이 경우 이야기를 끊지 말고 그 대화가 자연스럽게 치료하기 단계로 흘러가게 한다.

어린 아동은 일부 연령이 높은 아동이나 청소년과 마찬가지로 그들의 세계에 대해 이야기하고 싶어 하지 않을 수 있다. 이럴 때 내담자에게 계속하도록 강요하지 말고 대신 경험하기와 재배치하기 단계 다음에 놀이를 끝낸다. 그들에게 하고 싶으면 언제든지 이 세계 또는 그들이 만드는 다른 세계에 대해 치료자와 이야기할 수 있음을 알려 준다. 흔히 연령이 높은 아동과 청소년은 과정에 친숙해지고 편안해지면 모래놀이에 대해 이야기하기 시작한다.

아동이나 청소년이 기꺼이 이야기하려고 하면 세계 여행 단계로 나아간다. 아동에게 안내자나 선생님이 되어 세계와 그곳에서 벌어지고 있는 일에 대해 말해 줄 수 있는지 묻는다. 청소년에게 안내자나 교사 역할을 맡기는 것은 특히 가치가 있는데, 이렇게 함으로써 그들을 힘과 앎의 위치에 놓기 때문이다. 이것은 특히 개성화 시기에 중요하다. 내담자가 치료자를 세계로 안내하기 전에, 그가 말할 때 먼저 질문을 좀 해도 되는지 물어본다.

아동과 작업하는 중이라면 더 강한 반응을 이끌어 내고자 로웬펠드의 기술을 따를 수 있다. 그녀는 아동에게 자신이 아동의 생활방식에 대해 아무것도 모르는 다른 나라에서 온 방문객이라고 생각하게 했다. 그러고 나서는 모든 것이 어떤 의미이고 거기서 산다는 것이 어떤지 이해할 수 있도록 자신의 세계에 대해 전부 설명해 달라고 요청했다. 만약 치료자가 다른 행성에서 온 다정한 외계인이라고 생각하라고 제안하면 아동이 자세히 설명하는 경향이 있음을 알게 됐다. 치료자는 놀이를 하면서 이 이상한 행성에 대해 아무것도 모르고 이해하지 못하는 척한다. 그럼으로써 특히 어린 아동은 놀이가 덜 무서워진다. 우리는 가끔 현명하고 친절한 포아웨일(Poaweil)이라는 특이한 외계 인형(손인형-역자주)을 사용하는데, 아동은 보통 포아웨일에게는 모두 다 대답한다. 대부분의 아동은 이런 식으로 가상놀이 하는 것을 편하게 느끼고 즐거워한다.

아동이 그들의 모래세계에 대해 묘사하는 것을 주저하거나 어디서 시작할지 모른다면 상상력을 이용해서 세계에 대해 만들고 싶은 어떤 이야기든지 해 보라고 요청해도 좋다. 우리는 계부에게 신체적으로 학대당한 8세 남자아이를 만난 적이 있다. 모래세계에 대해 이야기해 보라고 하면 아이는 매우 불안해했다. 그러나 그 아이는 이야기하는 것을 몹시 좋아해서, 늑대한테 맞고 짓밟히고 결국은 잡아먹히는 순진한 토끼 바니에 대한 이야기를 길게 들려주곤 했다. 그는 매주 바니의 삶에 대한 새로운 모래놀이 에피소드를 만들어 내곤 했다. 이런 이야기는 그 자신의 삶 및 두려움과 유사해 보였다.

치료적인 개입단계에서는 성인의 경우처럼 아동이나 청소년에게 소품들이 서로 대화를 나누게 해 보라고 요청할 수 있다. 아동과 청소년은 충분히 대화를 할 수 있다. 또한 사이코드라마를 효과적으로 쓸 수도 있다. 아동에게 무슨 일이 일어나고 있는지 보여 달라고 요청한다. 예를 들면 다음과 같이 말해도 좋다. "그 토끼가 어떻게 도망가는지 보여 줘." 또는 "늑대가 바니를 어떻게 때리는지 보여 줘." 그런 다음 행동을 모래상자에서 치료실로 끌어낸다. 치료자는 "네가 늑대인 척해. 그리고 이 곰 인형이 바니야. 이제 늑대가 어떻게 바니를 때리는지 보여 줘."와 같이 말할 수 있다. 이런 실습이 아동의 분노 해소를 위해 사용될 수 있다. 상상을 이용하는 것은 또 하나의 효과적인 기법이다. 왜냐하면 환상은 아동의 일상적인 놀이/학습에서 정상적인 일부이기 때문이다. 이렇게 말해도 좋다. "네가 말한 성에 사는 꼽추를 내가 찾아갔다고 해 보자. 그에게 나한테 성을 좀 구경시켜 줄 수 있는지 물어봐 줄래?" 아동이 그러겠다고 하면 치료자는 그 아동에게 꼽추가 모든 방이 정확히 어떻게 생겼고 거기서 무슨 일이 일어나고 있는지 말하게 해 달라고 요청한다. 이런 기법은 아동이 치료자와의 놀이와 소통을 두려워하지 않고 즐기게 해 준다. 동시에 치료자가 가치 있는 정보를 끌어내서 내담자가 무의식적인 문제를 해결할 수 있게 한다.

대부분의 아동은 그들의 세계를 사진으로 남기기를 원한다. 치료자는 기록하기 단계에서 아동에게 어느 쪽에서 사진을 찍으면 좋겠는지 물어본다. 혼자 사진을 찍을 수 있는 아동에게는 폴라로이드 카메라로 직접 찍어 보게 하는 것이 모험과 학습 기회가 된다. 아동에게 사진 찍는 방법을 가르쳐 주되, 찍고 싶은 각도에서 찍을 선택권을 확실히 준다. 아동은 사진을 소중히 여기며, 치료회기 중이 아닐 때 자신과 치료와 치료자를 연결시키는 전이 대상으로 사용한다. 어떤 아동은 자료 보관용 모래상자도 찍고 싶어 한다. 만약 당신이 이것이 괜찮고 그 아동이 치료자의 파일에 적합한 사진을 찍을 수 있으면 허락해 준다.

나이가 많은 아동과 청소년은 성인의 경우처럼 전환하기 단계로 나아가되 덜 깊게 다룬다. 아동이나 청소년이 자신의 세계를 탐색했다면 "세계를 만들어 보니까 어땠니?" "어떨 때 네 생활이 저 모래상자와 같니?" 혹은 "모래상자에 있는 것 중 기억하고 싶은 게 뭐야?" 와 같이 묻는다. 그리고 모래상자 안에 어떤 해결이 있었다면 "어떻게 하면 실제 삶에서 그런 일이 일어나게 할 수 있을까?" 와 같이 묻는다. 어떤 아동과 청소년은 이런 질문을 기꺼이 탐구하지만 어떤 아동은 그렇지 않다. 아동이 주도하도록 한다. 다시 말하지만 모래놀이의 효과 면에서 아동이 모래상자가 무엇을 의미하는지, 또는 자신 안에서 무슨 일이 일어나고 있는지를 아동이 의식적으로 아는 것은 중요하지 않다. 아동의 무의식적인 마음을 믿는 것이다.

다음은 자발적 모래상자를 통해 내면에 있던 많은 갈등을 푼 8세 여자아이 몰리의 사례다. 이 아이는 분노 폭발(분노가 제때 표현되지 못하고 억제되다가 한번에 행동적 · 정서적으로 지나치게 표현되는 증상-역자주)과 지나가는 다른 아이의 발을 걸어 넘어지게 하거나 밀쳐 다치게 하는 행동을 보여 교장선생님이 직접 우리에게 의뢰하였다. 몰리의 부모는 이 아이가 이런 행동을 보일 만한 가정 내 문제가 없다고 했다. 그들은 몰리의 문제가 학교에서 비롯됐다고 느끼고 있었다. 몰리는 치료실에 도착하자마자 바로 모래상자로 달려가 모래에서 놀기 시작했다. 잠시 뭔가를 열심히 만들자마자 자진해서 우리에게 몹시 생생한 이야기를 해 줬다. 치료과정 내내 아이는 같은 이야기를 여러 번 반복했다. 그녀는 인형이(때로는 동물, 때로는 사람이) 한 남자 인형에 의해 원치 않는 여러 가지 행동을 강요받는 모래세계를 많이 만들었다. 그들이 원치 않는 행동을 거절하면 남자 인형에게 맞거나 모욕을 당했다. 그 세계에 대해 묻자 그녀는 이야기하기를 거절하고 대화의 주제를 바꿨다. 부모와 몇 차례 만난 후, 어머니는 아이의 아버지가 매우 통제적이고 몰리가 순종하지 않으면 가끔 폭력을 사용한다고 인정했다. 교장선생님은 몰리의 담임교사 또한 권위적인 편이라고 했다. 얼마간 지배받는 역할을 하고 나더니, 몰리는 갑자기 변해서 통제하는 역할을 하면서 놀기 시작했다. 가끔 몰리는 이 주제를 모래상자 밖으로 꺼내서 우리에게 역할과 대사를 주고 연기하게 했다. 대개 그녀는 집이나 학교에서 일어나는 장면을 만들고 놀았다. 우리는 몰리의 요구를 따르곤 했다. 우리의 유일한 규칙은 몰리가 자신이나 우리를 해칠 수 없다는 것이었다. 놀이에서 이런 변화가 생긴 지 얼마 되지 않아 학교에서 그녀의 행동이 바뀌었다. 부모와 교사와의 계속된 작업 덕분에 몰리는 전에 그랬던 것처럼 쾌활한 어린 소녀로 돌아왔다.

자발적인 동적 모래상자

드 도미니코(1988)에 따르면 아동이 자발적으로 만드는 두 가지 유형의 세계가 있다. 방금 논의한 자발적인 정적 세계는 대개 연령이 높은 아동과 청소년이 만드는 반면, 어린 아동과 넘치는 에너지를 소모할 필요가 있는 아동은 자발적인 동적 세계를 만든다. 동적 세계에서 모래상자는 아동이 자기가 창조한 드라마를 직접 연기할 수 있는 무대가 된다. 그 드라마는 종종 많은 에너지와 지속적인 변화를 섞어서 구체화된다. 이야기가 전개됨에 따라 오래된 것은 무너지고 새로운 것이 태어나는 몇 번의 순환 과정이 이루어진다. 때때로 아동은 치료자에게 이 놀이를 함께 하자고 요청할 것이다. 드 도미니코(1988)에 따르면, 동적 세계에서 놀이하는 사람은 사실 많은 정적 세계를 건설하며, 그다음 이들 세계 사이의 관계를 탐험한다. 건설자는 세계 사이의 변화에 가장 관심이 있다. 그리고 초점은 결과가 아닌 변형에 있다.

우리의 경험상, 남자아이가 여자아이보다 더 동적인 세계를 창조한다. 6세의 크리스도 동적인 세계를 많이 창조했다. 의사가 우리에게 크리스를 의뢰하였다. 크리스가 처음 왔을 때 그의 부모는 크리스에 대해 걱정을 매우 많이 했다. 크리스의 어머니는 자동차사고로 크게 다친 적이 있는데, 그 사건 이후 매우 활발한 아이였던 크리스는 더 이상 다른 아이들과 놀지 않았고 학교에도 가지 않으려 했다. 어머니 곁을 떠날 일이 있을 때는 발길질을 하거나 비명을 지르는 일이 잦았다. 크리스는 첫 회기 때 모래상자에 열심히 길을 만들거나 차와 트럭을 여기저기 운전하면서 보냈다. 크리스의 모래상자에서 차는 자주 젖은 모래 속에 갇혀서 트럭이 구해 줘야 했다. 이때 크리스는 엄청난 소음을 내며 움직였다. 그러던 어느 날, 그는 차들을 서로 충돌시키기 시작했다. 이 회기가 끝난 직후에는 헬리콥터를 장면 속으로 가지고 왔다. 그 헬리콥터는 차들의 주인을 구해서 병원으로 데려갔다. 거기서 의사가 그들의 상처를 꿰매고 붕대로 감아 주었다. 크리스는 모두가 괜찮아져서 집에 가는 것으로 놀이를 마무리할 때까지 몇 차례의 회기 동안 이 장면을 반복했다. 다음 회기를 위해 치료실에 방문했을 때 크리스는 더 이상 모래놀이를 원치 않는다고 말했다. 모래놀이는 지루하다고 했다. 대신 게임을 하기로 결정했다. 이때쯤 그의 어머니는 크리스가 다시 다른 아이와 놀고, 어머니와 떨어져 있어야 할 때도 덜 불안해한다고 알려 왔다.

만약 치료자가 모래놀이를 소개한 후에 아동이 동적 세계를 만들기 시작한다면 비디오카메라가 없이는 모래놀이 과정을 기록하기가 불가능할 것이다. 또한 전에 논의한 단계를 따르지도 않을 것이다. 아동은 내면의 문제를 풀기 위해 필요한 모든 변화를 거치면서 자동적으로 진전해 나갈 것이다. 대개 아동은 그들의 드라마에 소리를 내며 작업한다. 어떤 아동은 계속 대화를 이어 가거나 그것이 진전됨에 따라 그 놀이의 이야기를 꾸며내기도 한다. 치료자는 질문을 해서 놀이를 방해하지 않아야 한다. 그렇게 한다면 종종 그 과정이 멈출 수 있기 때문이다. 그러나 드 도미니코(1988)가 아동이 동적 세계를 펼쳐 나가는 것을 돕고자 사용한 기법을 시도해 볼 수도 있다. 중요한 전개가 진행되거나 주목할 만한 소리와 이야기가 놀이 중간에 나오면 치료자가 그에 대해 언급하거나 말로 되풀이함으로써 아동이 놀고 있을 때 관심을 보일 수 있다. 그러면 아동이 자신이 진행 중인 것을 관찰하고 알아차리게 하는 데 도움이 된다. 만약 크리스가 그랬던 것처럼 아동이 실생활에서 경험한 것과 비슷한 차사고를 만들어 낸다면 치료자는 아동의 놀이에서 보고 들은 것을 이야기해도 된다. 예를 들면, "차들이 부딪칠 때 저 아이가 비명을 질렀지."라고 말할 수 있다. 또는 아동이 감정을 섞어 말했던 것을 치료자가 이야기할 때 따라 해도 된다(예: "아, 안 돼, 아, 안 돼. 우리 부딪히려고 그래!"). 항상 모래상자에서 일어나는 일이 주요한 근거가 되게 한다. 아동의 놀이에 치료자의 생각이나 해석을 적용하면 안 된다. 드라마가 끝난 후에 치료자는 최종적인 세계를 살펴보고 소품의 최종적인 위치와 아동이 만들어 낸 것들을 탐색할 수 있다. 이것은 내담자에게 도움이 될 수 있다. 그러나 계속되는 창조적인 과정이 대부분의 정보와 작업을 생산하기 때문에 최종 장면의 중요성은 한계가 있다.

아동이 드라마를 생각하는 것을 돕기 위해 몇 가지 질문을 해도 된다. 예를 들면, 차사고를 당하는 것이 모래상자 안의 인물에게 어떤 것을 기억나게 하는지 아동에게 물어봐도 된다. 심지어 더 큰 표현과 동작도 허용하여, 아동이 사고를 모래상자 밖에서 재현해 보도록 요청해도 된다. 만약 치료자가 보기에 이때가 아동이 그 사건에 대해 더 충분히 다룰 수 있는 적기 같으면 아동에게 사고를 당한 인형을 다시 모래상자로 가져와 그것들이 서로 대화를 나누게 해도 된다. "차들이 부딪친 때를 기억하니? 그 차들을 다시 모래상자 안으로 가져와서 그 사람의 생각과 느낌이나 하고 싶은 말에 대해 얘기하게 해 볼래?"라고 물어본다. 또 하나의 대안으로 아동에게 인형을 새로운 모래상자에 가져다가 더 집중되고 산만하지 않은 상황에서 인형들끼리 이야기하도록 할 수 있다.

치료자가 세계를 모두 탐색한 다음에는 아동에게 그 최종적인 세계를 사진찍고 싶은지 물어본다. 치료자와 내담자가 최종 세계를 사진으로 찍어 둘 수도 있지만 세계의 중요성은 그 이미지 속에 있지 않고 과정 속에 있음을 기억한다. 그리고 아동이 떠날 때는 그의 동적 세계가 전개되고 완성되는 동안에 치료자가 본 중요한 사건과 모습을 기록해 둔다. 그러나 회기를 비디오 촬영해 놓지 않는 한, 일어난 일을 정확히 기록하기란 어려울 것이다.

상호작용적인 모래놀이

아동 내담자가 치료자를 모래놀이에 초대하는 것은 다른 놀이치료 방식에서 그렇듯 특이한 일이 아니다. 경험상 많은 아동, 특히 8세 미만 아동은 치료자에게 참여할 것을 요구한다. 때로는 청소년도 마찬가지다. 그의 모래세계의 '책임자'는 아동이다. 그러므로 치료자가 참여했으면 하는 그의 요구에 응하는 것은 현명한 일이다.

아동과의 작업 초기에 우리는 치료자에게 적극적인 역할을 요구하는 모래놀이 및 다른 놀이방법과 관련된 중요한 교훈을 얻었다. 아동이 현실사회에 적응하고 변화하도록 돕고자, 우리는 아동이 학습하기를 원하는 행동의 시범을 보였다. 이 경험을 토대로 그 시기 아동의 내부 및 외부 세계를 나타내는 태도를 정확히 따르는 것이 치료에 더욱 효과적이라는 것을 확실히 알 수 있었다. 우리는 몇몇 아동 내담자로부터 우리가 하고 있는 것이 '맞지' 않고, 우리가 "나쁜 놈들이라고 가정하고 나쁘게 행동해야 한다."는 교훈을 얻었다. 바람직한 행동의 시범을 보이는 것이 적합한 시기가 있기는 하지만, 아동의 발달과정에 맞추는 것이 중요하다. 놀이에서 치료자의 가치를 강요하지 않도록 주의한다(예: 나쁜 놈을 착하게 만드는 것). 치료자의 반응은 개인의 성장을 촉진시켜야 한다. 만약 가르치기와 시범 보이기가 특정한 시기의 아동에게 최고의 관심사가 아니라면 도덕이나 옳고 그름을 가르치지 않는다. 치료자는 아동에게 필요한 것을 경험하고 치유를 향해 나아갈 기회를 제공하고자 한다. 이런 함정을 피하기 위한 하나의 방법은 아동에게 인물이 어떻게 행동하기를 원하는지, 또는 인물이 뭐라고 말해야 하는지 묻는 것이다. 대부분의 아동은 기꺼이 방향 지침을 내려 준다. 그러나 일부 아동은 인물의 역할을 창조하는 것은 치료자의 일이라며 저항하기도 한다.

우리와 작업했던 7세 남자아이 사이먼이 떠오른다. 그는 부모의 별거 때문에 힘들어하고 있었고, 모든 권위를 나타내는 인물에게 반항하고 있었다. 사이먼은 모래에 끌렸고 치료과정 처음부터 전투 장면을 만들기 시작했다. 처음에는 외계인과 착한 사람 모두를 가지고 놀았다. 마침내 그는 모래상자 안의 외계인 침략에 치료자를 끌어들였다. 사이먼은 항상 우리에게는 외계인 역할을 맡겼는데, 이 외계인은 흔히 회기 끝부분에 이르러 파괴되곤 했다. 몇 주가 지나자 사이먼이 착한 사람이라고 고르는 소품이 바뀌기 시작했다. 사이먼은 더 힘세 보이고 더 큰 인형을 선택했다. 그는 그 인물에게 힘을 부여하는 동시에 자기 자신에게도 그렇게 했다. 사이먼의 어머니와 교사는 사이먼이 학교와 집에서 보이는 행동이 전보다 덜 파괴적이고 덜 반항적이 되었다고 했다.

일반적으로 치료자가 모래놀이에 포함시켜 줄 것을 제안하지는 않지만 예외적인 경우가 있다. 만약 아동이 지도가 필요하거나 자발적인 모래상자를 진행하는 동안 놀이가 고정되어 있는 것 같다면, 치료자가 도울 수 있을지 또는 치료자가 모래상자 안의 인물 중 누군가의 역할을 맡아도 되는지 물어봐도 된다. 만약 아동의 생활 속에서 계속되고 있는 전투를 놀이로 표현하는 데 또 다른 사람이 필요하다면 아동에게 치료자가 모래상자 안에서 그 사람 역할을 하기를 원하는지 물어봐도 좋다. 아동이 이런 갈등을 분명히 묘사하는 장면을 이미 만들었다면 이렇게 말해도 된다. "내가 모래상자 안에서 같이 놀아도 되겠니? 아마도 저 여자 역할(아동의 상대역을 할 인물)을 할 수 있을 것 같아." 또한 치료자는 아동을 나타내는 인물을 맡겠다고 요청할 수도 있다. 만약 아동의 모래세계 내에서 변화를 촉진하기 위해 시범을 보이고자 한다면, 아동에게 치료자가 움직일 수 있는지 혹은 모래상자 안에서 아동을 나타내는 소품이 될 수 있는지 물어볼 수 있다. 내담자의 세계에 들어가기 전에는 항상 허락을 구해야 한다.

가족과의 모래놀이

아동은 성인이라는 권위를 가진 인물과 함께 가족 내에서 생활하고 발달적으로나 정서적 · 신체적으로 자기 자신을 온전히 돌볼 수가 없기 때문에 삶에 대한 통제력이 성인보다 덜 발달해 있다. 사실 어린 아동의 생존은 그가 속한 환경에 있는 성인에게 달려 있다. 아마도 많은 아동 · 청소년의 기능장애가 가족과 공동체 내의 문제와 관련되어 있을 것이다. 그러므로 부모와 다른 가족 구성원이나 환경과 관련 있는 사람(예: 교사, 사회복지사, 보호관찰 직원)을 포함하는 것이 성인의 경우보다 더 중요하다. 이런 성인은 아동이 현재 직면한 상황과 역동을 바꿀 힘을 가지고 있을 수 있다. 만약 가족 구성원과 아동의 삶에서 중요한 사람이 치료자와 아동과의 개별 작업에 최소한 보조자로라도 치료에 참여하면 아동과 청소년에게 훨씬 더 빨리 변화가 일어난다. 회기를 준비하기에 앞서 치료에 다른 이를 포함시키는 것에 대해서는 내담자의 허락을 구해야 한다. 청소년과의 신뢰를 깨지 않기 위해서 온 가족을 회기에 포함시킬지, 아니면 가족이나 교사와 따로 작업할지에 대해서 허락을 구하는 것은 필수적이다. 두 사람, 가족, 집단 모래놀이는 소통을 돕거나 역기능적인 역동을 변화시키는 데 매우 효과적인 방법이다. 그러므로 온 가족이 기꺼이 참여해서 협력하도록 할 필요가 있다. 특히 아동에게 가장 힘이 있는 사람이라면 더욱 그렇다.

때때로 가족 단위로 가족치료를 받으러 오는 경우가 있다. 그러나 더 많은 경우에 부모는 일방적으로 그들이 문제아라고 규정하고 의식적 · 무의식적으로 희생양으로 삼았던 아동을 데리고 온다. "엄청나게 많은 인간 행동이 체계의 기능에 따라 결정되는 것 같기" 때문에(Allen, 1988: 11) 개인만 봐서는 내담자의 문제를 다루기가 어렵다. 가족체계의 어느 한 부분에 변화가 생기면 이어서 다른 부분에도 추가로 변화가 생긴다. 따라서 가족 구성원은 아동 내담자의 증상을 개선시키기 위해서 협력해야 한다. 앨런(Allen)은 다음과 같이 기술했다. "아동과 대부분의 청소년은 가족 내에서 체계적 역동에 중대한 영향을 미칠 만한 충분한 힘을 가지고 있지 않다. 그래서 그들과의 개인적인 작업은 효과가 없다." (1988: 217)

아동과 개별적으로 작업하는 것과 더불어 그 가족과 함께 작업하면 아동의 당면 문제를 좀 더 완전하게 해결할 수 있다. 그러나 아동과 개별로 작업하고 부모는 따로 만나야 할 때가 있다. 이것은 별거나 이혼이 진행 중이고 아동이 자신의 느낌을 표출할 자기만의 공간과 시간을 필요로 하는 경우다. 더구나 부모 사이에 존재하는 대립에 아동을 관여시키는 것은 아동에게 적절하지도 않고 도움이 되지도 않는다. 게다가 부모가 아동을 학대한 경우, 가해자인 부모와 아동이 같은 회기에서 함께 치료하는 것은 아동에게 매우 두려움을 줄 수 있다. 또한 치료자가 부모에게 자녀양육 기술을 가르칠 때도 부모를 아동과 따로 만나는 것이 가치가 있다.

치료자가 가족치료를 하고 있다면 가족 역동과 체계 이론에 대한 기본 지식이 있을 것이다. 치료자가 가족치료가 적합하다고 생각할 때는 놀이를 이용하는 것이 소통 및 아동에게 적절한 상호작용을 하게 해 준다. 놀이는 아동의 자연스러운 소통방식이다. 엘리아나 길(Eliana Gil)에 따르면, "내가 기본적으로 주장하는 것은 성인이 아동에게 성인 같은 상호작용을 하도록 하거나 혹은 아동이 성공적으로 협의할 수 없는 방식으로 참여하게 하는 것을 멈춰야 한다는 것이다. 대신 나는 아동의 세계에 상담자가 들어오도록 격려하고 부모가 들어오도록 지도한다. 그럼으로써 아동에게 성인세계와의 풍부하고 호혜적인 정서적 접촉이 일어날 기회를 마련해 준다."(1994) 부모에게 아동을 정확히 관찰하고 공감하도록 하는 것뿐 아니라 그들과 노는 법을 배우도록 돕는 것도 중요하다.

개인 작업과 가족과의 작업 사이의 주된 차이점은 가족 구성원이 다양한 연령과 발달 수준과 능력을 지니고 있다는 점이다. 또한 상호작용, 소통, 힘의 문제는 가족 내에 추가된 구성원이 있을 때 급증한다. 관련된 사람의 수로 인해 전 가족 구성원을 한꺼번에 모이도록 일정을 잡는 데는 어려움이 따를 수 있다. 치료에 온 가족을 포함하는 것은 예상되는 어려움을 훨씬 넘어서는 장점이 있다. 우리는 가족과의 모래놀이를 지지한다. 왜냐하면 가족 구성원이 아동이 이해할 수 있는 수준으로 관계 맺는 것이 중요하기 때문이다. 다음에 가족과 함께 하는 모래놀이를 이용할 때의 세 가지 절차를 소개한다.

평가도구로서의 모래놀이

모래놀이는 가족의 훌륭한 진단도구가 될 수 있다. 우리는 다음과 같은 길의 입장에 동의한다. "공동 과제를 하는 것은…… (모래놀이 시에) 치료자로 하여금 부모가 함께 과업을 하기 위해 자신을 어떻게 조직하는지, 어떤 언어적이고 비언어적인 소통기술을 쓰는지, 부모와 아동이 어떻게 공정성, 지루함, 제한 설정 등에 대해 의논하는지를 직접 볼 수 있게 해 준다. 또한 관계성과 애착, 다른 상호작용적인 차원에 대한 문제를 발견할 수도 있다." (1994)

치료자의 경험상 부모는 아동과 작업할 때 첫 접촉 상대가 된다. 최초의 내담자 의뢰는 대개 다음과 같이 이루어진다. ① 자녀가 학교에서 또래 집단과 또는 집에서 가족 구성원과 어떤 고통을 겪고 있는 것에 대해 걱정하는 부모에 의해, ② 아동/청소년이 법적인 분쟁에 휘말렸을 때 법정에 의해, ③ 학대나 방치로 신고된 경우 가족 서비스 기관에 의해, ④ 교직원에 의해 이루어진다. 때로는 아동이나 청소년이 직접 상담을 요청할 수도 있다. 어린 아동의 경우 일반적으로 부모와 먼저 이야기해서 대략적인 현재 상황과 아동의 발달사 및 문제에 대해 듣는다. 그런 다음 아동을 만나 친밀감과 신뢰감을 형성한다. 청소년, 특히 10대의 경우는 가족 구성원이 원하는 대로 따른다. 청소년이 원할 때는 부모와 간략히 의뢰 사유에 대해 전화 통화만 하고 청소년을 먼저 만난다. 이런 절차는 청소년과의 치료에서 그와 더 큰 신뢰를 쌓도록 해 준다. 가족이 함께 작업할 때 가장 도움이 되는 상황이라면 대화치료보다는 모래놀이가 가족 역동을 더 잘 나타내 준다.

과정상 가족치료가 필수적인 상황에서 우리는 부모와 아동에게 가족이 함께 와서 그들의 가족에 대해 좀 더 알려 달라고 한다. 치료자는 아동에게 "너도 알고 있듯이 요즘 집에서 일어나는 일이 행복하게 느껴지지 않지? 달라졌으면 하는 일이 많을 것 같은데, 그러니?" 라고 말한다. 이에 아동은 대부분 긍정적으로 반응한다. 그러면 치료자는 "만약에 우리가 그런 것을 바꿀 수 있는지 보기 위해서 같이 작업을 해도 좋으니?" 라고 묻는다. 이때도 아동은 대개 수긍한다. 그다음 치료자는 이렇게 말할 수 있다. "그렇게 할 방법이 있어. 온 가족이 오면 가족이 상황을 더 좋아지게 만들 방법을 알아낼 수 있을 거야. 어떠니?" 이때까지 치료자는 아동에게 그가 원하는 것을 제공할 뿐 아니라 '그래요' 상황(찬성을 몇 번 한 후에 내담자에게 일어나는 긍정적인 마음가짐)도 만들어 내게 된다.

부모와 함께 할 때도 접근방식은 거의 비슷하다. 어떤 부모는 아동에게 문제가 있다는 생각에서 가족체계가 역기능적이라는 생각으로 관점을 바꾸기를 꺼린다. 치료자가 평가하기에 부모가 계속 아동을 환자로 규정하는 것에 얽매여 있다면, 부모와의 협력관계 형성을 생각할 수 있다. 이 경우, 치료자보다 부모가 아이에 대해 더 많이 알고 있고 치료자는 그들의 도움이 필요하다는 사실을 부모에게 설명해야 한다. "이 아이는 당신들의 아이이니 저보다 아이에 대해 더 잘 알고 계시죠? 그리고 아이가 좋아지는 데 가장 관심 있으시잖아요. 제가 당신 가족 모두와 함께 작업을 할 수 있다면 저한테 매우 도움이 될 거예요." 일반적으로 부모는 아이의 문제가 경감되고 가족 내의 분열이 완화될 방법을 찾고 있기 때문에 필요한 것이라면 기꺼이 할 의사가 있다. 또 치료자는 부모에게 놀이를 어떻게 활용할 것인지, 그것이 어떻게 치료자에게는 정보를 주고 아동에게는 아동의 수준에서 소통할 수 있게 도울 수 있는지 알기를 원할 것이다. 때때로 부모는 온 가족이 함께 놀이하는 것을 거부한다. 이는 그들이 치료실 밖에서도 아동과 놀아 주지 않는다는 뜻이다. 혹은 부모가 어떤 면에서 겁을 내고 있음을 암시하기도 한다. 부모는 자신들이 '맞게' 하지 못할까 봐 혹은 숨겨진 것이 알려질까 봐 두려워하는 것일 수 있다.

가족 구성원이 모래상자를 사용하는 데 동의하면 시작할 준비가 된 것이다. 가능하다면 가족 모래놀이 평가 회기로 1시간 반에서 2시간을 할당한다. 가족과 함께 평가용 놀이를 하는 과정은 커플과 함께 하는 자발적인 의사소통 상자(즉, 공동 상자 만들기)를 만드는 과정과 유사하다. 이때도 세계를 창조하고, 경험하고, 재배치하고, 가족 구성원과 의사소통하는 단계를 거친다. 평가가 목적일 때 치료하기 단계는 흔히 생략된다. 기록하기 단계는 전환하기 단계와 세계 치우기 단계가 그렇듯 가치 있는 정보를 제공해 준다. 모든 가족 구성원이 아직 모래놀이를 경험해 본 적이 없다면 이렇게 말할 수 있다. "저는 여러분 모두 가족 안에서 행복해지기를 원한다는 것을 알아요. 여러분은 전에 함께 모래놀이를 하면서 세계를 만들어 본 적이 없으시죠? 오늘 여러분이 그렇게 할 수 있도록 준비를 했어요. 모래상자 안에 함께 장면을 만들면서 자기 자신과 서로에 대해 알게 될 것입니다. 모래놀이는 함께 놀거나 상호작용하는 새로운 방법이에요." 만일 가족이 과거에 모래놀이를 경험해 본 적이 없다면 모래상자와 소품에 대해 간략히 소개한다(자세한 사항은 3장의 세계 창조하기 단계 부분 참조).

모래상자는 가족이 사용할 커다란 모래 테이블이 있지만, 일반적인 크기의 모래상자(약 50×76cm)가 적당하다. 만약 치료자에게 모래상자가 하나 이상 있다면 가족에게 사용하기를 원하는 상자를 고르게 할 수 있다. 규칙은 부과하지 않는다. 장면이나 세계를 만드는 데 있어서 옳거나 그른 방법이 없음을 알려 준다. 그들이 이미 함께 모래놀이를 할 준비가 됐으므로 치료자가 구체적인 지시를 한다. "여기 오늘 사용할 모래상자가 있어요(또는 오늘 사용하고 싶은 모래상자를 고르세요). 여러분 각자가 사용하고 싶은 소품은 뭐든지 선택해도 됩니다. 그리고 그것을 원하는 대로 모래상자에 놓으세요. 어떤 식으로 세계를 만들지는 여러분이 결정할 수 있어요. 같이 이야기하면서 해도 되고 이야기하지 않고 해도 됩니다. 세계가 만들어지면 이미 모래상자 안에 있는 소품을 옮길 수도 있어요. 또는 그냥 그대로 놔둬도 됩니다." 만약 사진을 몇 장 찍거나 메모를 하거나 비디오테이프를 만들 계획이 있다면, 치료자는 그들의 허락을 구하면서 기록을 남기는 것이 세계가 만들어진 과정을 기억하는 데 도움이 될 것임을 꼭 설명한다. 대개 가족과 함께하는 작업에서 자세히 기록하기란 어렵다. 만약 역동 내에 치료자가 확실히 기억하고 싶은 기록할 만한 일이 일어나면 간단히 메모해도 된다. 가족이 함께 놀이를 하는 동안 치료자는 가만히 지켜볼 것임을 알려 준다.

가족이 어떻게 시작해서 각각의 구성원이 어떻게 하는지를 관찰한다. 가족이 함께 하는 것을 관찰하는 것은 사람 수가 늘었기 때문에 커플의 경우보다 훨씬 더 복잡하다. 분명히 그들이 모래상자에서 모두 함께 만들 때를 제외하고는 치료자는 각자가 뭘 하는지를 정확히 볼 수 없을 것이다. 치료자가 관찰해야 하는 것은 가족 역동이다. 가족 구성원 각자가 맡은 역할을 아는 것이 중요하다. 부모는 어떻게 상호작용을 하고 있는가? 각 부모는 아이와 어떻게 상호작용하는가? 두 사람은 나머지 한 사람만 빼고 편을 갈라 삼각망을 이루는가? 서로 의지하거나 거리를 두는가? 부모 중 한쪽이나 양쪽 모두가 아동에게 자기 자신의 생각을 투사하고 있다는 증거가 있는가? 힘의 차이는 무엇이고, 그것을 어떻게 다루는가? 아동은 하고 싶은 대로 자유롭게 노는가? 부모 중 한쪽이나 양쪽 또는 아동이 지배하는가? 부모가 생각하기에 부적합한 행동이 보이면 부모 중 한쪽이나 양쪽에서 제한을 하는가? 부모는 서로에게 얼마나 세심하게 주의를 기울이며 경청하는가? 서로 독립적으로 작업하는가, 아니면 서로를 주도하거나 따르려 하는가? 협동적으로 작업하여 모래상자 안에 통일된 세계를 만드는가, 아니면 별개의 장면을 만들고 같은 모래상자 안에서도 자기 영역만 사용하는가? 소품을 다른 누군가의 소품 가까이에 놓을 때 서로 허락을 받는가, 또는 다른 누구의 소품을 옮겨도 되는지 물어보는가? 묻지 않고 그렇게 할 때 허용적이고 자유로운 분위기인가? 다른 사람이 만든 장면을 받아들이는가, 아니면 반대하거나 비판하는가? 가족 구성원 각각은 어느 정도의 긴장이나 편안함을 보이는가? 모든 것을 관찰할 수는 없을 테지만 평가에 있어서 가장 관심 있는 역동에 주의를 기울인다. 이것은 가족이 처한 상황에 따라 다양할 것이다. 가족이 장면을 만드는 데 필요로 하는 시간을 충분히 허용한다.

평가를 위한 모래놀이를 할 때, 치료자는 만들기가 끝난 후에 때때로 멈춰도 된다. 시간이 허락되고 치료자가 가족 상호작용을 더 관찰하기를 원한다면 다음 단계로 계속해도 되지만 말이다. 과정을 계속하는 쪽을 택한다면 가족에게 장면을 조용히 경험할 시간을 몇 분 준다. 그리고 모래상자를 그대로 두거나 약간 바꿔도 된다고 말한다. 경험하기와 재배치하기 단계 이후에 가족 구성원 각자에게 다른 가족 구성원의 세계를 둘러볼 기회를 준다. 해설이 진행될 때 구성원 각자 주고받는 존중과 주의력을 살펴본다. 치료자가 지시를 할 때 존중하고 주의 깊게 경청하라고 강조하지는 않는다. 또한 간섭하지 말라고 그들을 가르치지 않는다. 만약 주의하지 않고 존중하지 않거나 간섭이 계속되고, 치료자가 이미 그런 양상을 확실히 알았으면 그때 개입해도 된다. 이것은 평가용 모래놀이이므로, 이 시점에서 치료자의 목적은 변화를 꾀하는 것이 아니라 정보를 모으는 것이다. 비록 치료자가 치료기법을 가지고 개입하지 않아도 변화의 가능성이 나타나거나 적어도 인식이 고양될 수 있는데, 이는 전환하기 단계에서 일어날 수 있다.

세계를 만들거나(만약 모래상자 작업이 여기서 끝난다면) 가족 구성원과 의사소통하는 단계에 이어서 가족에게 사진 찍을 기회를 준다. 그들이 가족 중 누가 어떤 각도에서 사진을 찍을지 선택하는 방식을 관찰한다. 그들은 서로 협력하는가? 아니면 한 명이 의사결정을 독점하는가? 이런 과정에서 결정과 관련된 모든 것은 치료자에게 가족 역동에 관한 정보를 제공해 준다.

사진을 찍은 후에는 가족 구성원에게 그것이 그들에게 어떤 경험이었는지 묻는다. 이 전환하기 단계에서는 그들이 세계를 만드는 방법으로부터 자기 자신에 대해 무엇을 배웠는지 묻는다. 부모에게는 모래놀이의 방식에서 원래 가족 안에서의 상호관계를 떠오르게 하는 것을 찾아낼 수 있는지 묻는다. 이것은 흔히 부모와 진행하는 이어지는 회기에서 가장 잘 이루어진다. 개인 및 커플 작업과 마찬가지로, 회기 동안에 밝혀진 것을 기억하면서 장면을 사려 깊게 해체한다.

개별화 모래상자

만약 치료자가 가족 구성원이 분리된 정체성을 유지할 수 없고 자기 자신을 자유롭게 표현할 수 없는 밀착된 가족의 아동과 작업한다면 가족 개별화 모래놀이가 매우 귀중할 수 있다. 치료자는 가족과의 첫 모래놀이 회기 때 가족에게 평가용 놀이를 완성해 보게 함으로써 그 가족이 밀착되어 있다는 치료자의 심증을 확인하고 싶을 수 있다. 이때 치료자는 다음 번 가족 회기 때 온 가족이 오되, 구성원 각자가 개별적으로 모래상자에서 작업하게 할 수 있다. 그러한 과정을 진행하려 한다면 이 회기에 2시간을 할당한다. 특히 가족이 세 명 이상일 경우 그렇다. 과정과 단계는 4장에 논의된 커플의 개인 모래놀이와 매우 유사하기 때문에 여기서는 대략적인 차이만을 소개하겠다.

우선 가족에게 개별화 모래놀이를 소개한다. "때때로 가족들은 서로가 많은 시간을 함께 보내고 꽤 가까운 사이라고 생각하면서도 서로에 대해 많이 모르고 있습니다. 각자가 무엇을 좋아하고 싫어하는지, 무엇이 그 사람을 행복하거나 슬프게 하는지, 아니면 관심사가 무엇인지조차 모를 수 있습니다. 이 연습은 여러분이 서로에 대해 더 잘 알게 되는 데 도움이 될 것입니다." 그다음은 모래놀이 경험과 재료에 대해 전에 설명한 적이 없으면 설명해 준다. 그리고 놀이 규칙을 말해 준다. 밀착된 가족에게는 놀이 규칙이 필수적이다. 만일 가족이 서로를 간섭하거나 다른 사람을 위해 뭔가를 말하는 양상이 있으면 규칙을 엄격하게 지키도록 해야 한다. 치료자는 실제에 맞는 규칙을 개발할 수 있다. 우리는 먼저 존중에 대해 논의한다. 그다음에는 모든 구성원에게 자기 세계를 만들라고 하고, 다른 사람보다 먼저 끝냈더라도 각자 자기 모래상자와 함께 그대로 있으라고 한다. 가족이라도 서로의 사적인 영역을 존중하는 것이 중요하다는 것을 강조한다. 또한 다른 사람을 방해하지 않고 조용히 만들 것을 강조한다. 가족 구성원은 창조하기 단계 때 서로에게 이야기하거나 코멘트를 하거나 서로의 모래상자를 보지 말도록 요청받는다.

치료자가 이런 연습과정에서 직면할 수 있는 문제는 가족의 규모에 따라서는 모래상자가 충분치 않을 수 있다는 점이다. 만약 가족 회기를 자주 한다면 여분의 모래상자와 모래를 살 수 있다. 할인점에서 약 5,000원쯤 하는 좀 더 작은 러버메이드 플라스틱 모래상자(약 38×53cm)는 가족이 세계를 만들기에 충분한 크기다. 각자가 모래상자를 고르고 시작하라고 요청한다. 가족 구성원에게 20분 동안 그들이 원하는 무엇이든지 만들 수 있다고 알려 준다. 각자의 모래상자를 가능한 멀리 둬서, 다른 사람의 상자를 보고 언급하고 싶은 유혹을 줄여 준다. 커플치료에서와 마찬가지로 가족을 관찰하고 의존과 개입, 방해, 영향관계가 있는지 살핀다. 만약 누군가가 규칙을 어기면 그 사람에게 즉시 가서 부드럽게 그것을 깨우쳐 준다. 필요하다면 그 사람의 모래상자를 따로 떨어진 곳에 옮겨 준다. 한 사람이 다른 사람보다 먼저 세계를 완성했다면 그에게 조용히 자기 모래상자를 경험하라고 청한다. 그러나 치료자는 가족과 작업할 때 다양한 나이와 발달 수준의 사람을 다루므로 특히 개인적인 욕구를 항상 염두에 둔다. 예를 들어, 아동이 어리거나 주의시간이 제한적이라면 아동이 일찍 끝냈을 경우에 조용히 가지고 놀 수 있는 인형을 옆에 놔둔다. 아동에게 아직 세계를 만드는 중인 다른 사람을 방해하지만 않는다면 그 장난감을 가지고 놀아도 된다고 알려 준다.

가족 구성원과의 의사소통 단계에서는 가족들이 약 5분간 만든 것에 대해 모두 돌아가면서 이야기할 것임을 알려 준다. 각자 이야기할 시간을 동등하게 준다. 모든 구성원에게 모래상자 중 하나의 주변에 모이게 하고, 그중 한 명이 다른 이들을 자신의 모래세계로 여행시키라고 한다. 가족 중에서 힘이 가장 약한 구성원이나 다른 사람의 영향을 가장 쉽게 받는 사람부터 시작한다. 만약 선택받는 사람이 너무 두려워한다면 가장 편안해 보이는 구성원을 택해 먼저 하게 한다. 가족 구성원 중 한 사람(흔히 가장 힘센 사람)이 자신에게 힘이 허용되지 않으면 치료를 방해하거나 치료에 몰두하지 않거나 치료를 끝낼지 몰라 걱정된다면 가족에게 누가 먼저 할지 선택권을 줘도 좋다. 이 과정을 한 번이나 두 번의 회기에 걸쳐서 한다.

가족 구성원 각각에게 가족에게 직접 말하라고 한다. 만약 이것이 너무 부담이 된다면 그에게 한동안 치료자를 향해 말해도 된다고 알려 준다. 규칙을 되풀이해 상기시킨다. 가족 구성원에게 서로의 세계를 보는 것은 괜찮지만 다른 사람이 만든 것에 대해서 어떤 식으로든 말을 하거나 비난을 해서는(예: 표정을 찌푸리거나 눈을 굴리는 행동 등으로) 안 된다는 것을 알린다. 그들에게 그 사람이 말하는 것을 주의 깊게 들으라고 한다. 만약 구성원이 존중하는 행동을 할 수 없으면 치료자가 그런 행동을 시범 보이면서 조용히 보도록 한다. 각자가 그때 적절하다고 생각하는 만큼 충분히 드러내 보일 수 있게 북돋워 준다. 어떤 경우에는 주의하는 것이 중요한데, 특히 가족 구성원 중 한 명에 의한 정서적 또는 신체적인 학대 가능성이 있을 때 그렇다. 만약 한 구성원이 치료자가 보기에 문제를 일으킬 수 있는 것(예: 한 청소년이 부모가 허락하지 않는 사람과 데이트하는 것)에 대해 말하기 시작하면 그의 주의를 다른 쪽으로 돌릴 수 있도록 이렇게 말할 수 있다. "네가 이야기를 시작하려고 하는 것이 너한테는 중요한 문제라는 것을 안단다. 하지만 지금은 그에 대해서 말할 적절한 시기가 아닌 것 같구나. 지금부터 한동안 모래세계를 둘러보자. 그리고 그건 모두가 그 문제를 다룰 준비가 됐을 때 이야기해 보자." 그 주제를 파일에 적어 놨다가 가족이 준비가 됐다고 판단될 때 그것으로 되돌아온다. 구성원이 서로를 자신의 모래세계로 인도하기를 끝내면 그들에게 서로 자신의 세계를 만들어 보는 것이 어땠는지, 그리고 나머지 가족에게 그들이 만든 것에 대해 말할 때 기분이 어땠는지 이야기 나누도록 한다. 만약 가족이 서로 존중하며 소통할 수 없으면 구성원이 서로의 차이를 인정할 수 있을 때까지 이 단계를 뺀다.

치료적인 개입단계에서는 개인치료 회기 때 실시하는 것과 마찬가지로 각자 따로 작업한다. 그러나 전체 반응을 관찰하는 것뿐만 아니라 치료자가 구성원 각각에게 주의해서 기억한다. 가족 구성원 각자가 자신의 모래상자를 사진으로 찍어 집에 가져갈 수 있게 허용한다. 전환하기 단계에서는 각자에게 서로와 자신에 대해 회기 전에는 몰랐던 무엇을 알게 되었는지 물어본다. 흠잡기를 하는 오래된 틀을 깨기 위해서는 가족 구성원에게 긍정적인 말을 하도록 요청한다. 최소한 그들이 계속 비난하지 않고 의사소통하는 방법을 익힐 때까지는 그렇다. 그다음 주에는 자신과 다른 사람의 개별성을 북돋우려면 개인적으로 뭘 할 수 있을지를 각자에게 묻는다.

치료자가 보기에 개인으로서 함께 작업할 준비가 됐다는 평가가 이뤄지지 않으면 가족 구성원에게 기간 내내 계속해서 개별화 모래상자를 만들게 해도 된다. 구성원 각자의 자기존중감이 다른 사람과 덜 뒤섞여 소통이 안전해질 때까지 치료가 진행되면 가족은 의사소통 모래상자를 만들 준비가 된 것이다.

개별화 모래놀이 회기의 일례로 다음과 같은 것이 있다. 문화적 원칙이 깊이 자리 잡은 가족의 경우 개별화 모래놀이가 필요함을 보여 준다. 리 씨 부부는 맏아들인 웽의 죽음 직후에 치료실을 방문했다. 웽은 유명 대학에서 첫 학기를 보내고 자살을 했다. 평균 이상의 성적이었음에도 점수를 받고 매우 괴로웠던 것 같다. 그는 고등학생인 남동생에게 자신이 뛰어나지 못해서 가족을 불명예스럽게 했고 부모 얼굴을 볼 수 없을 것 같다고 말했다. 리 씨 부부는 웽의 죽음에 망연자실해서 무슨 일이 벌어진 것인지 이해하지 못했다. 그들은 자신의 가족이 늘 친밀했고 아이들을 매우 많이 사랑한다고 말했다. 그들은 웽에게 최고의 성적을 받아 와야 된다고 말한 기억이 하나도 없었다. 리 씨 가족은 8년 전에 캄보디아에서 미국으로 왔기 때문에 그들은 아이들에게 미국에서 얻을 수 있는 최고의 환경을 제공해 주려고 열심히 일했다.

우리의 요청으로 리 씨 부부는 두 아들인 15세 첸과 12세 리앙을 가족 회기에 데려왔다. 회기가 진행되는 동안 두 아들은 가족의 친밀함을 확인시켜 주었고 웽이 그들 모두에게 왜 이렇게 했는지 이해되지 않는다고 말했다. 첸은 웽처럼 반에서 성적이 최고라고 말했다. 리앙은 형이 상위 10%를 유지하기 위해 노력 중이라고 알려 줬다. 이 가족은 슬픔을 해소하는 쪽으로 변화되고 있었지만 그들 중 누구도 자신에 대해 말하지 못하고 또 하려고도 하지 않는다는 것이 분명해졌다. 그래서 우리는 그들에게 분리된 모래세계를 만들 의사가 있는지를 물었다. 그들은 이 놀이가 그들에게 무슨 이득이 있을지 이해하기 어려워했다. 그러나 그들은 우리를 치료자로 신뢰하였기에 이에 동의했다.

가족 구성원과의 의사소통 단계에서 리앙이 먼저 자신의 모래세계를 설명했다. 그는 모래상자에 몇 사람이 논에서 매우 열심히 일하는 장면을 만들었다. 들판 한가운데를 통과해 길이 나 있었다. 그는 길 끝에 큰 바위를 놓고 그 위에 부처를 놓았고 아래쪽에는 집 몇 채를 놓았다. 어린 남자 아이가 등에 엄청난 양의 쌀자루를 지고 길을 따라 마을과 부처 쪽으로 걸어 내려가고 있었다. 리앙은 그 소년이 몹시 지쳐서 자루를 내려놓고 싶지만 다른 사람이 매우 실망할 것이기 때문에 그럴 수 없다고 말했다. 그들은 소년이 시장에 쌀을 내다 판 돈으로 생계를 이어가고 있었다. 소년이 이 임무를 완수하지 못하면 소년 자신은 창피해지고 가족은 가난해질 것이기에, 그는 불평 없이 여행을 계속해야만 했다.

우리가 리앙에게 쌀자루에 대해 더 묻자 그가 갑자기 말했다. "그건 내가 마땅히 해야 한다고 느끼는 모든 것이에요. 난 그저 부모님께 상처를 주거나 실망시키고 싶지 않을 뿐이에요. 부모님은 우리에게 너무나 많은 것을 해 줬어요. 난 부모님이 우리가 할 수 있는 한 최고가 되기를 원한다는 걸 알아요. 하지만 그건 너무 어려워요……." 이때 첸이 부모와 우리를 걱정스럽게 쳐다봤다. 그러고 나서 무슨 말을 해도 되는지 물었다. 그는 어린 남동생의 어깨에 손을 얹고 말했다. "저 꼬마의 기분을 잘 알아." 첸이 자신의 모래상자에 대해 이야기할 차례가 되자 그는 리앙이 그렇게 정직하게 표현했던 느낌을 더 깊이 탐색했다.

리 씨 부부가 자녀들의 기분을 이해하기 어려워했지만, 그 가족은 마침내 그 문제에 대해 터놓고 말할 수 있었다. 머지않아 리 씨 부부는 캄보디아에서의 생활, 그리고 세대에서 세대, 이 나라에서 저 나라로 그들이 간직해 온 기대에 대해 이야기할 수 있었다. 그들은 과거 자신들의 미해결되었던 문제가 아이들을 따라다니며 괴롭히기를 원치 않는다는 것을 인정할 수 있었다.

가족을 위한 의사소통 모래상자

만약 치료자가 평가용 모래상자나 면접을 통해서 가족 구성원 간에 거리가 멀거나 소통에 어려움이 있다고 본다면 자발적인 가족의 의사소통 모래놀이(모든 구성원이 같은 모래상자 안에 세계를 만드는 것)가 적합하다. 의사소통 모래놀이는 아동과 다른 가족 구성원을 위해 치유를 촉진할 수 있다. 이 과정은 4장에서 논의된 커플을 위한 의사소통 모래상자와 매우 유사하게 이루어지므로 여기에서는 차이점만 언급하기로 한다. 가족 구성원 간의 거리가 멀 때는 가족 내 상호작용과 소통이 줄어든다. 각자가 다른 사람과 상관없이 대부분의 시간을 보내며, 가족은 좀처럼 함께 과업을 수행하거나 함께 시간을 보내지 않는다. 이 같은 가족의 행동과 소통 방식은 흔히 온 가족을 포함한 프로젝트를 진행하는 동안 가장 쉽게 바뀔 수 있다. 모든 가족 구성원이 같은 모래상자를 만들 때, 그들은 이를 완성하기 위해 소통하고 상호작용하는 법을 배워야 한다.

치료자가 여러 사람을 관찰하고 상호작용하기란 쉽지 않다. 비디오 녹화를 하지 않는 한, 기록은 수고스럽고 비생산적이다. 가족과 작업할 때 치료자는 몇몇 개인과 작업하는 것일 뿐 아니라, 부분보다 큰 전체인 하나의 가족과 함께 상호작용하는 것이다. 커플의 경우와 마찬가지로, 치료자는 어느 정도는 그 체계의 일부가 된다. 이것은 불가피하지만 때로는 이로울 수도 있다. 그러나 대개의 경우 치료자가 가족에 관여하는 정도는 가능한 한 최소한도로 유지된다. 모래놀이는 대부분의 다른 기법보다 치료자가 주변에 머물 수 있는 일이 더 많은데, 특히 만드는 과정이 진행되는 동안에는 더욱 그렇다.

일단 치료자가 가족에게 의사소통 모래놀이를 시키기로 결정했다면, "가끔 가족들은 너무 바빠서 함께 보내는 시간이 아주 적고 서로 이야기 나누고 상호적인 관계를 맺는 방법을 잊어버리곤 하지요. 이 일은 여러분이 한 가족으로서 더 잘 지내도록 도와줄 거예요."라고 말한다. 가족이 세 명 이상이면 한 회기를 두 시간으로 정한다. 가족이 분리된 모래세계를 만드는 경우와 마찬가지로, 치료자가 그들에게 무엇을 하라고 요청하는지 각자가 이해할 수 있게끔 모래놀이를 소개해야 한다. 또한 모든 가족 구성원이 따라야 할 규칙이 있는 것도 중요하다. 그들이 모래놀이에 대해 결정(예: 소품을 어디에 놓을지)하기 위해 상호작용이 필요한 시간을 제외하고는 모든 구성원에게 만드는 시간 내내 조용히 하도록 요청한다. 구성원은 서로에게 모욕적인 말을 하거나 얼굴을 찌푸리거나 서로를 해치면 안 된다. 여기서도 존중이 강조되고 강하게 요구된다. 이제 가족에게 함께 모래상자를 고르고 물과 소품을 사용할지 결정하라고 요청한다. 만약 치료자가 가족 안에서 보다 민주적인 체계로 변화되도록 작업을 하는 중이라면 각자에게 투표권을 줘도 된다. 그들이 함께 원하는 어떤 장면이나 세계를 만들어도 된다고 말해 준다.

만약 구성원들이 서로 적절하게 소통할 수 있는 방법을 알지 못하면 과정을 멈추고 치료자가 새로운 행동을 시범 보여 준다. 예를 들어, 부모가 계속 아이의 소품 일부를 옮기면 치료자가 개입해도 된다. 이런 식으로 말할 수 있다. "조니는 당신이 계속 자기 소품을 옮겨놔서 약간 화가 난 것 같아요. 이럴 때 허락을 구할 수 있는데, 예를 들면 이렇게 물어보세요. '조니, 내가 이 돌을 모래상자 다른 쪽으로 옮겨도 되니?' 그런 다음엔 조니가 대답하길 기다리세요." 이것은 존중하면서 묻는 것과 아동의 대답에 귀 기울이는 것 모두를 유발한다. 가족이 세계를 만들 때 일어나는 역동을 잘 인식해서 치료하기 단계 때 특정 상황을 돌이켜 볼 수 있게 한다. 각자가 먼저 경험한 후에 장면 전체가 그의 세계라고 주장하면서 모래세계에 대해 이야기하게 한다. 개별화 모래놀이를 하는 가족의 경우와 마찬가지로, 적절하다면 구성원과 의사소통하기 단계에서 가장 힘이 약한 구성원이 먼저 하도록 한다. 구성원이 서로에게 직접 말하게 한다. 여행을 안내하고 있지 않은 사람에게는 편견을 버리고 조용히 듣고 지금 말하는 사람의 관점에서 세계를 보려고 노력하라고 요청한다. 다른 가족원이 같은 상황을 다르게 보더라도, 각 개인의 관점은 각자에게 완벽하다는 점을 강조하는 것이 중요하다. 대개 공동 세계에서 각 해설자의 관점을 찾아내는 데 5분이 적절하다. 그런 다음 장면을 함께 만들고 그것을 서로에게 설명하는 것이 어떠했는지 각 개인과 함께 탐색한다.

치료하기 단계에서는 가족의 약점뿐 아니라 강점도 이야기한다. 역동을 드러내고 변화를 위해 모래상자 안에 있는 소품을 사용한다. 개인 및 커플과 하는 경우와 마찬가지로, 3장과 4장에서 논의된 치료적인 개입을 할 수도 있다. 만약 내담자가 소품들이 대화하게 하도록 지시하는 것을 택하면 그 사람에게 양쪽 소품의 역할을 모두 맡도록 한다. 다른 관점을 가지고 오기 위해서는 대화를 하는 동안 그 소품을 가져온 각 개인에게 자기 소품의 목소리를 내게 해도 된다. 그런 다음 구성원이 역할을 바꿔 보게 한다. 만약 가족 구성원이 세계를 함께 상의할 수 없다면 도우미나 현명한 사람을 데려오도록 해도 된다. 그들이 여전히 소통을 하지 못하거나 가족으로서 문제를 해결하지 못한다면 치료자가 도우미 역할을 맡아도 되는지 묻는다.

의사소통 놀이에서 가족이 사진 찍을 장소와 사진 찍을 사람을 다함께 찾게 한다. 각자가 선택권을 가지고 있다는 것을 확인시킨다. 전환하기 단계에는 가족에게 가족이 상호작용하는 방법에 대해서 각자가 배운 것을 물어본다. 그 후에는 어떤 양상을 바꾸고 싶은지, 그리고 그것이 어떻게 바뀌기를 원하는지 물어본다. 가족 구성원 개개인에게 가족의 상호작용 양상을 변화시키기 위해 자신이 할 수 있는 것과 자기가 생각하기에 다른 사람이 할 수 있는 것을 말해 보게 한다. 가족과 함께 다음 주에 행할 수 있는 것을 계획한다(치료자가 준 과제를 모두 해 올 수 있도록 한다.).

요 약

◈ 아동과 성인의 모래놀이의 차이점

- 아동에게 놀이는 자연스러운 표현 형식이다.
- 아동은 구체적으로 자기 자신을 표현하기 위해 물리적인 형태를 필요로 한다.
- 아동은 언어와 추상적인 사고가 제한적이다. 그러므로 진전의 증거가 밖으로 덜 드러난다.
- 아동은 일반적으로 놀이를 탐험한 후에도 자기 내부에서 무슨 일이 벌어지고 있는지 의식하거나 알지 못한다.
- 아동은 종종 경험에 대해 말하지 않는 쪽을 택한다.
- 아동과의 모래놀이는 보다 다양한 형태를 취한다. 모래상자에서는 활동 수준이 더 높은 경우가 많다.
- 아동의 자아의 힘은 여전히 미약할 수 있다. 그리고 보통은 아직 자기 방어가 자리 잡지 않았다.
- 아동에게 모래상자는 독립성을 길러 주고 동시에 안전성을 주는 과도기적인 전이 대상이다.
- 아동과 작업할 때는 규칙과 제한을 강화할 필요가 있다.

◈ 모래놀이의 발달적인 면

〈도라 칼프〉

- 제1단계(6～7세)
  - 동물과 식물이 우위를 차지한다.
- 제2단계(6～7세부터 11～12세)
  - 전투와 갈등이 발생한다.

- 제3단계(11~12세부터 청소년기 내내)
  - 실생활을 보여 주는 장면과 사회적인 인식이 나타난다.
  - 집단으로의 통합이 이루어진다.

〈찰스 스튜어트〉

- 제1단계: 영아기(7~10개월부터 2세)
  - 숨기고 찾기, 묻고 꺼내기를 한다.
  - 모래상자를 많은 소품으로 채운다.
- 제2단계: 유아기 I(1~2세부터 3~4세)
  - 혼란, 창조와 파괴가 일어난다.
- 제3단계: 유아기 II(3~4세부터 6~7세)
  - 2단계 때보다 더 조직적인 전투가 일어난다.
  - 갈등의 중심 인물이 있다.
  - 한계를 시험한다.
- 제4단계: 아동기(6~7세부터 11~12세)
  - 이원성이 나타난다.
  - 3단계 때보다 더 조직적으로 전투가 일어난다.
  - 남자아이의 모래상자와 여자아이의 모래상자의 차이가 보인다.
  - 내면적인 한계 설정을 의미하는 울타리가 출현한다.
  - 전에 분리해 놓은 영역 간의 연결이 이루어진다.

◈ 아동 모래놀이의 공통적인 양상

- 많은 소품을 보고 과잉 자극된다.
- 모래상자에 너무 많은 소품을 채워 넣는다.
- 모래상자를 여러 개 사용한다.
- 전이 문제들을 다루면서 놀이한다.

- 모래상자를 물로 넘치게 한다.
- 모래로 그릇을 채웠다가 비운다.
- 만들기와 파괴하기를 한다.
- 묻기와 꺼내기, 숨기기와 찾기를 한다.
- 전투와 갈등, 힘의 투쟁에 관한 문제를 꺼내서 가지고 논다.
- 움직이는 모래상자를 만든다.
- 모래를 던진다.
- 모래상자 안에 들어간다.

◈ 아동과의 자발적인 정적 모래상자

다음 몇 가지만 제외하면 성인의 모래놀이와 비슷하다.

- 첫 회기 때 모래에서 놀게 한다.
- 어리거나 쉽게 산만해지는 아동을 위해 시간을 줄인다.
- 놀이 규칙과 한계를 설정한다.
- 일부 아동은 만들기와 경험하기 단계만 마치고, 자기 세계에 대해 말하기는 거부한다.
- 전이 대상으로서의 사진을 찍는다.

◈ 아동과의 자발적인 동적 모래상자

- 뚜렷한 단계가 없다.
- 흔히 어린 아동이 만든다.
- 낡은 것을 부수고 새로운 것을 창조하는 순환 과정이다.
- 마지막 장면이 아닌 과정이 중요하다.

◈ 상호작용적인 모래상자

〈아동이 시작하는 경우〉

- 아동으로 하여금 치료자와의 상호작용을 시작하게 허용한다.
- 아동에게 모래에서 놀이를 지휘하도록 허락한다.
- 아동이 이끄는 대로 따른다. 도덕을 가르치지 않는다.

〈치료자가 시작하는 경우〉

- 아동이 어딘가에서 막혀 있으면 놀이에 개입하게 해 달라고 한다.
- 모래세계에 들어가기 전에 허락을 구한다.
- 적절할 때 행동을 시범 보인다.

◈ 가족과 함께 하는 평가용 모래상자

다음 몇 가지만 제외하면 커플의 의사소통 모래놀이와 비슷하다.

- 모래놀이의 시작에 앞서 가족에게 그 용도와 가치에 대해 교육한다.
- 시간이 허락하면 치료하기 단계를 제외한 모든 단계를 거친다.
- 처음에 방향 지시를 한 후에는 규칙이나 제한을 두지 않는다.
- 가족 역동에 주의를 기울인다.

◈ 가족과 함께 하는 개별화 모래상자

다음 몇 가지만 제외하면 커플의 의사소통 모래놀이와 비슷하다.

- 가족 구성원 모두에 대한 존중과 주의가 강조된다.
- 가족 구성원 간에 다양한 발달 수준이 존재한다.

• 가족 구성원이 추가되면 소통의 문제가 급증한다.

◈ 가족과 함께 하는 의사소통 모래상자

다음 몇 가지만 제외하면 커플의 의사소통 모래놀이와 비슷하다.

• 발달 수준이 다양한 여러 사람을 관찰하고 상호작용하는 것은 보다 어렵다.
• 같은 모래상자 안에서 만들 때 모든 구성원 간의 협력이 필요하다.
• 가족 구성원 모두에 대한 존중과 주의가 강조된다.
• 사진을 찍을 때는 구성원에게 동의를 구한다.

제6장 성인 개인과 커플의 지시적 모래상자

이 장에서는 3, 4, 5장에서 이야기한 자발적 모래상자 이외의 몇 가지 기법에 대해 설명한다. 세세한 개입은 대부분 성인에게 하지만 어떤 것은 아동, 특히 청소년에게 적용할 수 있다(아동과 가족을 위한 지시적 모래상자는 7장 참조). 지시적 모래상자는 비지시적 모래상자와 마찬가지로 내담자가 만든 것을 수용하고 주의를 기울이며 내담자의 비언어적 · 언어적인 표현, 행동과 정서에 주목한다. 치료자는 내담자에게 방해되지 않게 모래상자 밖에 있는다. 자발적 모래상자와 달리, 치료자는 내담자에게 현재의 문제를 도와줄 주제나 기법을 지시한다. 또한 자발적 상자에서보다 방법이나 주제에 대해 치료자가 지시를 많이 하지만 모래상자의 내용을 이끌어 가는 것은 내담자의 무의식과 의식이다.

지시적 모래상자의 장점은 모래놀이에 집중할 수 있도록 치료자가 여러 가지 기법을 사용할 수 있고 내담자에게 제안할 수 있는 주제가 많다는 점이다(예: 외상, 관계 문제, 꿈, 소망, 욕구, 두려움이나 과거의 경험). 또한 내담자의 삶을 방해하는 문제가 있고, 회기가 한정되어 있으며, 문제를 빨리 해결해야 할 때 효과적이다. 정신건강이나 의료 예산이 축소될 때 치료자가 할 수 있는 회기는 적을 수 있는데, 이때 지시적 모래상자 기법은 치료의 효율성을 높이고 보다 빠른 변화를 가져다줄 수 있다.

이 장에서 우리는 도나 린(Donna Linn)에게 배운 모래놀이에서의 하위 성격 통합과 원가족과의 작업, 드 도미니코에게서 배운 감속과정(slowing-down process)과 확충 작업에 대해 꼼꼼히 살펴본다. 이런 기법은 매우 유익하다. 또한 우리가 추가적으로 개발한 과정은 내담자를 적절한 문제로 이동시키는 데 유익하다. 경험이 있는 치료자는 내담자를 치료하면서 다른 방법을 고안해 낼 수 있다. 치료자는 다룰 주제를 제안하고 특별한 방법을 사용할 때가 언제인지 직관적으로 알게 될 것이다.

생활 재설계

우리 생활에는 문제를 일으키는 상황과 사건이 많다. 내담자가 적절히 대응할 수 없는 상황, 즉 삶의 목표를 이루는 데 내담자를 훼방하는 관계, 사고나 행동이 있을 때, 모래상자는 내담자의 지각과 행동을 빠르게 변화시킬 수 있다. 또한 모래상자는 문제해결 방법과 새로운 대처기술을 가르쳐 준다.

'생활 재설계' 라고 부르는 기법은 마음에 융통성이 없다는 것과 한 사건에 대한 기억과 정서는 사람이 긴장을 풀고, 낡은 방법을 없애고, 새로운 방법을 만든다고 상상하여 바꿀 수 있다는 이론에 근거를 둔다. 이 기법은 일련의 과정을 통해 사람의 지각과 반응을 바꾼다. 모래상자는 자연스럽게 변화시킬 능력이 있기 때문에 이런 접근에 잘 맞는다. 이 기법은 주로 성인에게 사용되지만, 문제를 해결할 수 있을 만큼 연령이 높은 아동과 청소년에게도 사용할 수 있다.

또한 1시간 반 정도의 시간이 있고 서두를 필요가 없을 때 가장 좋다. 내담자가 적어도 한두 개의 자발적 모래상자를 만들고 모래놀이에 친숙할 때까지 지시적 모래상자를 권하지 않는다. 치료자는 내담자가 지시에 따를 수 있도록 내담자의 신뢰를 얻는 것이 중요하다. 치료자가 볼 때 내담자에게 지시적 모래상자가 좋을 것 같으면, 치료자가 관찰한 내담자의 비생산적인 방식/행동에 대해 이야기한다. "이 방식은 많은 문제를 발생시키는 것 같아요. 이런 일이 더 이상 일어나지 않도록 당신의 행동/사고를 바꿔 보지 않으시겠습니까?" 아동이나 청소년에게는 "학교에서 선생님이 너에게 뭔가 하지 말라고 했을 때 너는 선생님께 반항을 해서 문제를 일으켰고 그래서 벌을 받았다고 나에게 여러 번 이야기했지. 너의 부모님과 있을 때도 이런 문제가 일어나는 것 같구나. 이런 상황을 다룰 새로운 방법을 찾아보지 않을래?"라고 말한다. 이때 내담자에게서 진지하고 확고한 대답을 듣는 것이 중요하다. 알다시피, 변화는 노력 없이 이루어지지 않는다. 내담자가 하겠다고 하면 지시적 모래상자를 진행한다.

이런 상황에서 치료자는 "전에 했던 것과는 다른 모래상자를 해 보시겠습니까? 내가 만난 사람들은 이런 놀이가 자신들을 힘들게 해 온 낡은 행동 양식과 방법을 없애는 데 도움을 준다는 것을 알게 되었지요."라고 말한다. 내담자가 동의하면 지시적 모래상자가 자발적 모래상자와 어떻게 다른지 설명하고 특정 회기에서 치료자가 뭔가 해 보도록 할 것이라는 말을 해 주는데, 이는 새로운 접근에 대한 내담자의 불안을 줄여 준다. 또한 지시를 모르겠으면 언제라도 질문하라고 한다.

내담자에게 모래상자 소품을 사용하여 문제를 일으킨 상황을 다시 만들도록 한다. 자꾸 반복되는 일이라면 내담자에게 가장 최근의 사건이나 마음에 가장 남는 사건을 만들어 보게 한다. 만들고 나면 그 세계로 치료자를 여행시켜 달라고 하며, 정확히 어떤 사건이 일어났는지 이야기하게 한다. 지시적 모래상자도 자발적 모래상자처럼 하지만 덜 세세하게 진행한다. 이제 내담자는 무엇때문에 문제가 일어나는지, 이런 사고나 행동이 자꾸 반복되는 이유는 무엇인지 분명히 알게 된다. 내담자에게 모래상자를 사진 찍고 싶은지 묻지 않는다. 사진은 낡은 방식과 행동을 강화할 수 있기 때문이다.

내담자에게 문제를 일으키게 하는 자신의 일부를 나타내는 소품을 고르게 한다. "이 세계에는 당신의 일부이면서 문제를 일으키는 소품이 적어도 한 개 정도 있는 것 같습니다. 어느 것인지 보여 주시겠습니까?" 그러고는 내담자에게 모래상자의 중앙으로 그 소품을 가져오게 한다. 그다음 선반에서 현명해 보이고 보기 좋은 소품을 가져와 자신을 상징하는 소품 가까이에 놓아 서로 마주 보게 한다. 그리고 두 개의 소품이 대화를 하게 한다. 만일 내담자가 현명해 보이는 소품이 자신을 나타내는 소품과 다정하지 않거나 어떤 해결책을 내지 못하고 생산적인 행동이나 사고를 할 수 없으면, 내담자가 현명해 보이는 소품의 역할을 해도 된다고 말해준다. 내담자가 자기비판적이거나 아동이 스스로 생산적인 해결책을 내지 못할 때는 치료자가 모델 역할을 할 필요가 있다. 치료자는 "새로운 방식으로 행동할 소품을 선반에서 찾아오실 수 있겠습니까? 찾으셨으면 두 개의 소품과 함께 모래상자의 중앙에 그 소품을 놓으세요."라고 말한다. 내담자가 소품을 찾지 못하면 우리는 종종 내담자가 집에 가지고 갈 수 있는 소품을 직접 만들어 보게 한다.

이제 모든 소품을 치워 내담자 옆 탁자 위에 놓으라고 한다. 모래상자 중앙에 놓인 3개의 소품은 맨 마지막에 치우라고 하고, 소품끼리 서로 대화하게 하여 문제를 해결해 보게 한다. 이제 내담자에게 이전의 상자를 없애고 새로운 상자를 하게 될 것을 강조한다. "당신은 모래상자에서 낡은 행동방식을 모두 없앴습니다. 그것들은 이제 전부 사라졌고 이제 당신은 새롭게 시작할 수 있습니다." 내담자가 끝내면 심호흡을 하게 하고, 낡은 방식과 생각이 그들이 원하는 어떤 식으로든 사라지는 것을 상상하게 한다. 자신의 이미지를 만드는 데 어려워하는 내담자라면, 눈을 감게 하고 각각의 소품을 트렁크에 넣고 잠그라고 더 지시적으로 이야기한다. 그다음 모래상자를 바라는 대로 다시 꾸미게 하고, 비슷한 상황이 다음 회기에 전개되면 내담자가 생각한 것을 행하고 말하고 생각하는 것이 더 생산적일 수 있다. 치료자는 "새롭게 시작하세요. 모래상자에 새로운 세계를 꾸미세요. 그러면 당신에게 일어났던 것을 당신이 바라는 대로 일어나게 할 수 있습니다."라고 말한다. 내담자는 지난번 모래상자와 똑같은 소품을 사용하거나 다른 것을 사용할 수 있다. 다시 사용하는 소품은 세계에서 새로운 방식을 활발하게 도와주어 행동을 바꾸게 해 주는 내담자를 상징하는 소품이다. 내담자가 새로운 세계에 만족해하면 간단히 여행을 시켜 달라고 하고 변화에 대해 이야기하게 한다.

치료자는 내담자에게 사진을 찍으라고 하거나 그들이 원하면 치료자가 직접 사진을 찍는다. 자발적인 모래상자에서는 사진을 찍으라고 지시하지만 지시적 모래상자에서는 과제의 일부로 사진을 사용해야 하니 내담자에게 선택의 기회를 주지 않는다. 전환하기 단계에서 새로운 존재의 이미지가 계속 상기되도록 가장 잘 보이는 곳에 사진을 놓게 한다. 내담자가 만지고 볼 수 있는 사진은 새로운 방식을 확고히 해 주고 강화해 준다. 또한 이미 사용했던 소품이나 실천할 새로운 방식을 기억나게 할 뭔가를 내담자의 환경에서 찾아, 그것을 주머니에 넣고 하루에도 몇 번씩 만져 보고 기억하게 한다. 청소년이나 성인을 치료할 때는 아침에 일어날 때와 잠자리에 들기 전에 적어도 하루에 두 번씩 모래상자의 마지막 과정을 상상하게 한다. 이때가 무의식이 가장 표면 가까이에 있어 쉽게 영향을 받을 수 있는 시간이기 때문이다.

이러한 접근을 소개하기 위해 한 젊은 성인 내담자의 사례를 소개한다. 리처드는 25세의 미국 원주민으로, 직장 동료, 상사와 지내는 데 어려움이 있어 치료를 받으러 왔다. 그에게는 이런 일이 처음이 아니었다. 전 직장에서도 동료들이 자신에 대해 편견을 가지고 있다고 생각해 화를 여러 번 터뜨렸다. 그는 어디서 일하든 자신을 별로 존중하지 않는 백인 사이에 둘러싸여 일을 했다. 결국 리처드는 직장에서 해고를 당했다. 그는 자발적 모래상자에서 목가적인 세계를 한 번 꾸민 것을 포함해, 몇 번의 회기를 진행한 후에 좌절하고 말았다. 리처드는 자신의 견해가 다소 비이성적임을 알았지만 계속되는 미묘한 시선과 말에 계속 화가 난 반응을 보였다.

우리는 이 시점에서 생활 상황을 다시 만들어 보게 했다. 우리의 지시에 따라 그는 지난번에 동료에게 화난 반응을 보였을 때를 모래상자에 표현했다. 장면을 간단히 진행한 후, 그는 자신의 방식을 바꾸는 데 도움을 주는 동물 인도자, 정신의 상징으로 곰 한 마리를 가져왔다. 대화를 한 후에 리처드는 자신을 나타내는 부드럽고 단단한 돌 하나를 선택했다. 돌을 보고 그는 모래상자의 모든 소품을 치웠다. 그러고는 다시 그 돌을 자신으로 하여 새로운 장면을 만들었다. 리처드는 동쪽으로부터 시작해서 돌이 각각의 방향을 바라보도록 했다. 그는 그 돌이 자신이 누구인지를 알게 해 주고, 자기 안의 힘을 기억나게 해 준다고 했다. 그는 중앙에 돌을 놓고 주변 사람이 무엇을 하고 어떻게 말하든지 자기 생각대로 받아들이거나 비이성적으로 해석하지 않았다. 그는 자신의 동료와 다시 상호작용했는데 이번에는 더 조화로운 상호작용을 했다. 리처드는 집에 가서 새로운 자신을 상징하는 매우 부드럽고 검은 돌을 찾았다. 그는 불안하고 화가 날 때마다 중심을 잡아 주고 자신을 도와줄 그 돌을 어디를 가나 가지고 다녔다.

자아 강화와 기술 증진

자발적 모래상자를 통해서도 자아 강화와 기술 증진이 가능하지만, 지시적 모래상자가 더 도움이 되는 때도 있다. 예컨대, 자신을 힘들게 하는 문제를 정확히 알고 있거나 키우고 싶은 기술이 있거나 자아존중감이 낮거나 할 때 이런 지시적 개입이 유익하다. 모래상자는 내담자의 의식을 바꿔 주고 더 집중하게 해 주므로 이런 기술은 자아 강화 최면기술과 비슷하다. 또한 이는 상징으로 실제 행동을 객관화하여 치료실에서 하는 역할놀이와 비슷하다(예: 소품이 더 주장적인 역할을 하게 하는 것). 우리는 청소년과 성인은 물론, 문제 해결이 가능한 아동에게도 사용한다.

내담자가 앞서 언급한 문제를 드러내고 간단한 치료를 위해 온 것이 아니라면, 치료자는 내담자와 신뢰관계를 맺고 내담자가 자발적 모래상자를 해 보기 전까지는 지시적 모래상자 진행을 미룬다. 처음에 하는 지시는 단순한데, 이미 모래놀이를 경험해 본 사람과 모래놀이를 전혀 해 본 적이 없는 사람에 따라 다양하다. 처음 해 보는 내담자에게는 모래놀이 작업에 대해 설명하고 모래놀이 소품을 소개한다(3장의 모래놀이 소개하기 부분 참조). 그리고 모래상자에 자신의 문제를 드러내도록 한다. 경험이 있는 내담자에게는 모래놀이를 다르게 해 보자고 한다. 예를 들어, "당신은 상관에게 승진에 대해 이야기하는 것을 어려워하는 것 같습니다. 모래상자에 상황을 만들어 보면 도움이 될 것 같습니다. 매력적으로 보이는 소품을 선택하는 대신에 오늘 초점을 두고 싶은 문제와 관련된 소품을 선택해 보는 건 어떨까요?" 라고 말한다. 아동이라면 "자, 매번 숙제를 하지 않는 것이 문제구나. 오늘 모래상자에 너와 같은 문제를 가진 아이에 대한 이야기를 하나 만들어 보자." 라고 말한다.

내담자가 이런 특별한 문제로 힘들어하고, 그 문제를 깊이 다루는 것에 대한 의식적 · 무의식적인 저항 또는 두려움이 있기 때문에 안전감을 갖게 하는 것이 중요하다. 자발적 모래상자를 해 본 경험이 있고 자신의 감춰진 것이 드러나 강한 정서가 올라오는 범불안(generalized anxiety) 문제가 있던 한 내담자가 있었다. 그에게는 악마에 사로잡힐 것 같은 두려움과 일정한 수준에 다다르지 못할 것 같은 불안을 포함해, 아동기부터 계속되어 온 두려움이 있었다. 그는 이런 두려움을 탐색하고 원인을 찾고 두려움이 있을 때 개입할 방법을 발견하기를 원했지만, 그것들을 좀 더 깊고 보다 정서적인 수준에서 다루는 것은 주저했다. 그는 두려움에 직면하면 통제를 잃고 과거처럼 두려움 속으로 추락할 것 같았다. 그래서 우리는 이런 계획을 세웠다. 우리는 그의 정서가 강해지기 시작할 때마다 그가 자신과 자신의 삶에 대해 훨씬 낫게 생각하도록 돕고 그의 두려움이 헛것임을 상기하게 했다. 그는 매일 자신의 이런 비이성적인 사고를 볼 수 있었고 점차 자신의 두려움을 통제할 수 있게 되었다. 이 과정에서 우리는 그에게 도움이 필요할 때마다 그를 도왔다. 그는 또한 어떤 정서를 갖든 그 회기를 떠나 안전한 곳으로 돌아올 수 있게 되었고, 그가 회기를 끝낸 후에도 사용할 수 있는 도구도 갖게 되었다. 이런 준비 덕분에 그는 지시적 모래상자를 쉽게 해 나갈 수 있었다.

치료자와 내담자가 안전망을 형성하고 내담자가 모래상자에 처음 장면을 만들고 나면, 그 후에 경험하기, 재배치하기 단계와 세계 여행 단계로 이어진다(3장 참조). 그리고 내담자에게 두려움을 줄이고 문제를 풀 방법을 찾아보게 한다. 이는 현명한 안내자, 자신의 강한 부분이나 동경하고 신뢰하는 사람인 도움을 주는 사람을 나타내는 소품을 가져오게 함으로써 이루어진다. 예를 들어, 내담자가 자아존중감이 낮으면 치료자는 능력과 힘이 있는 사람이나 과거에 비슷한 문제를 어떻게 해결했는지를 기억나게 할 만한 상자를 만들도록 요구한다. 이는 소품을 이동시키고, 소품끼리 대화하게 하는 촉진적인 개입이다.

내담자가 문제를 나타내는 상징만 놓고 그 자신은 놓지 않을 때가 있다. 예를 들어, 광장공포증이 있는 한 내담자는 커다란 건물, 상가와 자동차가 있는 대도시를 만들었다. 내담자는 이 세계가 위험한 곳이라고 한다. 우리는 그녀에게 이 세계 속에 있으면 어떨지 물어보았는데, 그녀는 온몸을 떨며 무섭다고 했다. 우리는 그녀가 안전감을 느낄 방법을 찾기 위해 그녀에게 언제든지 이 작업을 그만둘 수 있고 그녀의 두려움은 허상이라고 되뇌게 했다. 그녀는 먼저 두려워하는 자기를 나타내는 소품을 선택했고, 그러고 나서 자신의 두려움이 타당하지 않은 것을 알고 있는 강한 자기를 나타내는 소품을 하나 선택했다. 강한 자기상은 덜 두려워했으나 여전히 떨고 있었다. 그러나 두 개의 소품이 함께 상자의 도시를 여행하고 여러 상점과 건물을 탐색하고 도시를 걸어 다니면서 그녀의 긴장도 풀렸다.

다음 회기에서 내담자는 이 장면을 다시 만들었는데, 이번에는 더 강하고 현명함이 더해진 자신의 강한 부분을 보여 주는 소품을 가져왔다. 자신의 새로운 자기감을 증진시키고 내면화하기 위해 새롭게 깨달은 기술을 여러 번의 모래상자에서 실현해 보는 이런 내담자를 만나는 것은 치료자에게 행운이다. 여러 모래상자를 만들고 상담실 안과 밖에서 연습을 계속하면서 이 내담자의 두려움은 점점 개선되었다.

자발적 모래상자에서처럼 내담자에게 사진을 찍게 한다. 대부분의 내담자는 사진을 찍지만 거절하는 사람도 있다. 이것은 두려움, 불확실성이나 불안이 남아 있음을 의미한다. 또한 이 문제에 대해 더 작업을 해야 함을 나타내는데, 특히 내담자가 신체적으로 불편함을 드러낼 때 그렇다. 우리가 만난 한 내담자는 문제가 해결되었다고 느꼈지만 사진은 찍고 싶어 하지 않았다. 그녀는 그것을 기억하고 싶지 않고 뒤에 남겨 두고 싶어 했다. 우리는 이 말을 듣고 아직 그것이 해결되지 않았다는 것을 알 수 있었다. 이어지는 모래상자에서 그녀는 해결을 더 했고 더욱 편안해졌으며 두려움에 대해 내적인 평화를 갖게 되었다고 했다. 이 내담자는 세계를 사진 찍지 않겠다고 했지만, 나중에 모래상자에서 문제가 해결되면 사진을 찍는다.

일단 모래상자에서 이동하면 내담자에게 어떤 경험을 했고 그가 모래상자에서 나온 것을 어떻게 활용할 수 있을지 묻는다. 모래상자에서 성취한 긍정적인 태도를 강화한다. 치료자는 제안을 해서 내담자가 상담실 밖에서 안전감을 갖기 위한 감정과 도구를 튼튼히하게 한다. 이를 위해 습득한 자신감을 일상생활 속에서 활용할 수 있는 과제를 준다. 예를 들어, 이전 사례에서 자신에게 현명하고 강하고 이완된 부분이 있음을 알게 된 내담자에게 더 오랜 시간 산책을 해 보라고 권유하는 것이다.

대극 협상하기

우리는 이원적이고 대극적인 세계에서 생활한다. 다른 치료자들처럼, 우리는 치료를 통해 우리가 사용하는 기법과 상관없이 내담자가 자신의 안과 밖에 있는 대극과 작업하는 것을 보아 왔다. 사랑/미움, 빛/어둠, 자유/구속, 강함/약함, 선/악, 피해자/가해자 같은 개념이 치료에서 종종 나온다. 내담자는 이런 대극의 힘을 해결하고 통합하려고 한다. 드 도미니코는 워크숍에서 모래상자에 나타나는 대극의 개념을 제시하고 경험할 때 개인과 원형적 영역 간의 교차(intersection)를 탐색할 것을 강조한다. 대극의 통합은 시간의 흐름에 따라 점점 자연스럽게 일어난다. 그러나 내담자와의 시간이 제한적이거나 내담자가 이런 문제를 언어로 표현하거나 모래상자 안에 드러내는 것을 피한다면 치료자는 관련된 대극을 다루는 지시적인 모래상자를 하게 할 수 있다. 이런 방법은 성인은 물론, 아동과 청소년에게도 사용할 수 있다. 모래상자는 내담자가 선택한 소품과 그것들이 놓인 모래상자의 위치로 인해 이원성 문제를 다룰 수 있게 해 준다.

여기서 설명하는 기법은 한 내담자와의 치료 작업에서 온 것이다. 이 내담자는 지시 없이 곰 한 마리와 아기를 선택해 자신의 강함과 약함의 문제를 상징적으로 드러냈다. 그녀는 이 두 개의 소품으로 모래상자를 만들었다. 그다음 여러 회기에서 이 문제에 계속 상징을 사용했고 시간이 흐르면서 소품과 이야기는 바뀌었다.

내담자가 원하면 치료자가 미리 선택한 두 개의 소품을 내담자에게 줄 수도 있다. 두 소품은 치료자가 내담자를 평가해 문제를 해결하고 결국 통합해야 할 이원성을 상징해야 한다. 치료자는 내담자와의 이전 이야기를 토대로 하거나, 치료자가 이원성(선/악)을 상징한다고 생각하고 문화적으로 내담자와 관련 있는 소품을 선택할 수 있다. 내담자가 준비된 경우, 치료자는 내담자에게 탐색하고 싶은 이원성을 상징하는 소품을 찾으라고 할 수도 있다. 내담자가 어떤 소품을 선택하든지, 내담자 자신이 원하는 세계를 만들게 한다. 그다음 확인된 이원성을 강조하면서 자발적 모래상자에서 했던 절차대로 한다. 전환하기 단계에서는 내담자에게 이런 대극의 힘이 다음 주 동안 자신의 생활에서 어떻게 드러나는지 주목해 보라고 한다. 대극을 상징하는 소품을 사용해서 갈등을 점점 해결하도록 하기 위해서는 한 개 이상의 상자를 만들 필요가 있다. 치료자가 이 이원성에 초점을 두어 다른 세계를 만들도록 하려면 내담자에게 그 소품을 선택하게 해야 한다. 이원성을 나타내는 소품은 내담자가 그 문제를 해결해 나가면서 바뀔 수 있다.

우리는 이 방법을 직장 상사의 성희롱 문제로 상담을 받으러 온 제이미라는 21세 여성 내담자에게 사용했다. 제이미의 상관은 둘만 있을 때 제이미에게 음탕한 말을 하거나 엉덩이를 꼬집거나 찰싹 때렸다. 이런 일이 거의 1년이나 계속되었지만, 그녀는 직장을 잃을까 봐 이 문제를 어느 누구에게 알리지 못했다. 그녀는 아주 심한 무력감에 빠졌으나 집에서 약한 모습을 절대 보여서는 안 된다는 가르침을 받아 이런 상황을 남에게 이야기하는 것을 두려워했다. 제이미는 건강보험이 없고 돈이 부족해 6회기만 할 수 있었다. 세 번째 회기에서 우리는 지시적 모래상자를 설명하고 지시적으로 세계를 만들 것인지 물었다. 그녀는 하겠다고 했고, 우리는 공격자와 피해자의 상징으로 늑대와 토끼를 주었다. 그녀는 모래상자를 하면서 늑대가 송곳니를 드러내고 불쑥 나타났을 때 작은 토끼가 얼마나 무력했는지 깨달았다.

다음 회기에서 그녀는 늑대의 손아귀에서 벗어나 토끼를 안전한 곳에 놓을 수 있었다. 다섯 번째 회기에서는 공격자로 한 남자를, 무력한 사람으로 한 여자를 선택한 다음 이 두 소품이 서로 대화하게 했다. 여자상은 남자상에게 그의 행동은 바람직하지 못하고 매우 부적절하다고 말할 수 있었다. 마지막 회기에서 제이미는 여전히 두려웠지만, 문제에 직면하고 상관에게 사직하겠다고 했다. 그녀는 현재 다른 직장을 찾고 있고, 앞으로는 이와 비슷한 상황이 생기거나 계속되게 하지 않겠다고 했다. 이 사례에서 제이미가 정서적으로 불안함을 늘어놓는 단계에 이르지는 않았지만 다른 사람은 종종 그런 시점에 이르기도 한다.

하위성격 통합

우리는 광범위한 자아 상태(ego-state) 작업을 모래상자 밖에서 해 왔고, 내담자가 자발적으로 모래상자에 자신의 여러 관점을 보여 주며 자기 자신을 드러내지만, 이 귀중한 기법은 도나 린에게서 배운 것이다. '하위성격 통합(subpersonality integration)' 이라는 전략은 자아 상태와 자기의 요소를 탐색하는 더 지시적인 방법이다. 내담자는 대개 자기의심, 자기비난, 또는 자신의 그림자를 수용하거나 이해하지 못하기 때문에, 하위성격 모래상자를 만드는 것이 내면에서 상반되고 감춰진 것이나 자신의 일부로 인정하지 못한 것을 다시 볼 수 있는 좋은 기회가 된다. 그래서 이 접근은 이런 특성을 탐색하게 하고 수용과 통합을 촉진한다. 이는 대부분의 내담자에게 잘 맞는데, 특히 내적인 갈등과 자신이 거부하는 측면을 보게 하는 데 유익하다. 우리는 내담자가 추상적인 사고를 할 수 있는 발달단계에 있고 자기 자신에 대해 여러 모습을 확인할 수 있게 되었을 때 이런 개입이 매우 유용함을 알게 되었다.

와인리브에 따르면, "모래놀이치료는 개성화 과정을 촉진한다(적어도 어느 정도는). 콤플렉스의 해결, 그림자 통합, 아니마/아니무스의 부정적이고 긍정적인 점을 구별하는 것이다. 자기(Self)의 출현과 새로워진 자아를 향해 직접적으로 더 나아가는 것처럼 보인다."(1983: 87) 우리는 이에 동의하지만 어떤 내담자에게는 자발적 모래상자보다 이런 지시적 모래상자의 치료가 콤플렉스를 더 쉽게 해결하고 그림자의 통합에 직접적으로 더 초점을 둘 수 있게 한다는 것을 강조하고 싶다. 사람들은 종종 부정적인 면이나 그림자를 타인에게 투사하는데, 또래, 배우자, 형제자매, 부모, 동료와 같은 가까운 사람에게 투사한다. 두 사람(예: 배우자, 청소년과 부모, 동료)은 이런 개입으로 도움을 받을 수 있다. 하위성격 모래상자는 위협적이지 않은 방식으로 개인의 그림자를 드러내게 하고 자신의 투사를 인식하게 한다. 이러한 인식이 증가됨에 따라 내담자는 자신의 그림자가 자기의 다른 부분 그리고 배우자와 협동할 수 있는 길을 찾게 할 수 있다. 우리는 내담자가 자신의 보고 싶지 않았던 면을 존중하는 것을 배우고 이런 부분이 더 적절하게 기능하도록 배우는 것을 보아 왔다. 그것은 자기 인식으로 배우자와의 차이를 인간적인 것으로 존중하게 하고, 이런 다양한 면이 어떻게 상호작용하고 서로를 보완하고 돕는지 더 잘 탐색하게 한다.

하위성격 통합 모래상자는 다음 여덟 가지로 구성된다.

① 소개하기와 소품 선택하기
② 소품에 대한 감정 말하기
③ 소품에 생명 불어넣기
④ 소품 동일시하기
⑤ 소품과 상호작용하기
⑥ 기록하기
⑦ 전환하기
⑧ 상자 치우기

소개하기와 소품 선택하기

소개하기

개인이나 커플을 치료할 때 자발적 모래상자에서처럼 모래놀이를 소개한다. 그러나 지시적 모래상자는 치료자가 지시를 더 하기 때문에 이전에 만들던 모래상자와는 다르다고 설명한다. 내담자가 선입견을 가질 수 있으므로 진행 전에 이론적인 근거나 설명은 하지 않는다. 치료자는 "오늘 모래상자를 좀 다르게 해 보라고 할 겁니다. 모래상자에서 이렇게 하는 것이 흥미로울 겁니다. 이것을 해 본 사람들은 이런 경험이 많은 것을 깨우쳐 주었다고 합니다."라고 말한다. 만일 커플을 치료하고 있으면 "자기 자신과 서로에 대해 더 이해하게 되고 갈등하는 문제를 해결할 방법을 찾게 될 것입니다."라고 덧붙인다. 내담자에게 하고 싶은 모래상자를 선택하게 한다. 두 사람과 작업을 할 때 치료자는 먼저 내담자가 공동 모래상자나 개별 모래상자를 선택하게 한다. 4장에서 논의했듯이, 이것은 그들의 개별화 정도에 따른다.

소품 선택하기

일단 모래상자를 선택하면 내담자에게 6개의 소품을 선택하게 하는데, 마음에 드는 것 3개와 싫어하는 것 3개를 선택하게 한다. 커플의 경우는 각자 6개의 소품을 선택하고 개별 상자나 공동 상자의 나뉜 곳에 상대의 소품과 분리해 소품을 놓게 한다. 개인 내담자에게는 "오늘은 소품을 선택하겠는데요, 왠지 마음에 들어서 당신을 이끄는 소품 3개를 가져오세요. 그리고 뭔가 마음에 들지 않고 못생겼고 불쾌한 느낌이 드는 3개의 소품도 고르세요. 선택한 소품을 모래상자에 쭉 놓으세요."라고 말한다. 내담자가 마음에 들거나 싫은 소품을 쉽게 고르는지 주목한다. 내담자에게 소품을 쭉 놓으라고 요구하지만 꼭 그럴 필요는 없다. 하지만 일렬로 소품을 놓고 시작하면 치료를 진행하면서 생기는 변화를 분명히 볼 수 있다. 공동 모래상자를 선택한 커플에게도 비슷한 지시를 하고 상자를 두 부분으로 나누어 시작하게 한다. 소품은 모래상자 안에서 자기와 가까운 위치에 놓으라고 한다.

자발적 모래상자든 지시적 모래상자든, 내담자가 선택한 개개의 소품은 내담자의 무의식과 의식에서 나온 것이다. 던다스(Dundas)가 기술했듯이, "소품은 의식적인 사고를 직접적으로 표현하는 것이 아니라 개인의 깊은 정신의 이미지를 나타낸다."(1990: 4) 우리가 내담자에게 마음에 드는 소품 3개와 싫어하는 소품 3개를 선택하게 하는 것은 실제로 내담자 안의 대극적인 것을 선택하라고 지시하는 것이다. 종종 대극은 모래상자에 자연스럽게 나타난다. 그러나 하위성격 통합 모래상자는 그 문제를 강제적으로 다루게 한다.

소품에 대한 감정 말하기

일단 소품이 상자에 놓이면 내담자가 왜 그 소품을 좋아하거나 싫어하는지 말하게 한다. 내담자는 '정말 예쁘고 부드럽다.' 혹은 '못생겼고 추하다.'와 같은 표현을 할 것이다. 때때로 내담자는 소품이 자신의 생활과 관련된 어떤 것을 생각나게 한다고 하는데, 예를 들어, 추억, 사람, 경험과 같은 것들이다. 커플의 상대에게 소품에 부여한 의미가 무엇이든지 그 사람에게는 옳다는 것을 기억하게 한다. 커플은 상대방의 말을 평가하거나 비난하지 않는다. 이는 치료자도 마찬가지다. 치료자가 매력적이라고 생각하는 소품을 내담자는 몹시 싫다고 생각할 수 있고 그와 반대되는 상황도 있다. 치료자는 내담자의 확신을 지지하고 수용하려고 존재한다는 것을 기억한다. 따라서 내담자에게 언어적 · 비언어적 메시지를 주지 않는다. 소품에 대한 내담자의 설명은 그것이 내담자에게 무슨 의미가 있는지에 대한 실마리를 주며, 내담자 자신에 대한 견해를 드러내게 한다.

소품에 생명 불어넣기

내담자에게 소품에 생명을 불어넣으라고 한다. "당신에게 마술막대가 있거나 혹은 당신이 마술사라고 가정하고 이 소품들을 살아나게 하세요. 서로 무슨 이야기를 할까요?" 라고 묻는다. 내담자는 개개의 소품이 말을 하게 한다. 이는 내담자의 언어적인 표현을 활발하게 한다. 내담자의 표현은 소품이 어떤 생각을 하고 있는지 잘 보여 준다. 이 과정은 소품의 다른 측면을 보여 주기도 하고, 지금까지 치료자가 내담자에 대해 해 왔던 생각을 확고히 하거나 다시 생각해 보게 해 준다.

치료자는 내담자에게 소품이 서로 대화하게 하는데, 내담자가 조용히 있으면 기다려주고 격려해 준다. 내담자가 소품이 서로 말하게 하기 시작할 때, 어느 소품에 내담자가 더 많이 혹은 더 적게 말하게 하는지 주목한다. 경우에 따라 싫은 소품을 먼저 말하게 할 수도 있는데 이는 문제를 더 분명히 알게 한다. 내담자는 때때로 마음에 드는 소품은 더 자유롭게 말을 하게 한다. 파트너가 끝낼 때까지 방해하지 않고 커플이 서로 존중하며 관찰하게 한다.

소품 동일시하기

지금까지는 소품에 주목했다. 여기서는 소품과 자기 자신을 연결 지어 보도록 한다. 내담자에게 개개의 소품이 자신의 어떤 점을 나타내는지 물어본다. "만일 당신의 일부가 저 소품과 비슷하다면 그것은 당신의 어느 부분입니까?" 혹은 "저것이 어떻게 당신의 일부입니까?" 이런 지시를 주기 전에 우리는 때때로 내담자가 소품을 어떻게 설명했고, 각 소품에 대해 뭐라고 했는지 요약해 본다. 우리는 이렇게 하는 것이 분열된 특성과 내담자의 내적인 면을 연결 짓는 데 도움이 된다는 것을 알았다. 두 사람을 치료할 때는 비판 없이 상대에게 주목하는 것이 중요함을 강조한다. 다른 상대로 넘어가기 전에 한 파트너가 자신의 소품에 대한 이야기를 마치게 한다.

소품과 상호작용하기

내담자 자신의 소품들 간 상호작용

개인적인 목표는 내담자가 자기 내면의 역동을 알게 돕는 것이다. 이런 과정에서 내담자는 자신 안에 있는 가치 있는 부분을 감지할 수 있고 자신의 어떤 점이 다른 점과 협동할 수 있는지 방법을 찾을 수 있다. 이것은 더 많은 통합, 균형, 자기 수용 상태, 콤플렉스의 해결을 가져온다. 치료자는 내담자에게 소품을 움직여서 조화로운 장면을 만들어 보라고 하며, 한 소품이 다른 소품을 도울 수 있도록 소품을 짝지으라고 한다. 대안은 하나 이상의 소품이 다른 소품을 도울 수 있게 집단으로 소품을 놓는 것이다. 예를 들어, 한 내담자는 모래상자에 성난 짐승 하나를 놓았다. 그녀는 이 짐승이 통제할 수 없는 화를 가라앉히려면 수정과 곰이 필요하다고 했다. 치료자는 개인의 자발적 모래상자의 치료하기 단계처럼 내담자에게 소품들이 서로 대화하게 했다. 지시는 내담자가 하는 말과 문제에 따라 한다. "이 소품들이 서로 잘 지내려면 어떻게 절충해야 하나요?" "이 소품은 어떤 도움이 필요한가요? 여기에 그녀/그/그것을 도울 누군가가 있나요?" 혹은 "그녀/그/그것은 무엇을 말하고 묻거나 의사소통하지요?" 자발적 모래놀이치료처럼 모래상자에서 이동이 많이 있을 수 있다. 회기가 끝나 가면 내담자 자신에게 가장 좋은 상태로 장면을 만들게 한다. 다른 소품을 가져오라고 하지는 않지만, 만약 내담자가 싫은 소품에게서 위로받는 것이 어렵거나 행동이 어려우면 이런 제안을 하는 것이 좋을 수 있다.

커플의 경우 소품들끼리 상호작용할 동안 우리는 다른 진행을 한다. 커플은 개인의 경우처럼 진행하는데, 즉 각자 존중하며 조용히 과정을 관찰하면서 계속 자신의 치료에 몰두한다. 이것은 파트너 간의 개인 간 통합 이전에 개인의 개인 내 통합, 해결과 명료함을 가져다준다. 각자가 자신의 모래상자에서 혹은 공유하는 모래상자의 나뉜 쪽에서 개인 통합을 할 기회를 가진 후, 커플은 그들의 소품을 합치고 자신의 대극적인 부분이 함께 작업할 방법을 찾는다. 다른 선택은 개인의 통합을 보류하고 각자의 소품으로 커플치료를 하는 것이다. 이때는 파트너가 개인 상호 간의 작업을 하기 위해 필요한 것으로 보이는 개인 내 작업과 마찬가지로, 개인의 자아 강도 수준에 근거해 이를 정한다. 파트너 중 한 사람이 해리되거나 내면의 갈등이나 자신을 잘 수용하지 못하면, 커플이 먼저 개인치료를 받는 것이 필수적이다. 이것은 내담자가 자기 파트너의 하위 성격과 안전하게 상호작용하게 해서 자신의 하위 성격 안에서 내적인 조화를 충분히 이루도록 도와준다. 내면의 도움, 이해와 조화가 클수록 외부에서 해결을 찾을 능력은 더 커진다.

상호 간의 소품과 상호작용하기

커플의 소품들이 상호작용하게 하는 것에는 두 가지 목표가 있다. 첫째, 이런 상호작용은 커플이 자신과 서로의 모든 점에 가치가 있다는 것을 알게 해 준다. 둘째, 이런 점이 서로의 관계에서 어떻게 긍정적 · 부정적으로 상호작용하는지를 알게 해 준다. 즉, 어떤 점이 갈등적인 관계를 해결할지 보여 줄 수 있다. 예를 들어, 한 사람이 공격적인 면이 있으면 파트너는 양육적이거나 인내하는 모습으로 이해하는 것을 보여 줄 수 있다. 이것은 내담자에게 필요한 것이 무엇인지, 그리고 차이를 존중하고 서로를 수용하고 직접적인 갈등의 모습에 주목하게 해 주는 강력한 방법이다.

일단 파트너가 함께 작업할 준비가 되면 소품을 분리한 선을 지우고, 개별 모래상자를 했었다면 공동 모래상자의 자기 위치로 소품을 가져오라고 한다. 이제 모든 소품이 통합되어 두 개가 아닌 하나가 되도록 자신의 소품을 파트너의 소품과 쌍을 이루게 하거나 함께 놓으라고 한다. 자신들의 관계를 볼 수 있게 모든 소품을 사용해서 한 세계를 만들라고 지시한다. "자, 삶을 함께 공유하기로 했습니다. 이제 이 소품들이 같은 공간을 공유하게 하세요. 우리는 이런 여러 소품이 상호작용하고 삶을 함께하기 위해 무엇이 필요한지 보겠습니다. 당신의 어느 소품이 상대의 소품과 쌍을 이루거나 함께할 수 있겠습니까? 어느 소품들이 잘 맞습니까?" 이런 질문을 두 파트너에게 한다. 소품이 상자에 놓이면 모래상자에서 커플이 만든 모습과 서로의 소품을 받아들이는지 혹은 받아들이지 못하는지를 관찰한다. 그들이 비슷한 소품을 어울리게 놓는지 다른 성질의 소품들(싫어하는 것과 매력적인 것)을 놓는지 주목한다. 한 사람이 이끌거나 통제하려고 하는지, 서로 협동하는지, 파트너들이 서로 어떻게 절충하고 의논하는지 관찰한다. 보통 관계의 힘이나 함께하는 것을 뜻하는 소품은 모래상자의 중앙에 놓고, 힘든 점과 갈등을 뜻하는 소품은 주변에 놓는다. 가끔 잘 맞지 않는 소품도 있는데, 커플은 이 때문에 작업이 필요하다. 이런 상황은 웃음을 주기도 하고 눈물을 흘리게 하기도 한다. 치료자는 파트너들이 서로 미워하는 부분이 있거나 서로 직접적으로 갈등하는 부분을 보게 할 것이다.

파트너들이 치료하기 단계로 들어가기 전에 소품들과 전개된 장면을 설명해 달라고 한다. 치료자는 이때 자발적 모래상자에서와 비슷한 개입을 한다. 우선 다른 사람의 소품과 갈등을 일으키는 소품이 모래상자에 있다는 것을 그들이 알게 하는 것부터 시작한다. 그리고 갈등하는 소품이 서로 대화하게 한다. 그다음 상자 전체에서 소품들이 서로 좋게 상호작용하는 쌍이나 집단을 구성하게 한다. 예를 들어, 파트너 한 사람이나 두 사람에게 할 수 있는 질문은 다음과 같다. "그 소품은 무엇이 필요합니까?" "누가 그녀/그/그것을 도울 수 있습니까?" "그 소품은 파트너의 소품을 어떻게 생각합니까?" "이 둘이서 잘 지내도록 어떻게 도울 수 있습니까?" "이 소품들은 서로 어떤 문제를 가지고 있습니까?" "이들은 이런 문제를 어떻게 해결하거나 이런 차이를 절충할 수 있습니까?"

회기가 끝나 가면 다양한 방식으로 종결할 수 있다. ① 오늘 장면을 남겨 두고 가고 싶은 대로 장면을 정돈하게 한다. "오늘 끝내면서 모래상자를 어떻게 놔두고 싶으세요? 원하는 대로 소품을 놓을 수 있습니다." ② 그날 모래세계에서 보고 싶은 대로 장면을 놔두게 한다. "모래상자에서 관계를 좋게 하려면 어떻게 이 상자를 놔두고 싶습니까?" 혹은 "이 장면에서 누가 더 기분이 좋아야 하고 그 소품이 더 기분 좋게 하려면 어떻게 놓아야 하나요?" ③ 회기를 끝내면서 어떤 기분인지 보여 주는 상태로 모래상자를 놔두게 한다. ④ 변화를 긍정적으로 보는 모습으로 소품을 정돈하게 한다.

기록하기

커플치료의 경우 내담자 혹은 각 파트너가 자신이 원하는 각도에서 사진을 찍게 한다. 허락을 받아 치료자가 사진을 찍을 수도 있다.

전환하기

치료 회기를 끝낸 후에 개인이나 커플에게 모래에서의 경험을 어떻게 적용하고 싶은지와 자신이 경험한 통찰, 사고나 감정을 논의하게 한다. 치료자는 다음과 같이 질문할 수 있다. "이것은 당신의 상황/관계를 나타냅니까?" "오늘 모래상자에 있었던 것을 당신의 생활/관계를 돕는 데 어떻게 활용하시겠습니까?" "오늘 모래상자에서 무엇을 배웠습니까?"

상자 치우기

치료자는 내담자가 치료실을 나가면 주의 깊게 상자를 치우고 기록한다. 문제와 강점이 있는 곳을 확인하면서 치료자는 이 문제를 다루기 위해 모래놀이 작업을 해 나간다.

하위성격 통합치료의 사례

마리카와 척은 관계가 불편해진 것 때문에 치료실을 찾아왔다. 둘은 자주 서로의 잘못된 점을 끄집어내고 서로를 비난하였다. 두 사람은 종종 극단적으로 치닫는 논쟁적인 의사소통 때문에 답답한 느낌이 들었다. 그들은 각자 개인치료에서 자발적 모래상자를 만들었고 모래놀이가 깨달음을 준다는 것을 알게 되었다. 우리가 지시적 모래상자를 만들어 보는 것이 도움이 될 것 같다고 하자 그들도 동의했다.

우리는 모래상자를 반으로 나누어 마음에 드는 3개의 소품과 싫어하는 3개의 소품을 선택하게 한 후, 커플은 모래 중앙에 선을 그어 모래상자를 나누었다. 마리카가 좋아하는 소품으로 선택한 것은 독수리, 요다, 그리고 '기적'이라고 새겨진 부드러운 돌이었다. 그녀가 싫어하는 소품은 총을 겨누고 있는 사냥꾼, 부러진 말, 중국 용이었다. 척이 좋아하는 소품은 금속으로 된 미국 원주민의 손, 다리 그리고 막대를 든 소녀가 비치는 액자였고, 싫어하는 소품은 머리가 여럿 달린 용, 손이 뒤로 묶인 회색 사람상, 그리고 탱크 위에서 총을 겨누고 있는 사람이 있는 군용 탱크였다([사진 10] 참조). 마리카는 독수리는 자유롭고 강하며, 요다는 현명하고 수용적이며, 돌은 삶의 경이를 갖고 있는 것이라고 했다. 그녀는 사냥꾼은 자신이 죽이고 있는 동물보다 우월하다고 생각하기 때문에 파괴적이고 자기중심적이라고 했다. 또한 부서진 말은 다쳐서 약하고, 용은 사납고 위험하다고 했다. 척은 원주민의 손이 위로 향해 있어 보호적이며, 다리는 사람과 장소를 잇는 이해와 연결의 길이라고 했다. 그리고 액자 속의 소녀는 소망으로 가득한 자유롭고 창조적인 아이라고 했다. 반면, 용은 화

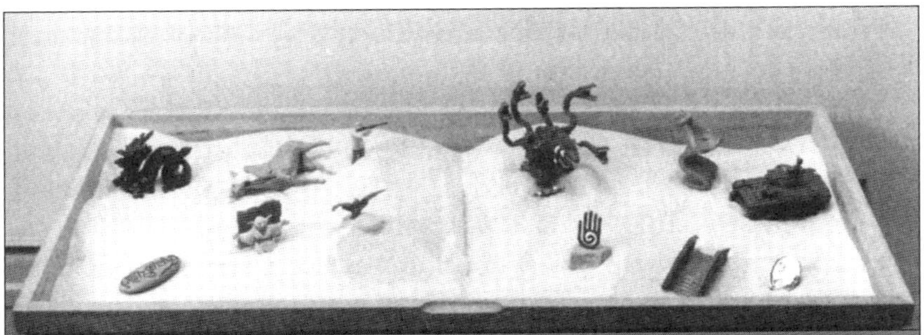

[사진 10] 커플의 하위성격 통합 상자, 소개와 소품 선택 단계

가 나서 불을 뿜는 괴물이고, 손이 뒤로 묶인 사람은 하고 싶은 것을 하지 못하는 사람이고, 탱크는 흉악하고 파괴적이라고 했다. 그들은 소품이 서로 이야기하게 하고 소품이 표현하는 것을 자신들과 동일시하면서 서로를 존중하며 상대의 이야기를 들었다. 그들은 자신들이 선택한 소품들 사이의 유사점을 알게 되었고, 소품을 통해 자신들의 역동이 드러난 것에 흥미로워했다.

다음은 모래상자에 그은 선을 지우게 하고 서로의 소품을 짝짓거나 무리 짓게 했다. 우리는 그들이 소품을 통합할 준비가 된 것 같아 각자 자신의 소품을 짝짓는 것을 하지 않고 이 단계를 바로 하게 했다. 약간의 논쟁이 있었지만, 그들은 용들을 짝짓고 탱크와 사냥꾼, 손이 묶인 사람과 부서진 말을 함께 놓았다. 좋아하는 소품을 결합하는 데는 생각을 많이 하고 절충해야 했다. 두 사람은 기적의 돌, 액자 속의 소녀와 독수리를 함께 놓았다. 또 원주민의 손과 요다를 함께 놓았지만 다리를 놓는 데는 어려워하다가 결국 모래상자의 중앙에 놓았다. 치료자의 요구로 마리카는 자신에게 보이는 대로 세계를 설명하고 이렇게 만든 세계가 어떻게 그녀와 같은지 연결 지어 보았다. 척도 자신의 관점에서 똑같이 했다. 모래상자에는 분노와 공격성 표현이 강하지만 마리카와 척은 충돌 없이 서로의 이야기를 경청할 수 있었다.

우리는 내담자에게 말하고 싶은 소품은 어느 것으로든지 대화하게 했다. 둘 다 바로 괴물이 소리 지르고 서로 싸우게 했다. 치료가 진행되면서 치료자는 괴물이 계속 싸움을 원하는지 물었다. 처음에는 불확실해했으나 이내 공격적인 세계가 그렇게 즐겁거나 안전하지 않다고 말했다. 이런 불협화음을 가라앉히기 위해 치료자의 제의로 이들은 소품을 재배치했다. 모래상자의 소품들은 처음과 다르게 짝이 지어지고 끝날 때까지 계속 바뀌었다([사진 11] 참조). 그들은 사냥꾼과 탱크의 파괴성이 가라앉고 기

[사진 11] 커플의 하위성격 통합 상자, 소품 간의 상호작용 단계

적의 돌과 손에 의해 서로 이해가 이루어지게 했다. 용들은 메시지가 서로에게 잘 전달될 수 있도록 그들 사이를 이어 줄 다리가 필요했다. 독수리의 힘과 자유는 부서지고 약한 말이 건강해지고 힘을 얻도록 움직이게 했다. 손이 뒤로 묶인 상은 액자 속의 소녀가 소망과 자유를 다시 얻고 싶어 한다고 했다. 커플은 요다의 지혜의 힘과 세계의 모든 사람을 수용할 능력을 알고 그가 팔을 벌리고 모든 것을 둘러싸면서 모래상자를 들여다보게 했다.

그들은 각자의 세계를 사진 찍었다. 모래 작업이 끝난 후 함께 이야기를 나누면서 마리카와 척은 모래세계의 내용을 자신들의 관계에 적용할 수 있었다. 그들은 각자가 가진 긍정적인 면과 부정적인 면을 볼 수 있었다. 마리카는 자신 안의 사냥꾼이나 용이 나오려고 하거나 척의 용이 공격한다고 느낄 때 용을 존중하고 용 사이에 다리가 있었던 것을 기억하겠다고 했다. 척 또한 마리카의 사냥꾼이 자기를 공격할 때 다리를 놓아 도움을 주고 희망을 주는 액자 속의 소녀를 기억하겠다고 했다. 두 사람 모두 모래세계 위에 있는 요다를 좋아하고 그들이 비난하거나 비난받는다는 느낌이 들 때 요다가 그들의 마음속에 있을 것이라고 했다. 그들 자신을 상징하는 소품과 모래상자의 내용은 서로를 막히게 하던 역동을 없애주었다.

원가족 모래상자

모래상자에 나오는 많은 양식, 신념과 문제는 과거의 경험에 뿌리를 둔다. 물려받은 것은 세대에서 세대로 전수된다. 이런 메시지가 확인되고 그 영향이 인식될 때, 개인은 자기 자신을 더 잘 이해하고 자기 생의 여정에 커다란 영향을 줄 수 있다. 종종 내담자가 이야기를 풀고, 메시지를 자각하고, 표면적이든 아니든 자기 가족에게서 받은 영향을 여러 관점에서 확인하는 것은 도움이 된다. 치료자는 내담자가 양식과 신념 체계를 확인하도록 할 다양한 기법(예: 가족 나무, 자서전, 다중세대 치료)을 사용할 수 있다.

우리는 워크숍에서 린에게 배운 원가족 모래상자를 만드는 것이 가족의 유산을 생생하게 보여 주고 치료자가 내담자의 가족 구성원과 그들의 신념체계, 행동과 개성을 잘 알게 해 준다는 것을 알게 되었다. 더욱이 이는 가족 구성원 각자가 자신을 나타내고 함정에 빠트리는 미해결 가족 양식을 드러내고 해결하도록 하여, 관계와 가족 구성원 상징에서 치료 작업을 하게 한다. 그리하여 가족의 긍정적인 지지와 힘을 알게 되고 내담자가 안고 온 문제는 분명해진다.

우리는 자발적 모래상자와 비슷한 절차를 따르지만 그것의 단계를 나누지 않고, 다만 무의식적이고 비상호작용적인 데서 보다 의식적이고 상호작용적인 쪽으로 작업을 한다. 내담자가 모래상자를 설명하면 치료자는 치료적인 개입을 통해 내담자와 더 많은 상호작용을 한다. 자발적 모래상자에서처럼 치료자는 기록하기와 전환하기 단계로 끝맺는다.

우선 자발적 모래상자와 마찬가지로 내담자에게 모래상자를 소개한다. 자발적 모래상자에서보다 더 특별한 지시를 준다는 것을 알려 준다. 그러나 이런 지시 외에도 내담자는 자신이 원하는 무엇이든지 만들 수 있다. 내담자에게 가족관계와 메시지 탐색이 자신과 관련이 있음을 강조한다. 또 치료자의 제의가 내담자의 이해를 촉진시킨다는 것을 알려 준다. 내담자에게 자기 가족의 3세대(조부모, 부모, 형제자매)를 나타내는 소품을 선택하게 한다. "당신의 가족을 나타내는 어느 소품이라도 고르세요. 그 사람과 비슷한 느낌을 주거나 그 사람을 상징하는 것이면 됩니다. 아마도 당신은 조부모를 여기(모래상자의 위쪽)에 놓을 수 있을 것입니다. 그리고 그 아래에 부모를 놓고 또 그 아래에 당신과 형제자매를 놓을 수 있습니다." 만일 부모의 형제자매 관계가 너무 복잡하지 않고 그들이 내담자의 문제(예: 알코올, 우울, 정신병)와 관련이 있다면 그들과 관련된 소품도 놓을 수 있다. 그러나 시간이 제한적이니 현재의 핵가족에 초점을 두고 방계세대는 포함하지 않기를 권한다. 만일 관련된 가족 양식이 있으면 상징 없이도 회기에서 나올 것이다. 치료자는 그때 내담자가 받은 이 양식의 영향을 확실히 해 줄 수 있다.

소품을 선택한 후, 내담자는 맨 위 세대부터 그 사람에 대해 생각나게 하는 개개의 소품을 설명한다. 치료자는 내담자에게 떠오르는 어떤 기억이라도 말하게 한다. 종종 내담자는 사람 외의 소품을 선택한다. 예를 들어, 한 내담자는 외할아버지를 나타내는 소품으로 커다란 돌을 골랐다. 그 돌을 설명하면서 외할아버지가 내담자의 삶에 중요한 역할을 했다는 것이 드러났다. 내담자는 그 돌이 견고하고 강하다고 했다. 그는 외할아버지가 항상 자신을 위해 존재했고, 자신이 외할아버지에게서 안정과 안전감을 느꼈다고 했다. 그는 할아버지와 비슷하게 자신에게 감춰져 있는 온화함이 있다는 말도 했다.

치료자는 내담자가 준 정보를 통해 내담자를 이끌어, 내담자가 소품이나 자신의 가족 구성원을 설명하는 동안 3장의 치료하기 단계에서 설명한 적절한 치료적인 개입을 한다. 한 내담자가 생각난다. 그녀는 관계에 어려움이 있어 최근 그 관계를 끝낸 상황이다. 그녀는 관계가 아주 깊어질 때마다 그 관계를 끝낼 이유를 찾아내어 그 사람과 헤어지곤 했다. 그러나 그녀 자신도 이것이 불만이어서 혼란에 빠져 있었다. 그녀는 원가족 모래상자를 하면서 쟁반을 든 여인을 어머니로 선택했다. 처음에 내담자는 자신의 이런 선택이 내포하는 의미를 알지 못했다. 모든 소품을 설명하면서 그녀는 그녀의 어머니가 종일 집안일만 하며 가족을 돌보았다고 했다. 우리가 나중에 내담자를 나타내는 소품(무용수)이 모래세계의 누군가와 이야기를 나누게 했을 때, 내담자는 잠시 주저하더니 무용수가 쟁반을 든 여인에게 다가가게 했다. 그리고 소품이 서로 이야기를 하게 했다. 쟁반을 든 여인은 이것이 자신이 할 일이라고 했다. 대화를 진행하면서 내담자는 어렸을 적 어머니가 곁에 있는 것에 감사했지만 어머니가 아버지에게 종속되어 있는 것으로 보았다고 했다. 내담자도 그로 인해 자신이 자유와 독립을 포기하고 싶어 하지 않았고, 결혼은 곧 희생이라고 생각했음을 깨달았다. 이런 통찰은 내담자가 자신을 더 잘 이해할 수 있게 해 주었고 결혼에 대한 생각을 바꿔 주었다. 또한 자신에게 관계에 전념하지 못하게 하는 무의식적인 두려움이 있음을 알게 되었다.

우리는 회기가 끝나 갈 때 내담자에게 자신이 원하는 대로 장면을 놔두라고 했다. 또 내담자에게 사진을 찍을 기회를 주고 내담자의 허락을 받아 사진을 찍었다. 그다음 내담자가 얻은 통찰과 어떻게 모래놀이 경험을 실생활에 적용할지에 대해 이야기를 나누었다. 적절하다면 내담자가 배운 것을 실행해 보는 추후 활동을 하도록 한다. 치료자는 내담자가 떠나고 나면 모래상자를 완전히 치우고 기록한다.

확충

확충(amplification)은 그 단어의 의미가 암시하듯이 내담자가 만든 모래세계에서 문제, 주제나 소품에 대해 자세히 말하는 과정이다. 드 도미니코에게서 배운 이 기법은 성인은 물론 아동과 청소년에게도 효과적이다. 확충하려는 것을 내담자가 직접 선택하거나 치료자가 대신 선택할 수 있다. 경우에 따라 내담자가 자발적 모래상자나 지시적 모래상자를 만들고, 치료적인 개입단계를 마치면 소품이나 모래상자의 한 부분이 의미 있어 보이거나 해결이 더 필요해 보일 수 있다. 그러나 치료자를 감동시킨 영역이 똑같이 내담자를 감동시키지는 않는다. 그 영역은 해결되지 않은 문제일 수도 있지만 강점을 드러내 보이는 것일 수도 있다. 종종 내담자에게 영적이거나 정서적인 강점과 평화를 나타내는 소품은 해결되지 않은 문제를 나타내는 소품보다 그 당시에 굉장히 중요하다. 그래서 내담자에게 모래상자에서 탐색하고 싶은 부분을 선택하게 하는 것은 중요하다.

확충단계 이전에 내담자에게 사진 찍을 기회를 주고 허락을 받아 치료자도 사진을 찍는다. 그러고 나서 내담자에게 우선적으로 중요한 영역을 선택하게 한다. "원하시면 남은 치료 시간을 좀 다르게 진행해 보고 싶습니다. 더 작업하거나 더 생각해 보고 싶은 모래상자의 소품이나 영역을 고르세요." 아동의 경우에는 "모래상자에 놓았던 소품을 찾아 다른 모래상자에 완전히 새로운 세계를 만드는 것이 재미있을 거야. 네가 원하는 어떤 식으로든 새로운 세계를 꾸밀 수 있어."라고 말한다. 대부분의 내담자는 탐색하고 싶은 소품들이나 영역이 있을 텐데, 그렇지 않다면 전환하기 단계로 넘어간다. 더 짚고 넘어가는 것이 내담자에게 유익하겠다고 생각되면 다른 모래상자를 선택하게 하고, 원하면 이전 상자에서 소품을 가져와 새로운 세계를 만들게 한다. 다른 소품을 추가할 수도 있다. 새로운 세계를 진행하는 데는 짧은 시간을 준다. 두 개의 모래상자를 충분히 경험할 시간이 없으면 다음 회기에 확충 장면을 할 것인지 묻는다. "새로운 세계에서 보낼 시간이 충분하지 않은데 더 탐색해 볼 수 있는 것이 많습니다. 원하시면 다음 회기에 이 상자를 다시 만들고 더 자세히 음미할 수 있습니다. 찍어 둔 사진이 있고 과정을 기록해 두었으니 쉽게 다시 만들 수 있습니다."라고 말한다.

확충의 예로 스트레스와 불안을 다루려고 치료실을 찾아온 제시의 사례를 살펴보겠다. 그녀는 두 아이를 둔 이혼녀로 직장에서의 일이 많다 보니, 대부분의 시간이 불규칙적이어서 불안해했다. 제시는 매우 빠르게 세계를 만들었는데 많은 소품을 가져왔다. 상자의 한쪽 구석에는 전남편인 남자가 들어 있는 관을 묻었다. 묻힌 관 위의 모래에 아이 소품을 놓았다. 그리고 중앙에는 서로 소리를 지르는 두 아이와 어머니를 놓았다. 이것이 그녀가 탐색해야 할 문제다. 그러나 그녀가 탐색하려고 택한 영역은 상자 한쪽의 커다란 수정 근처에 홀로 앉아 있는 부처상이었다. 새로운 모래상자에서 그녀는 호수 근처에 커다란 바위로 된 아름다운 제단을 세우고 바위 구멍 안에 부처를 놓았다. 그리고 나서는 장면을 바라볼 수 있도록 바위 위에 자신을 나타내는 여인을 놓았다. 몸이 편안해지자 그녀는 울었다. 그녀는 몇 분 동안 장면 안에서 평화롭게 숨을 쉬며 앉아 있었다. 그러고는 치료자에게 "감사합니다. 남편이 떠나고 처음으로 느껴 보는 내면의 평안입니다."라고 말했다. 제시는 그다음 주에 와서는 불안할 때마다 편안해지려고 그 장면의 이미지와 장면이 일으키는 느낌을 사용했었다고 했다.

때때로 치료자는 내담자에게 확충할 영역을 선택하지 않게 한다. 내담자가 문제를 피하려고 하거나 모래상자의 어느 한 부분에 강한 정서적인 반응을 보이면 그 영역이나 문제를 확충해 보자고 할 수 있다. 이는 치료적인 개입단계나 그 이후에 할 수 있다. 치료자가 처음에 초점 둘 것을 확인한다는 예외만 있을 뿐, 내담자에게 주는 지시는 방금 제시한 것과 비슷하다.

외상 모래상자

대부분의 치료자는 최근 또는 과거에 외상을 경험한 내담자를 자주 만나기 때문에, 정서적인 상처를 기억하고 해결하는 데 모래놀이가 어떻게 사용되는지에 대해서 짧게 다루겠다. 여기서 설명하는 외상 작업은 내담자의 외상을 되살리고, 시간이 흘러 편안해지고 외상을 다시 구성하고 통합하도록 하기 위해 최면, 상상, 게슈탈트를 사용한, 수십 년간의 내담자와의 작업에서 나온 것이다. 우리는 모래상자에서 외상을 재현하게 하는 개념을 제안한 드 도미니코에게 감사한다. 사람의 정서적 · 신체적인 통합을 심각하게 위협하는 외상(예: 신체적 · 성적학대, 방임, 학교에서의 총격, 자살, 전쟁, 사건이나 자연재해에 연루되거나 그것을 목격하는 것)은 두려움, 공포나 무기력 같은 고통스러운 증상을 가져온다. 때때로 내담자는 외상 사건을 재경험하고 외상을 연상시키는 어떤 자극이라도 피하기 시작하고, 지나치게 경계하거나 해리되고 멍해 있다. 어떤 일이 일어났는지 말할 수 없고 또 말하고 싶어 하지 않는다. 가끔 내담자는 문제의 근원을 깨닫지 못하고 불안이나 걱정, 우울 같은 정서 때문에 치료받으러 온다. 어떤 경우든지 심각한 외상을 경험한 내담자는 외상을 기억하든 기억하지 못하든 정상적으로 생활하는 것을 어려워하며 자신의 문제와 사건에 대한 기억을 해결하는 데 도움을 필요로 한다.

내담자가 자신의 외상을 잊어버렸거나 말하기 어려워할 때, 치료 초기에 자발적 모래상자를 만들게 해서 해결되지 않은 내담자의 문제를 평가할 수 있다. 내담자는 모래놀이로 언급하지 않은 과거의 외상에 대한 무의식적인 기억을 드러낼 수 있다. 그러나 이와 반대로, 내담자는 최근에 일어났거나 그들이 기억하는 것과 꽤 심각한 증후를 일으키는 외상을 다루려는 분명한 목적을 가지고 오기도 한다. 이런 경우 내담자와 치료자가 신뢰관계를 맺자마자 모래놀이를 시작할 수 있다. 지시적인 외상 모래상자는 치료자의 지시를 이해할 수 있다면 7세 아동부터 사용할 수 있다. 만일 내담자가 외상에 초점을 둔 놀이에 위협을 느끼면 지시적 모래상자를 하기 전에 내담자가 필요로 하는 자발적 모래상자를 하게 한다.

초기 지시적 모래상자의 경우, 치료자는 내담자에게 놀이처럼 일어났던 사건을 다시 만들게 한다. 이때 모든 특징, 행동, 반응, 사고와 감정을 포함하게 한다. 그다음 내담자에게 모래상자에 전개된 대로 이야기하게 한다. 정적인 상자를 만드는 것도 가치 있지만, 동적인 세계를 만들면 더 많은 정보를 얻을 수 있다. 이 과정은 내담자와 치료자에게 외상 동안 일어났던 모든 것에 그대로 초점을 두게 한다. "상황을 꾸미면서 주요 인물인 당신에게 어떤 일이 일어났는지 정확하게 보여 주고 말해 주세요. 당신의 관점에서 설명해 주세요. 처음 사건이 일어났다고 생각되는 부분에서 시작해 어디서 끝났는지 전개된 순서대로 사건을 따라가세요." 아동의 경우에는 "선반에서 사람이나 동물을 찾아서 그 소품이 너라고 생각해 보렴. 너에게 어떤 일이 일어났는지 모래상자에 보여 주렴. 진짜처럼 보이게 네가 필요한 만큼 소품을 사용할 수 있어."라고 말한다.

내담자는 모래상자에 사건을 묘사하고 세계를 꾸미는 데 초점을 둠으로써, 종종 외상에 거리를 두고 위협을 덜 받으면서 모래상자의 세부적인 이야기를 할 수 있다. 지시적 외상 모래상자는 치료자가 내담자에게 제삼자가 아닌 당사자로서 그 이야기를 하도록 한다는 점에서 자발적 모래상자와 다르다. 내담자가 당사자로 이야기하는 것을 힘들어하면 치료자는 가상의 이름을 지어 제삼자로 이야기를 하게 한다. 치료자는 또한 내담자가 연극의 감독으로서 감독자의 입장에서 이야기를 하게 한다. 아동은 특별히 제삼자로 이야기할 때 더 많이 드러낸다. 치료자는 "(선반을 가리키고 아동에게 한 개의 소품을 고르게 하며) 이 소품에게 일어난 어떤 일에 대해 우리가 이야기를 하는 척하자. 이제 그 소품에게 어떤 일이 일어났는지 보여 주고 그에 대해 이야기해 주렴. 그리고 모래상자에 일어난 것을 만들자. 필요하면 어떤 소품이라도 사용할 수 있어."라고 말한다. 내담자가 동적인 모래상자를 마치고 더 탐색해야 할 모래 영역이 있으면 내담자에게 이 부분을 확충하라고 한다. 시간이 있다면 같은 회기에 하고, 시간이 없으면 그다음 회기에 한다.

내담자는 외상 장면을 재창조함으로써 외상을 재경험할 뿐만 아니라, 손을 사용해 모래를 움직이고 상자에서 소품을 만지면서 정서적 · 신체적인 에너지가 막히는 느낌을 받는다. 내담자는 자신의 입장에서 외상 동안에 무슨 일이 일어났는지 언어적으로 그 경험을 탐색하면서 점차 감정이 편안해지고 지각이 변화한다. 많은 내담자가 마음으로만 외상 경험을 다시 체험하고 다른 사람에게는 거의 이야기하지 않는다.

외상과 문제에 따라, 다음 회기의 모래놀이에서 외상의 특별한 점을 제의하는 것은 가치가 있다. 더욱이 이 장의 앞에서 소개한 생활 재설계와 자아 강화와 기술 증진을 위한 지시적 모래상자는 내담자가 외상을 해결하는 데 도움이 될 수 있다.

외상을 다루는 또 다른 방법은 내담자에게 이 문제를 해결하기 위해 필요한 모든 사람과 자신을 나타내는 소품을 가져와서 장면을 만들게 하는 것이다. 이미 언급한 단계를 사용해 내담자가 모래놀이를 하게 한다. 치료적인 개입단계 동안 내담자는 자신을 나타내는 소품과 해결하지 못했다고 생각하는 사람을 상징하는 소품 중 한 개를 선택해 서로 대화하게 한다. 필요하면 사람들이 서로 대화하게 한다.

내담자에게 상자에서 해결이 필요한 어떤 영역을 확충하라고 한다. 예를 들어, 데이트를 하다가 강간을 당한 테리는 이 사건을 해결하는 데 필요한 사람을 포함해 세계를 만들라고 했을 때 어머니, 아버지와 현재의 남자친구는 물론 자신을 강간한 남자상을 가져왔다. 회기 동안에 테리는 자신을 강간한 남자에게 여전히 매우 화가 나 있었다. 그녀는 사건을 뒤로 남겨 두고 남자들을 다시 믿기 위해서는 그 남자와 더 해결해야 할 부분이 남아 있음을 깨달았다. 테리는 모래상자에서 그 부분을 확충하겠다고 했다. 그녀는 자신을 나타내는 공격적인 여인상을 강간한 남자상 맞은편에 배치하고 그에게 소리치게 했고 모래로 그를 세게 쳤다. 그녀는 나중에 부모가 그 여인의 분노를 인정하지 않기 때문에 모래상자에 남자와 여자만 있는 것이 중요하다고 말했다. 자신을 판단하는 부모상이 모래상자에 있었기 때문에 그녀는 자신을 충분히 표현할 수 없었던 것이다. 그 회기 후에 테리는 자신이 필요한 만큼의 화를 내기 위해 판단하는 부모 목소리의 투사를 없애는 것이 얼마나 중요한지 깨달았다.

내담자의 파트너와 가족은 무슨 일이 일어났는지 모른다 할지라도 종종 외상의 영향을 받는다. 그러므로 내담자의 파트너나 가족이 함께 작업을 하는 것이 중요하다. 단, 내담자가 이미 자신의 개인 작업을 마쳤거나, 하고 있는 중이거나, 내담자가 다른 가족이 포함되기를 원할 경우에만 치료에 외상 가해자를 포함시킨다. 내담자가 스스로 외상을 해결하고 자신의 파트너와 가족에게서 해결책을 찾기 원하면 커플/가족치료를 권한다.

외상을 가진 커플과 가족이 작업하는 방법에는 몇 가지가 있다. 치료자는 커플/가족이 모래상자에 익숙하도록 자발적 개인 모래놀이를 다시 시작하게 할 수 있다. 일단 그들이 과정에 편안해지고 준비된 것 같으면 각자가 자신의 입장에서 외상을 보는 개별 모래세계를 만들게 한다. 그러고 나서 4장에서 파트너에게 여행시키는 단계처럼 각자가 자신의 감정과 생각을 불어넣어 다른 사람에게 이야기를 하게 한다. 이때 종종 새로운 시각이 드러나고, 구성원은 새로운 통찰을 얻고 해묵은 슬픔과 오해를 풀 수 있다. 만일 그들이 자신들의 세계를 공유한 후에도 시간이 남거나 그렇게 하고 싶으면, 그들의 처음 세계에 포함하고 싶은 소품을 택해서 새로운 커플/가족이 공유하는 세계로 가져오게 한다. 그러고 나서는 새로운 세계를 함께 탐색한다.

다음은 이런 접근의 한 예다. 우리는 최근 외상을 해결하는 데 어려움이 있는 커플과 작업을 했다. 이 여인은 저녁에 공원에서 조깅을 하다가 강간을 당했다. 그녀의 애인은 그녀를 매우 걱정하는 것처럼 보였지만, 그녀는 그가 적의를 품고 있다고 느꼈다. 그들은 더 이상 가깝지 않았다. 치료하기 단계 동안 그녀의 파트너는 어두워진 후에 공원으로 나가서 조깅을 하는 것은 성숙한 여인이 할 일이 아니라고 믿는다는 것을 드러냈다. 그는 '잘못된 시간에 잘못된 곳'에 있었던 것은 그녀의 잘못이라고 생각했음을 인정했다. 그가 강간을 묘사한 자신의 모래상자의 한 영역에 초점을 두었을 때, 그는 여자 소품의 머리를 향해 도끼를 들고 복면을 쓴 소품이 가해자일 뿐 아니라 자신임을 알았다. 그때까지 그는 그 자신을 모래세계 장면의 일부로 생각하지 않았다. 커플이 그들의 소품을 공동 세계로 가져왔을 때, 그는 복면을 쓴 소품은 남겨 두고 그곳에는 여인에게 손을 뻗은 평범한 남자상을 가져다 두었다.

나중의 회기에서 치료자는 커플/가족에게 각자가 그 외상으로 어떤 영향을 계속 받는지 탐색하게 할 수 있다. 커플에게 외상과 관련된 다른 영역과 함께 외상과 관련된 어떤 것이라도 탐색하는 세계를 만들라고 할 수 있다. 커플이나 가족이 개인 모래상자를 사용하는 것의 대안으로, 치료자는 커플이나 가족에게 그 외상을 어떻게 보는지 보여 주는 공동 세계를 만들어 보라고 할 수 있다. 개인치료와 마찬가지로 개인, 커플, 가족의 확충은 커플과 가족에게 중요하다. 치료를 하면서 개인, 커플, 가족 또는 집단으로 작업을 하든 그렇지 않든 모래세계를 만든다. 점점 문제가 해결되고 개인과 집단의 고통은 사라질 것이다.

이 부분은 주로 성인에게 해당되지만, 많은 치료자는 모래놀이가 아동의 외상을 해결하도록 도울 수 있는지 궁금해한다. 외상을 가진 아동에게 모래놀이가 효과적으로 사용될 수 있음을 보여 주기 위해 한 학대아동의 사례를 소개한다. 비벌리와 그녀의 어머니에게 개별 모래상자와 공동 모래상자를 했지만 비벌리의 작업만을 설명한다. 비벌리는 그녀의 어머니에게 보모의 남편인 스미스 씨가 자신을 성학대했다고 말한 후, 즉각 사회복지 서비스를 통해 의뢰되었다. 외동이인 비벌리가 우리에게 치료받게 된 것은 10세 때다. 스미스 부인은 3년 동안 아이를 돌봤고 성적 학대는 비벌리가 주말에 스미스 부인과 스미스 씨가 있을 때 일어났다. 이혼을 한 비벌리의 어머니는 그 지역의 옷가게에서 일했다. 어머니는 비벌리가 스미스 부인과 아주 가까워 스미스 부인을 두 번째 엄마로 생각했다고 한다. 딸이 성학대를 당했을지도 모른다는 생각을 하게 된 것은 딸이 앉는 것을 어려워하는 모습을 보고난 후다. 어머니는 딸에게 묻고 나서야 비벌리의 직장에 염증이 있고 부은 것을 알게 되었다. 비벌리는 울며 "스미스 씨가 그랬다."고 했다. 경제적으로 여유가 없는 데다 전남편 때문에 스트레스가 심했던 어머니는 이때 폭발하고 말았다. 그녀는 즉각 경찰서에 신고했고, 경찰은 비벌리를 의사와 사회복지사에게 보냈고, 사회복지

사는 치료자에게 상담을 의뢰했다.

비벌리와 그녀의 어머니가 첫 회기에 왔을 때, 그녀의 어머니는 불안해했으나 비벌리가 겪은 상황을 거리낌없이 말했다. 그녀는 비벌리를 지지하는 것으로 보였고 치료과정에 기꺼이 참여하겠다고 했다. 그러나 비벌리는 첫 회기 내내 조용했다. 지금까지 그녀는 자신에게 어떤 일이 일어났는지 아무에게도 자세히 말하지 않았다. 첫 회기에서 비벌리의 어머니는 딸의 행동이 작년과 많이 다르다고 했다. 비벌리는 원래 다정하고 활발한 아이였는데 점점 위축되고 자기 방에서 혼자 보내는 시간이 많아졌다고 했다. 밤에 소리를 지르며 깨어나는 일도 많고, 학교 성적도 떨어지고, 더 이상 친구들과 시간을 보내지도 않는다고 한다.

처음에 우리는 아동이 자신의 외상을 어머니 앞에서 탐색할 수 없을 것으로 보여 비벌리와 그녀의 어머니가 따로 작업을 하게 했다. 비벌리는 즉각 모래상자로 가서 자발적인 모래세계를 만들었다. 그녀는 첫 번째 모래상자에 부드러운 솜털이 난 동물을 놓고, 호수 근처에는 아름다운 꽃과 나무로 가득한 목가적인 세계를 만들었다. 그녀는 사람 소품은 가져오지 않았다. 그 장면을 이야기할 때 그녀는 자연과 애완동물에 대한 그녀의 사랑을 쉽게 이야기했다. 치료가 계속되면서 비벌리는 점점 더 자주 모래세계를 꾸미려고 했다. 그녀는 치료자를 점점 신뢰하게 되면서 자신이 굉장히 사랑한다고 한 그녀의 어머니를 상징하는 소품을 가져왔다. 이때 비벌리는 그녀의 어머니가 경험하는 스트레스 때문에 어머니를 보호해야 한다고 느끼고 있음을 드러냈다. 그녀는 어머니를 실망시키거나 화나게 하고 싶지 않았다. 비벌리는 자신이 당한 성학대에 대해 어머니가 보이는 반응을 간단히 말했으나 어떤 일이 일어났는지 말할 수가 없었다. 두세 번의 회기 후에 비벌리는 거대한 바위들과 숲에 숨겨진 커다란 거미를 모래상자에 놓았다. 그러나 이야기를 하면서 거미는 포함시키지 않았다. 대신 거미 이야기를 할 때 매우 불안해했고 모래상자 만들기를 중지했다. 그러나 이어지는 상자에 거미가 다시 나왔을 때는 점점 덜 감춰져 있었다. 몇 주가 흘러 그녀는 거미 이야기를 했다. 이때 거미가 그녀를 성 학대한 남자임이 드러났다.

이제 그녀가 준비된 것 같아 비벌리에게 학대 장면을 다시 만들어 보게 했다. 그녀는 맨 처음 판지 조각으로 만든 곳에서 작고 놀란 ET 소품을 한 소녀의 드레스와 모자 속에 떨어뜨리는 화난 여인상을 가져와 시작했다. 내부에는 양팔을 벌리고 그녀를 환영하는 크고 통통하며 웃고 있는 여인상이 서 있었다. 비벌리가 찢어서 쌓은 종이 더미 뒤에는 거미가 숨어 있었다. 이야기가 진행되면서 두 여인은 떠났고 거미가 종이 뒤에서 나왔다. 놀란 ET는 급히 달아났지만 거미를 피하지 못했고, 거미는 그녀에게 올라와 '그녀에게 했다'. 비벌리는 ET를 모래 속에 반절 밀어 넣고 거미는 종이 위에 앉혀 놓은 상태로 그 장면을 마쳤다. 그녀는 이야기를 하면서 통통하고 다정한 여인인 보모가 종종 그녀의 어머니, 즉 화난 여인이 아침에 나간 후에 잠깐씩 집을 비웠음을 드러냈다. 보모의 남편, 거미인 스미스 씨는 그녀를 외설 비디오와 잡지가 가득한 창고 헛간으로 데리고 갔다. 그는 강간하기 전에 그녀에게 그것들을 보여 주며 좋은 성적인 파트너가 되기 위해 세련된 기술을 배우라고 했다.

그녀가 실제 학대 장면을 표현한 이후에 그녀의 모래상자 장면은 급격하게 바뀌었다. 거미는 여전히 그곳에 있었지만 점점 작아졌다. 가족치료에서 비벌리의 어머니는 딸이 스미스 씨가 와서 그녀를 잡아가는 커다란 공포에 시달린다고 했다. 비벌리의 다음 개인치료 회기에서 우리는 그녀에게 어떻게 하면 스미스 씨가 덜 무서울지 보여 주는 모래상자를 만들어 보라고 했다. 그녀는 일상적인 장면을 만들고 ET가 아닌 평범해 보이는 소녀를 택해 작은 거미를 덮쳐서 모래 속에서 그것을 가루로 만들어 버렸다. 그런 다음 우리의 지시로 거미 하나를 찰흙으로 만들어 방바닥에 놓고 발로 밟게 했다. 그녀는 신이 나 소리치며 방을 뛰어다니면서 "스미스 씨가 죽었다!"라고 외쳤다. 그녀가 떠나기 전에 우리는 그녀에게 스미스 씨를 아주 작은 벌레로 생각하고 그녀가 두려울 때마다 그를 발로 밟아 으깨 버리는 상상을 하게 했다. 그 후 몇 회기 동안에도 계속 찰흙으로 벌레를 만들어 그 위에서 쿵쿵거리며 뛰고, 소리 지르고, 비명을 지르라고 했다. 그녀의 공포와 악몽은 서서히 사라졌다.

이 사례에서는 비벌리가 시각적 · 촉각적으로 외상을 객관화하고 헤쳐 나올 기회를 가졌기 때문에 모래놀이치료가 효과적이었다. 이러한 작업은 그녀를 피해자에서 그 경험의 주인이 되게 해 주었다. 더욱이 모래놀이는 비벌리가 선택한 치료였기 때문에 더욱 효과가 있었다.

요 약

◈ 생활 재설계

- 내담자에게 낡은 생활방식을 바꿀 것인지 묻는다.
- 문제를 일으키는 사건을 모래상자에 만들게 한다.
- 자발적 모래상자처럼 내담자를 치료하기 단계로 이끌어 준다.
- 내담자가 문제를 일으키는 자신을 나타내는 소품을 골라 모래상자의 중앙에 놓게 한다.
- 현명한 존재를 나타내는 소품을 찾게 한다.
- 중앙의 소품 맞은편에 현자를 상징하는 소품을 놓게 한다.
- 내담자에게 소품들이 서로 대화하게 하고 해결책을 찾게 한다.
- 내담자에게 유능한 자기를 나타내는 제3의 소품을 가져오게 한다.
- 오래된 행동방식을 없애는 것을 상상하면서 모래상자에서 소품들을 치우게 한다.
- 모래상자에 유능한 자기를 나타내는 소품을 사용해서 변화된 모습을 보이는 새로운 장면을 만들게 한다.
- 다시 치료하기 단계로 이끈다.
- 새로운 행동방식을 강화하도록 내담자가 사진을 찍게 한다.
- 전환하기 단계에서 내담자에게 새로운 행동방식을 일상생활에서 자주 상상하게 한다.

◈ 자아 강화와 기술 증진

- 내담자에게 안전한 환경을 만들어 준다.
- 내담자의 공포가 깊은 경우에는 추후 계획을 세운다.
- 내담자에게 모래상자에 '문제'를 내놓으라고 한다.

- 경험하기와 재배치하기 단계를 진행한다.
- 내담자가 바라는 결과를 실천하게 하면서 치료적으로 강화하는 개입을 한다.
- 사진을 찍는다.
- 내담자의 경험과 모래상자에 나온 것을 어떻게 활용할지 이야기 나눈다.
- 내담자의 안전감을 강화한다.

◈ 대극 협상하기

- 내담자에게 문제를 상징하는 두 개의 대극 소품을 제공한다.
- 내담자에게 이 두 소품과 다른 소품을 가지고 장면을 만들게 한다.
- 자발적 모래상자에서 하는 대로 장면을 진행한다.
- 전환하기 단계에서는 이런 대극이 일상생활에서 어떻게 나타나는지 관찰하게 한다.
- 다음 회기에서 내담자에게 대극적인 상을 고르게 하고 연습을 계속한다.

◈ 하위성격 통합

- 내담자에게 하위성격 통합 모래상자를 소개한다.
- 내담자에게 마음에 드는 소품 3개와 싫어하는 소품 3개를 선택해 모래상자에 놓게 한다. 커플과는 각각 6개의 소품을 선택해 모래상자의 자기 쪽에 놓게 한다.
- 내담자에게 각각의 소품을 설명하게 한다. 커플의 경우는 수동적인 파트너가 먼저 설명하게 한다.
- 내담자에게 각 소품에 생명을 불어넣어 표현하게 한다. 커플의 경우 파트너가 말할 때 존중하여 듣도록 한다.

- 내담자에게 각 소품에서 의식적으로 자신의 부분을 찾도록 한다. 커플의 경우 파트너 중 한 사람은 다른 사람이 말할 때 존중하여 듣게 한다.
- 대화, 이동이나 의사소통을 통해 소품들이 상호작용하게 한다. 커플의 경우는 파트너가 자신의 소품들이 교류하게 하거나 상대방의 소품과 교류할 수 있다.
- 내담자가 마지막 장면을 사진 찍게 한다. 커플의 경우 각자가 사진을 찍을 수 있다.
- 내담자가 경험을 어떻게 자신에게(또는 커플의 관계에) 적용할지 이야기하게 한다.
- 모래상자를 완전히 치운다.

◈ 원가족 모래상자

- 내담자에게 원가족 모래상자를 소개한다.
- 내담자가 조부모, 부모, 자신과 형제자매를 나타내는 소품을 선택하게 한다.
- 내담자가 각각의 소품/가족 구성원을 설명하게 한다.
- 내담자에게 소품에 생명을 불어넣고 논의 중인 주제와 관련된 상호작용을 하게 한다.
- 내담자가 원하는 대로 장면을 놔두게 한다.
- 사진을 찍게 한다.
- 내담자가 현재의 상황에 어떻게 적용할지 탐색하게 한다.
- 장면을 완전히 치운다.

◈ 확 충

- 내담자가 비지시적으로 모래세계를 만들고 진행하게 한다.

- 내담자에게 확충과정을 소개한다.
- 내담자에게 확충할 곳을 선택하게 한다.
- 내담자에게 다른 모래상자를 선택해 새로운 세계를 만들게 한다.
- 내담자에게 확충하고 싶은 소품을 새로운 모래상자로 가져오게 한다.
- 내담자가 원하는 대로 장면을 완성하게 한다.
- 내담자와 새로운 세계를 진행한다.

◈ 외상 모래상자

〈개인 외상 모래상자〉

- 내담자에게 일어난 사건을 만들어 보게 한다.
- 모래상자에 전개된 이야기를 하게 한다.
- 모래상자에서 더 해결해야 할 어떤 영역을 확충한다.

〈커플/가족 외상 모래상자〉

- 커플/가족에게 모래에서의 외상 작업을 소개한다.
- 각자가 자신의 입장에서 외상을 보는 모래상자를 따로 만들게 한다.
- 각자가 다른 사람에게 자신의 이야기를 하게 한다.
- 각자가 자신의 세계를 탐색하도록 돕는다.
- 만일 문제가 충분히 해결되면 구성원은 자신의 모래상자에서 공동 모래상자로 소품을 가져오게 한다.
- 커플/가족과 공동 모래상자를 진행한다.

제7장

아동과 가족의 지시적 모래상자

아동과 함께 하는 지시적 모래상자

성인과 마찬가지로, 아동이나 청소년에게 자발적인 모래상자보다 지시적인 모래상자를 하는 것이 도움이 될 때가 있다. 물론, 내담자의 욕구에 맞추어 존중, 수용과 지지를 보여 주는 것은 지시적인 모래상자에도 적용된다.

소품 수 제한하기

때때로 아동은 모래상자에 아주 많은 소품을 가득 채워 넣기도 하는데, 대개 몇 번은 그렇게 하도록 허용한다. 만약 놀이에 진전이 없거나 시간 제한 때문에 이러한 행동을 계속 허용할 수 없다면(회기 사이의 정리 시간이나 진행할 수 있는 회기의 수가 제한되어 있다면) 모래상자를 못하게 하기보다는 지시적인 모래놀이를 제안한다. 또한 아동이 모래놀이를 시작하기 어려워하거나 모래상자에 세계 만드는 것을 어려워하는 경우에도 이 기법의 사용을 고려할 수 있다. 먼저 아동이 상자에 놓고 싶은 12개의 소품을 찾아서 그것을 자신이 원하는 장소에 놓게 한다. 이러한 방법은 치료자가 정한 제한 범위 안에서 아동이 안전감을 느낄 수 있도록 놀이를 구조화한다. 그다음에는 자발적인 회기 동안 치료자가 했던 대로 단계를 진행한다. 또한 치료자는 아동에게 4종의 식물과 식물 관련 소품(예: 새둥지)을 찾아서 그것을 모래상자에 놓도록 제안할 수도 있다. 그리고 아동이 4마리의 동물이나 동물 관련 소품(예: 깃털, 뼈)을 찾아서 모래상자에 놓도록 한다. 마지막으로, 아동에게 4명의 사람을 찾아 그들을 상자 안의 세계에 놓게 한다. 아동에게 소품의 범주를 소개하고 모래상자 안에 놓은 그대로 잠시 두라고 한다. 이 잠깐의 시간에 아동은 원하는 대로 모래상자에 변화를 줄 수 있다. 이것은 모래상자를 꾸민 사람이 단계별로 완전하고 질서 있는 세계를 만들 수 있게 해 주고, 이러한 범주를 분리해서 소개하는 것을 경험하게 해 준다. 치료자는 내담자가 자발적으로 세계를 창조할 때 이 새로운 세계를 탐색할 수 있다.

게 임

숨기고 찾기

숨기고 찾는 행동, 묻고 드러내는 행동, 덮고 파내는 행동은 실제 숨바꼭질 놀이를 하지 않아도 자주 일어난다. 만약 내담자가 숨겨진 물건을 찾는 것을 꺼리는 듯 보이지만 찾으려고 시도한다면, 숨기고 찾기 놀이는 종종 움직임을 촉진하게 된다. 치료자는 아동이 반복적으로 모래에 소품을 숨기거나 묻고, 숨긴 채로 가만히 둘 때 준비가 되었음을 알 수 있다. 아동은 문제에 관해 작업하려고 할 때, 숨겨져 있는 소품에 대해 이야기하기 시작한다. 치료자가 개입하여 과정을 변화시키는 것이 적당하다고 판단될 때는 아동에게 숨기고 찾기 놀이를 제안한다. 치료자는 아동에게 원하는 만큼 모래에 많은 소품을 숨기도록 지시한다. 치료자는 "모래에 소품을 숨기는 것을 좋아하는 것 같구나. 친구들과 숨바꼭질 놀이를 하는 것과 같은 건데, 모래상자에서 숨기고 찾기 놀이를 하는 것이 재미있지 않겠니?" 라고 말할 수 있다. 치료자가 뒤돌아 있거나 눈을 감고 있는 동안 아동이 소품을 선택해서 숨기고 나면, 치료자는 소품을 찾고 아동이 선택한 소품이 어떤 것인지 알아둔다. 숨기는 행동과 마찬가지로, 숨기거나 묻은 소품의 특징은 의미가 있다. 이 시점에서 아동에게 소품에 대해서 이야기하고 싶은지 묻는다. 이 게임의 초기에 아동은 그저 놀기만 하고 말하고 싶지 않을 수도 있다. 역할을 바꾸어서 이번에는 치료자가 소품을 선택할 차례다. 치료자는 아동의 상황과 치료적으로 관련 있다고 생각하는 것을 선택한다. 아동에게 눈을 감도록 지시하고 이전과 같이 진행한다. 아동이 숨겨진 소품을 찾은 후에는 아동에게 이야기를 하도록 요청한다. 어떤 아동은 치료자가 이야기할 차례라고 말할 것이다. 이 경우에는 치료자가 이야기를 한다. 위협적이지 않게 관련된 사안을 간접적으로 이야기한다. 만약 아동이 묻은 소품에 대해서 이야기하지 않는다면 치료자가 이야기하는 것을 시범 보여 줄 수도 있을 것이다.

10세 내담자인 로리는 모래상자에서 숨기고 찾기 놀이를 하게 된 것을 고마워했다. 로리는 또래관계, 학업 수행에 두려움을 느끼고 있어서 의뢰되었다. 로리의 어머니는 로리가 함께 살고 있는 삼촌에게 3세 이전부터 7세까지 성적으로 학대당했다고 생각했다. 그러나 로리는 학대에 대한 기억이 없다고 부정하였다. 그녀의 상상력과 창조성을 충분히 발휘하여 고통스러운 문제를 드러내는 것에 대한 저항 때문에, 그녀는 소품을 숨기고 우리가 그것을 찾도록 하는 게임을 하자고 제안했다. 로리는 자신이 소품을 선택하여 모래에 숨기는 동안 우리에게 뒤돌아 있으라고 말했다. 그녀는 몇 주 동안 이 활동을 반복했고, 여전히 상자에 대해서 이야기하는 것은 꺼렸다.

이때 우리는 그녀가 내면에 숨겨진 것을 찾아주기를 무의식적으로 바란다고 생각했기 때문에, 로리가 숨겨진 소품을 찾는 것이 치료적으로 도움이 될 것이라고 판단했다. 그래서 번갈아 가며 숨긴 소품을 찾기를 제안했고, 그녀도 동의했다. 우리는 신중하게 소품을 선택하였고 로리에게 의미 있는 것을 고르려고 했다. 그녀는 숨기는 역할을 하는 것만큼이나 찾는 역할을 즐겼다. 그러나 소품에 대해 이야기해 달라고 제안하자 그녀는 거절했다. 이 게임을 하는 몇 회기 동안 역할을 교대로 맡으면서 그녀는 소품에 대해서 많은 것을 말하게 되었다. 어느 날 그녀는 우리가 숨겼던 인물에 대한 이야기를 만들어 냈는데, 오토바이를 탄 남자가 여자친구에게서 달아나려고 하는 내용이었다. 싸움이 일어났고 여자가 남자의 얼굴에 뜨거운 물을 끼얹었다. 그 반응으로 남자는 여자를 세게 때렸고 밀어 넘어뜨리고는 집 밖으로 달아났다. 이 이야기는 그녀가 실제 경험했던 폭력과 버려지는 것에 대한 두려움을 드러내고 있었다. 일련의 상자를 만든 다음부터 과거의 숨겨진 경험을 드러내는 것에 대한 그녀의 저항은 적어졌다.

미 로

우리는 삶에서 대처해야 할 많은 도전과 극복해야 할 장애물, 제거하거나 피해야 할 걸림돌과 성취해야 할 목적이 있다. 미로는 삶에서 만나는 방해물과 투쟁하는 내담자를 적절히 비유한 것이다. 대략 7세 아동부터 청소년은 미로 만들기를 좋아하고 성공적으로 해낸다. 모래상자는 안전하기 때문에, 바라던 목적지에 도달하기 위해 극복할 수 있는 장애물이 가득 찬 미로를 만드는 데 적당한 매체다. 치료자는 내담자에게 모래상자에 미로를 만들도록 제안한다. "네가 미로 만들기를 좋아하고 퍼즐 놀이 하는 것을 좋아한다는 걸 알았어. 그래서 오늘 좀 다른 걸 해 보려고 해. 네가 모래에 미로 만드는 것을 재미있어 할 거라고 생각해. 마지막 목적지에 도착하는 것을 막거나 방해하기 위해서 네가 원하는 것이면 무엇이든 사용할 수 있단다. 모래, 울타리, 벽, 위험한 지역을 만들 수 있어." 내담자가 도달하려고 하는 것이 무엇인지 이름을 붙여 보도록 한다. 그리고 미로를 여행하게 하고 만나는 장애물마다 그곳을 피하거나 길에서 그것을 제거하는 방법을 찾게 한다. 내담자는 목적지에 도착할 때 힘이 충만해지는 것을 느낄 것이다. 더욱이 길을 따라가면서 몇 가지 문제해결 기술도 배울 것이다. 경우에 따라 아동은 치료자에게 자신을 위한 미로를 만들어 달라고 하기도 한다. 아동은 치료자가 통과하는 미로를 만들기도 하고, 미로를 함께 만들자고 치료자에게 요구하기도 한다. 이러한 기술은 적용 가능한 것이어서, 아동은 치료실 밖에서의 삶에도 이를 보편적으로 적용할 수 있다.

이야기 만들기

상호작용 놀이는 좋아하지만 모래로 자신의 세계를 만드는 데 어려움이 있는 아동이라면 자신의 세계를 만들면서 치료자와 이야기를 만드는 것이 가치가 있을 것이다. 이 개입은 웹(Webb, 1991)이 언급했던 위니컷의 스퀴글 기법(치료자가 짧은 선을 그리면, 내담자가 이에 이어서 그림을 그리고 이야기를 만드는 기법-역자 주)과 다른 스토리텔링 기법들을 모래놀이에 적용한 것이다. 이 절차에서 아동과 치료자는 모래상자에 각자 교대로 소품을 선택하여 놓으면서 이야기를 만든다. 만약 아동이 상호작용 놀이를 요구하면, 모래상자에 치료자와 함께 이야기를 만들 것인지 물어본다. 아동이 원하면 소품을 선택해 가져와서 상자에 놓게 한다. 그런 다음 아동에게 상자에 놓은 소품과 관련된 이야기를 한 문장으로 말해 보도록 한다. 치료자는 다음과 같이 말할 수 있다. "오늘은 좀 다르게 하는 것이 재미있을 거라고 생각해. 우리가 함께 이야기를 만들고 모래상자에 그것을 만들어 보는 게 어떠니? 교대로 소품을 놓으며 그것에 이야기를 만들어 볼 거야. 네가 원하는 소품을 선택하고 상자에 놓으면서 소품에 대해 한 문장만 만들어 보렴. 그다음은 내 차례야. 네가 먼저 이야기를 시작할 수도 있고, 네가 원하면 내가 먼저 시작할 수도 있어." 누구든 아동이 선택하는 사람이 먼저 이야기를 시작한다.

각자 교대로 상자에 소품을 선택해 놓으면서 이야기와 장면이 완성될 때까지 이야기를 계속 한다. 아동이나 청소년이 이야기 만들기를 어려워하지 않고 끝없이 이어간다면, 이야기를 끝맺을 것을 제안한다. 어떤 아동은 이야기 시작하는 것을 꺼리지만, 대부분은 이 활동에 빠져들고 쉽게 결말을 생각해 낸다. 아동이 주도하는 대로 주제를 따라갈 수도 있고, 치료적으로 도움이 된다고 생각되는 방향으로 치료자가 직접 소품을 선택하거나 이야기를 주도하는 경우도 종종 있다. 이것은 특히 ① 치료자가 상세한 정보를 원할 때, ② 신속하게 어떤 문제를 해결하는 것이 아동에게 중요하다고 느낄 때(예: 제한된 방문을 하는 관리진료 내담자), ③ 숨겨진 내용을 드러내려는 것처럼 보이지만 이에 대해 공포를 보이는 아동일 때, ④ 이야기로 교훈을 가르치고자 할 때 적절하다.

한 예로, 똑똑하고 창의적인 10세 소녀 호프는 지난 두 달 동안 치료를 받아 왔다. 호프의 엄마는 최근에 이혼하였고 호프를 다루기가 어려워서 의뢰하였다. 호프는 매우 고집스럽고 자주 힘겨루기를 하였다. 그녀의 고집은 두 권위적인 대상(어머니와 교사) 및 또래와의 상호작용에 영향을 주고 있었다. 두 달의 치료기간 동안, 호프는 미술치료, 이야기하기 등 다른 놀이치료에 참여하였다. 그녀는 모래를 가지고 놀았지만 소품을 사용하지는 않았다. 이러한 활동을 하는 동안 호프는 상황을 통제할 수 있었고, 일정 선을 넘어서는 행동은 감소하는 것처럼 보였다. 호프는 이전의 치료에서 부모에게 버림받았다는 것에 대한 두려움과 통제에 대한 필요를 드러냈지만, 자신의 두려움을 건드리는 어떤 말도 회피하려 했다.

호프가 너무나 창의적이고 이야기하기를 즐기는 것처럼 보였기 때문에, 우리는 모래놀이의 생각과 감정을 객관화하는 측면을 이야기하기의 창조적인 측면과 결합하기로 결정했다. 그림과는 달리, 모래상자에서는 변화를 만들 수 있기 때문에 그녀가 더 안전하고 통제감을 느낄 수 있으리라 생각했다. 우리의 생각이 맞았고, 이야기가 발전함에 따라 호프는 잃어버린 강아지가 엄마와 아빠를 찾고 있는 장면을 만들었다. 우리는 호프의 작업에 개입하여 강아지의 딜레마를 해결해 주지 않도록 주의했다. 대신 우리는 환경을 마무리할 수 있는 자극을 주지 않는 소품을 놓고 말했다. 호프는 결국 강아지를 위해서 친구를 데려왔고, 그 강아지는 친구를 초대해서 함께 살았다. 친구는 결코 떠나지 않을 것이라고 말했다. 그녀는 버려지는 것과 혼자 있는 것에 대한 두려움 때문에 환경을 통제하고자 하는 욕구를 간접적으로 표현했는데, 이것이 호프에게 돌파구가 되었다. 마음대로 장면을 보고 바꾸고자 하는 호프의 적극적인 상상과 능력, 모래놀이 상호작용적인 특성이 우리의 지지로 인해 배가 되어, 호프는 활발하게 치유되기 시작했다.

지시적 주제가 있는 모래상자

우리는 아동의 삶에 큰 어려움을 주는 문제가 대화치료나 다른 놀이 형식(그림 그리기, 이야기하기 등)의 치료보다 모래상자 안에서 더 쉽게 표현되는 것을 보았다. 바이올렛 오클랜더(Violet Oaklander)는 "아동의 삶에서 실제 상황을 표현하는 것은 모래의 사용 없이도 상당히 효과적으로 이루어질 수 있다. 하지만 모래는 아동에게 너무나 매력적이기 때문에 그것을 더 자유롭게 표현할 수 있도록 해 준다."(1988)고 하였다. 아동과 청소년 내담자에게 모래 위에 특별한 상황, 관계, 문제를 재창조하는 것은 그에 대해 말하는 것보다 더 안전함을 느끼게 한다.

아동과 지시적인 모래놀이를 할 때는 내담자에 따라 1시간을 온전히 할지 시간을 줄여서 할지 선택해야 한다. 한 치료자는 관련된 문제를 피하려고 산만하게 행동하고 꾀를 부리는 아동의 회기 시간을 30분으로 줄인다고 말한다. 아동이 상자에 특별한 문제를 재창조하도록 30분을 준 것이다. 이것은 한 회기를 다하는 것보다 진전을 보이게 하는 훨씬 편리한 방법일 수 있다. 이러한 시간 제한은 아동에게 작업하라는 메시지를 준다.

시간과 돈을 생각할 때 지시적이고 제한적인 회기는 낭비 가능성을 줄인다. 치료자는 학교 숙제를 잘 하지 않는 학생에게 "학교를 싫어하고 어떠한 숙제도 하지 않으려는 소년에 관한 모래상자를 만들어 보는 게 어때?"라고 말할 수 있다. 독립성을 주장하려는 청소년에게는 "너를 애 취급하는 부모님 때문에 힘들지. 오늘 즐거운 일을 더 자유롭게 하기를 원하는 누군가에 대해 모래상자에 꾸며 보는 것은 좋은 생각일 수 있어."라고 말할 수 있다. 혹은 내담자에게 실제 자신의 상황을 재창조하도록 지시할 수도 있다. 자발적인 상자에 하듯이 장면을 만들게 하고 그것을 진행한다. 치료자가 내담자에게 특정 상황에 있는 자신과 같은 누군가에 대한 장면을 만들라고 할 경우, 내담자가 3인칭을 사용하게 한다. 그리고 내담자에게 상자에 자신의 상황을 만들라고 할 경우에는, 내담자가 1인칭을 사용하게 한다. 가능하다면 이 두 가지 경우에서 상자에 초점을 두도록 한다.

나이 많은 아동과 청소년이 자신의 행동을 이해하도록 하려면 구체적이고 물리적으로 상자를 사용하는 것이 효과적이다. 다음은 청소년 초기의 소녀가 만든 지시적 주제가 있는 모래상자의 예다. 우리는 아버지에게 성적 학대를 받은 13세 내담자를 만났다. 그녀는 위탁가정으로 옮겨졌고, 그녀의 아버지는 감독 없이 그녀를 만나지 못하도록 법원명령을 받았다. 그런데 그녀는 치료기간 동안에는 몰래 아버지를 계속 만났고, 유혹적인 접촉과 언어적 성학대가 계속되었다. 그녀는 계속되는 성학대를 수용할 수 없다는 것을 알았지만 생각만으로 행동을 바꾸지 못했다. 결국 그녀가 아버지를 계속 만나고 있었다는 것을 알게 되었을 때, 초기에 합의했던 대로 우리는 사회복지사에게 보고했다. 심지어 그녀는 이 점에 대해 이야기를 나눈 뒤에도 아버지를 계속 만나는 것이 어떻게 지속적인 학대를 하게 하는지 이해하지 못하는 것 같았다. 이때 우리는 모래놀이치료를 제안하고는 상자에 상황을 꾸미도록 요청했다. 상자에서 그녀는 강 한편에 한 소녀가 남자 옆에 서 있는 장면을 꾸몄다. 다른 편은 비어 있었다. 그녀는 소녀와 남자 소품 사이의 감정과 관계를 묘사했다. 갑자기 그녀는 소녀 소품과 남자 소품이 서로 얼마나 가깝게 서 있는지 알아차렸다. 그녀가 실제로 이 장면을 보았을 때, 그녀와 아버지 사이의 애착은 그녀에게 신체적이고 정서적인 실제가 되었다.

이야기가 진행되면서 소녀 소품이 불편하고 놀랐지만 그 상태로 있고 싶어 한다는 것이 분명해졌다. 우리는 좀 더 탐색했고, 내담자는 소녀 소품에게 양가감정이 있다는 것을 드러냈다. 소녀 소품이 남자 소품 옆에 있으면 그가 소녀를 해칠 것이라고 두려워했다. 하지만 소녀가 그를 만나지 않는다면 그가 그녀를 따라오거나 또는 그에게서 원하는 사랑을 받지 못할지도 모른다고 두려워했다. 우리는 그녀에게 "어떻게 하면 소녀를 덜 두렵게 할 수 있을까?" 하고 물었다. 그녀는 모른다고 했다. 다음으로 우리는 "소녀가 남자에게 하고 싶은 말은 무엇일까?" 라고 질문했다. 내담자는 "그에게 말하기가 너무 두려워요." 라고 대답했다. 그다음 우리는 "그녀가 남자에게서 달아나면 어떤 일이 일어날까?" 라고 물었다. 처음에 내담자는 소녀 소품을 움직일 수 없을 것 같다고 말했다. 잠시 침묵한 후, 내담자는 매우 신중하게 소녀 소품을 반대편 강가로 옮겼고 그녀를 지지하기 위해 다른 소품을 가져왔다. 이것은 소녀 소품이 외로움을 덜 느끼게 했다. 내담자의 신체는 이완되었다. 그녀는 소녀 소품이 실제로 남자 소품으로부터 멀리 가버렸을 때 안도감을 느꼈던 것이다. 이후 전환하기 단계에서 내담자는 아버지와 가까이 있는 것이 실제 학대를 부추긴다는 것과 그녀가 안전한 위치로 갈 만한 힘을 가졌다는 것을 전에는 깨닫지 못했다고 말했다. 이 회기와 사회복지사와의 대화 이후, 그녀는 다시는 감독 없이 아버지를 만나지 않았다.

청소년을 위한 개성화 모래상자

개성화는 청소년이 부모와 분리되어 자신의 개성화를 향하여 움직이는 정상적인 발달과정이다. 그러나 어떤 청소년에게는 이 과정이 어려울 수 있다. 그들은 권위나 분리하지 못하는 무능력에 대한 반항으로 심하게 고통받으며 자신의 정체성을 형성한다. 보통 자발적인 모래놀이는 이러한 문제를 자연스럽게 드러낸다. 그러나 청소년이 문제를 피하고 있거나 회기가 제한된 경우, 좀 더 지시적으로 이런 문제에 다가가는 것이 적절하다. 만약 내담자가 지시적인 개성화 모래상자를 기꺼이 한다면, 치료자는 "선반에서 엄마를 나타내는 소품을 찾아서 상자에 원하는 어느 곳에나 둘 수 있어." 라고 말할 수 있다. 그러고 나서 "아버지와 너를 나타내는 소품을 가져와서 똑같이 할 수 있어. 이것을 마치면 현재 너와 부모의 관계를 나타내는 장면을 완성해 보자."라고 말할 수 있다. 내담자가 장면을 완성한 후에는 함께 모래상자를 진행한다. 그리고 내담자가 고등학교를 마치고 자립했다고 상상하게 한다. 또한 미래의 부모와 자신 사이의 관계를 나타내는 새로운 상자를 만들라고 한다. 이때 첫 번째 상자의 소품을 사용하거나 새로운 소품을 찾아서 사용할 수 있다고 알려 준다. 그런 다음 상자를 다룬다. 이 회기나 다음 회기에는 부모를 나타내는 소품 없이 내담자 자신을 나타내는 소품으로 상자를 만들게 할 수 있다.

예를 들면, 부모의 이혼으로 어려움을 겪고 있어 치료에 의뢰된 16세의 라이언이 있다. 그때 그는 어머니와 계부와 함께 살고 있었다. 라이언은 아버지와 정서적으로 가까웠지만 아버지와 가끔 만났다. 아버지와 만나기로 한 시간에 어머니와 계부가 다른 할 일이 있다고 했기 때문이었다. 아버지는 아들에 대해 깊이 걱정했다. 아버지는 여름에 잠시 동안 라이언과 함께 지냈는데 그때 라이언을 우리에게 데려왔다. 라이언은 계부와 잘 지내지 못한다고 말하였다. 계부는 라이언에게 완벽할 것을 기대하였고 자신의 요구를 만족시키지 못하면 인정하지 않았다. 라이언은 그를 기쁘게 하기 위해 더욱더 노력하였다. 계부와 라이언이 잘 지낼 때 계부는 현명하고 사랑스럽고 친절한 사람이었다. 그러나 그 당시 계부가 라이언 친구들의 행동을 탐탁치 않게 생각했기 때문에 라이언은 친구들과도 거의 어울리지 않았다. 라이언의 어머니는 직장 때문에 집에 거의 없었다. 어머니는 전적으로 계부를 지지하였고 사소한 문제로 라이언과 자주 언쟁을 하였다.

라이언이 아버지와 함께 있는 동안은 단 4회기만 진행될 수 있었기 때문에 우리는 세 번째 방문에서 라이언에게 지시적 모래상자를 해 볼 마음이 있는지 물었다. 그는 어머니를 영화 〈101마리 달마시안〉에 나오는 크루엘라(패션회사 사장으로, 새끼 달마시안들의 가죽을 모아 모피 코트를 만들려는 인물- 역자 주)로 선택하고, 계부는 곰으로 선택하였다. 아버지는 무릎을 꿇고 있는 고대 중국 전사로 선택하였다. 그리고 자신은 큰 귀를 가진 슬픈 얼굴의 개로 선택했다. 라이언은 상자 중앙에 있는 개 옆의 반대편에 곰을 배치했다. 상자 한 편에는 크루엘라를 놓고 손가락으로 다른 사람들을 지적하게 하였다. 중국 전사는 장면의 다른 편 덤불 뒤에 숨어 있었다. 그는 다른 사람들을 보고 있었지만 아무것도 하지 않았다.

라이언은 부모와의 미래의 관계를 보여 주는 다음 상자를 만들 때 미소 지으며 말했다. "이거 정말 좋아요. 내가 원하는 곳 어디에나 부모를 놓을 수 있어요!" 처음에 그는 크루엘라를 옮겨서 큰 바위 뒤에 놓았다. 그러고 나서 중국 전사를 치웠고 어디에 두어야 할지 모르겠다고 말했다. 곰은 상자의 한쪽 끝에 중앙을 등지고 있게 두었다. 그는 부모에게서 독립하여 중앙에 새로운 삶을 만들었다. 그는 집, 호수, 나무, 기타를 놓았다. 마침내 그는 전사와 개에 대해 다시 언급했다. 라이언은 전사를 선택하고는 "이 전사는 진짜 나예요. 나는 더 이상 개가 아니에요."라고 말했다. 그러고 나서는 상자 중앙의 집 근처에 무릎 꿇은 전사를 두었다. 전환하기 단계에서 라이언은 상자를 완성한 이후 자신이 달라진 것을 느꼈다고 말했다. 그는 계부가 자신에 대해서 어떻게 느끼는지가 자신에게 더 이상 중요하지 않다는 것을 알았으며, 계부를 자신의 삶에서 내보내도 좋다고 하였다. 그는 지금 자신의 삶을 창조하는 것이 필요했다. 그의 유일한 걱정은 아버지를 그의 새로운 세계에서 물리적으로 완전히 제거했기에 아버지가 느낄 수 있는 아픔이었다. 비록 라이언은 그 과정을 인식하지 못했지만, 아버지상의 대체물(중국 전사)이 자신이었기 때문에 아버지와 자신을 동일시한 것이 분명하였다. 사실 그는 친아버지로부터 온 강력한 정서적인 힘을 가지고 있었다.

가족과 함께 하는 지시적 모래상자

앞서 언급한 대로, 가족과 함께 하는 모래상자는 가족의 문제를 해결하는 강력한 방법이다. 그러나 개인이나 커플과 함께 할 때처럼, 자발적 모래상자보다 좀 더 지시적인 관심을 두어야 하는 상황이 벌어진다. 가족이 경제적으로 여유가 없거나 보험을 들지 않아서 치료 회기 수가 제한적일 때는 간단한 치료에만 관심을 보일 수 있다. 좀 더 집중된 치료가 필요할 때는 지시적인 가족 회기가 더 적합하다. 개인과 커플 치료에서처럼 지시적인 모래상자를 하기 전에 가족이 적어도 하나의 자발적인 상자를 만들게 한다. 치료자가 점점 모래상자를 사용하는 것이 편안해지고 자신감이 생길수록 자신이 가진 기술을 변형하거나 새로운 것을 개발할 수 있다.

지시적 주제가 있는 모래상자

지시적 주제를 다루는 모래상자는 특히 외상, 역기능적 가족 패턴, 권위, 미해결 문제를 다룰 때 유용하다. 치료자는 "원한다면 우리가 지난 회기에 간단히 논의했던 가족의 문제나 상황을 오늘 모래상자에서 다룰 수 있습니다. 그것을 묘사하면서 상황이 일어났을 때 무슨 일이 있었는지 정확하게 보여 주세요."라고 말한다. 치료자의 평가에 따라서 한 개나 여러 개의 상자로 가족 작업을 할 수 있다. 만약 각 사람이 상황 또는 문제를 개인적으로 어떻게 인식하고 있는지 알고자 한다면 개별 모래상자에서 작업하도록 한다. 반면에 가족이 하나의 단위로서 문제를 어떻게 보고 있는지 알기 원한다면 한 상자에서 작업하게 한다. 그들이 만든 대로 서로에 대한 지각을 토론할 수 있다. 각자 장면을 만드는 데 참여하게 한다.

힘겨루기 해결하기

이 기법에서는 특히 가족 안의 힘겨루기 문제를 검토한다. 가족 구성원이 해결할 수 없을 것 같은 힘겨루기가 있을 때, 치료자는 가족들과의 모래상자에서 그것을 작업하게 할 수 있다. 청소년이 있는 가족은 흔히 이 문제에 부딪힌다. 먼저 각자의 관점에서 힘겨루기를 보여 주는 개별 모래상자를 만들도록 각 가족 구성원에게 요구한다. 그러고 나서 가족의 자발적인 개별화 상자에서 하듯이 장면을 다룬다. 이것은 각자가 상자의 장면을 보이는 대로 이야기하고 다른 사람의 관점을 들을 수 있게 한다.

다음 회기에서는 가족에게 공동 상자를 만들게 하고, 각 구성원에게 이전 상자에서 자신을 나타냈던 소품을 가져오게 한다. 그리고 가족의 관점에서 힘겨루기를 묘사했던 어떤 소품을 사용하여 원하는 대로 장면을 완성하게 한다. 간단히 이 장면을 다루고, 각 구성원에게 그들이 만든 세계로 짧은 여행을 하게 한다. 그들 각자 모든 소품을 확인한다. 이 시점에서 가족이 의견을 모아 객관적으로 도움을 주는 사람이나 문제를 볼 수 있는 현명한 사람을 나타내는 대상 하나를 찾고, 상자 안의 다른 소품이 합리적으로 문제를 해결할 수 있도록 한다. 치료자는 다음과 같이 말한다. "여러분 각자에게는 이 문제에 대한 답을 말하는 내면의 목소리가 있습니다. 아마도 여러분은 현명한 목소리를 내는 하나의 소품을 함께 찾을 수 있을 거예요." 상자의 중앙에 이 소품을 놓는다. 각자 상자의 중앙에 자신을 나타내는 소품을 가져와서 조력자를 마주 보게 한다. 구성원에게 각자 돌아가며 상자 중앙의 소품 그리고 조력자와 가능한 해결책을 제안하며 대화하도록 한다.

가족 구성원이 다른 사람의 관점에서 보는 것이 불가능하다면, 치료자는 각 구성원이 자신을 상징하는 소품과 대화하도록 제안한다. 그리고 구성원들이 서로의 역할, 예컨대 어머니는 딸 소품의 역할을 하고 딸은 어머니 소품의 역할을 맡아서 다시 대화하게 한다. 각 가족 구성원이 조력자의 역할로 말할 수 있는 기회를 주어야 한다는 것을 명심한다. 만약 가족 구성원이 조력자의 역할을 할 수 없다면 치료자가 할 수도 있다. 하지만 가능하면 그들이 해결책을 찾을 수 있도록 격려한다. 이 시점에서 치료자는 가족에게 놀이를 떠나 잠시 쉬면서 문제를 해결할 수 있게 한다. 가족이 실행하기로 동의한 결정에는 그동안 힘겨루기를 해 왔거나 힘을 유지하기 위해 필요로 해 왔던 부분을 적어도 부분적으로 포함해야 한다. 이는 가족의 협력 없이는 해결이 이루어지지 않을 것이다. 만약 시간이 있다면 가족에게 상자 안의 소품을 재배열하게 해서 가족이 함께 결정한 해결책을 물리적으로 볼 수 있게 한다. 가족에게 문제해결 상자의 사진을 찍게 하고 사진을 집에 가져갈 수 있게 준다. 만약 치료자가 가족에게 문제해결 상자를 재배열하게 할 시간이 없다면 다음 회기에 이 장면을 만들게 한다. 그때쯤 가족은 문제 해결을 다시 시도할 것이고 다른 가능한 답을 발견할 것이다.

가족이 문제해결 상자를 만들 기회를 가졌든 그렇지 못했든 전환하기 단계로 옮겨 간다. 가족 구성원 각자가 다음 주에 어떻게 해결책을 실행할지 묻는다. 가족에게 그들이 자주 볼 수 있는 곳에 사진을 두게 한다. 가족의 역동을 바꿀 수 있는 자신의 상황을 평가하게 한다. 다음 회기에는 사진을 마음속에 간직하면서 어떻게 해결책이 진행되고 있으며, 어떤 변화가 더 필요한지 가족이 객관적으로 논의하게 한다. 이것으로 가족이 계속 작업하게 할 수 있다.

이 절차를 보여 주는 사례는 다음과 같다. 14세 보니는 아동보호관찰

사무소에 의해 의뢰되었다. 보니와 친구는 가출해서 빈 집에 침입하였다. 보니와 몇 차례 회기를 진행한 후, 그녀의 행동이 어머니와의 힘겨루기와 밀접한 관련이 있다는 것을 분명히 알게 되었다. 보니는 엄마가 과잉보호적이고 친구와 하는 어떤 것도 허락하지 않는다고 말했다. 그녀의 가족은 단기치료를 받았다. 가족은 상당히 기능적으로 보였지만 보니가 경험하고 있는 발달적 변화에는 도움이 필요했다.

힘겨루기에 관한 지시적 모래상자를 하자, 각 구성원에게 상당히 서로 다른 일이 일어나고 있었다. 보니의 여덟 살짜리 남동생은 어머니와 누나 사이에 일어나는 끊임없는 싸움을 묘사하면서 어느 쪽도 비난하지 않았다. 그는 싸움을 하고 있는 사자 두 마리(어머니와 누나의 상징)를 가져왔고 작은 쥐(자신의 상징)를 가져와 바위 뒤에 숨겼다. 집 밖에서 장시간 일하고 있는 보니의 아버지는 집에서 무슨 일이 일어나고 있는지 모호하게만 알고 있었기 때문에 가족이 처한 상황에 정말로 당황스러워하는 것이 상자에 나타났다. 그는 관계에서 평화를 유지하기 위해 아내 편이 되었다. 그는 자신을 감정적이지 않고 서류가방을 들고 있는 사람으로 표상했다. 어머니는 보니가 지금처럼 행동할 때 그녀에게 일어날 수 있는 일에 대해 걱정하는 것을 묘사하면서, 보니와 자신 사이의 갈등 장면을 만들었다. 어머니는 보니가 친구들처럼 약을 사용하는 것을 가장 두려워했다. 어머니는 상자에 보니를 상징하는 작은 소녀를 가져왔고, 자신을 상징하는 것으로는 훨씬 작은 소품을 가져왔으며, 아들이나 남편을 상징하는 것은 가져오지 않았다. 보니의 장면에서 싸움은 완전히 어머니의 잘못이었고, 보니는 어머니가 자신을 과잉보호하지 않는다면 싸움이 일어나지 않을 것이라고 말했다. 그녀는 어머니를 상징하기 위해서 '백설공주' 이야기의 사악한 마녀를 가져왔고 자신을 상징하기 위해서 마녀만큼 키가 크고, 정상적으로 보이는 젊은 여성을 가지고 왔다. 그녀도 동생이나 아버지를 상징하는 소품을 가져오지 않았다.

두 번째 회기에서는 각 가족 구성원에게 이전 모래상자에서 자신을 나타냈던 소품을 공동 장면으로 가져오게 하였다. 그리고 그들이 원하는 어떤 식으로든 함께 장면을 완성하라고 말했다. 이 상자를 간단히 다룬 후에 가족에게 조력자를 선택하게 했다. 그들은 요다(영화 〈스타워즈〉에서 900세의 늙은 현자로 나오는 인물-역자 주)를 선택했다. 치료자는 요다가 모든 구성원을 상자 중앙에 오게 하고 각 구성원에게 상황을 나아지게 할 수 있는 방법을 묻도록 했다. 그리고 소품들이 요다와 대화하게 했고 각 가족 구성원이 모든 역할을 하도록 했다. 보니와 어머니는 서로의 관점에서 보기를 어려워했기 때문에 그들은 요다와 문제를 해결할 수 없었다. 그래서 각자 자신을 나타내는 소품의 역할을 하고 치료자가 요다의 역할을 했다. 요다와의 대화를 끝내고 나서 보니와 어머니는 역할을 바꾸었고, 다시 소품들이 서로 대화한 후 요다와 대화하게 하였다. 이 과정에서 어머니는 딸이 완전히 자랐고 책임감 강하며 자신이 생각했던 것보다 이성적이라는 것을 알았다. 보니는 어머니가 아직 그녀를 사랑하고 싸움은 그녀에 대한 두려움에서 시작된 것임을 깨달았다. 또한 보니는 친하게 지내는 친구들이 약물 복용을 하고 두려움은 이성적인 것임을 알았다. 아버지는 그동안 자신이 너무 무심했으며 가족과 좀 더 시간을 보내는 것이 필요하다는 사실을 알고는 좀 더 적극적으로 행동하였다. 아버지는 특히 그들이 처음 상자를 만들었을 때 그를 상징화하는 소품을 누구도 가져오지 않았다는 것에 괴로워했다. 그들은 모두 가족 안의 역동이 어린 남동생에게 어떻게 영향을 끼쳤는지 깨달았다.

가족 구성원들은 문제의 일부를 깨닫던 시점에 요다의 목소리와 그들 자신을 상징하는 소품을 통해 문제의 해결책을 생각해 낼 수 있었다. 아버지는 퇴근 후 바로 집에 와서 가족과 함께 있기로 했다. 또 주말의 가족

행사를 책임지기로 결정했다. 남동생은 더 이상 방에 숨지 않고 가족과 좀 더 상호작용을 하겠다고 하였다. 어머니는 보니를 신뢰할 수 있는 성인에 가까운 사람으로 보며 그녀 자신과 아들과 남편에게 좀 더 에너지를 쏟을 필요가 있었다. 그녀는 보니를 신뢰할 만하다는 것을 알게 되면서, 보니에게 더 많은 자유를 줄 수 있겠다고 확신했다. 또한 가족 개인뿐 아니라 함께 시간을 보내는 것에 관심이 있었다. 보니는 어머니의 두려움을 좀 더 이해하려고 애쓰고 그것을 자극하는 행동을 하지 않겠다고 말했다. 그녀는 가족과 함께 시간을 좀 더 보내겠다고 했다. 보니는 남동생에게 미안함을 느꼈고, 그와 공놀이를 하거나 책을 읽어 주기로 했다. 그들은 상자를 재배치할 때 서로 조화롭게 상호작용하면서 다음 주에 계획한 소풍 가는 장면을 만들기로 결정했다. 다음 회기에서는 가족 구성원의 좋은 의도를 활성화하고 강화하도록 도왔다. 이러한 현실에서의 지속적인 행동 변화는 모래상자에서 보이는 해결책의 실현보다는 더 느리게 나타나는 경향이 있다.

요 약

◈ 소품 수 제한하기

〈보통 소품〉

- 아동에게 12개의 소품을 찾아 상자에 놓도록 지시한다.
- 자발적인 상자에서 하듯이 세계를 탐색한다.

〈특정 소품〉

- 4종의 식물과 식물 관련 소품을 찾아 상자에 놓는다.
- 4마리의 동물과 동물 관련 소품을 찾아 상자에 놓는다.
- 4명의 사람을 찾아 상자에 놓는다.
- 아동에게 세계를 완성하는 데 사용하기 원하는 4개의 소품들을 찾도록 한다.
- 자발적인 모래놀이에서처럼 세계를 탐험한다.

◈ 게임

〈숨기고 찾기〉

- 아동이 선택한 많은 소품을 모래에 숨기게 한다.
- 소품을 찾는다.
- 아동에게 소품을 이용해 이야기를 만들 기회를 준다.
- 역할을 바꾼다. 치료에 도움이 되는 소품을 숨긴다.
- 아동에게 소품을 찾도록 지시한다.
- 아동에게 소품을 이용해서 이야기를 하도록 제안한다.

〈미로〉

- 아동이 스스로 또는 치료자의 도움으로 상자에 미로를 만들도록 한다.
- 아동에게 목표를 정하게 한다.
- 아동에게 미로를 거치는 여행을 하게 한다.
- 적절하다면 아동이 경험한 것을 일상생활에 적용하게 한다.

◈ 이야기 만들기

- 아동에게 한 개의 소품을 가져와 모래상자에 놓도록 한다.
- 소품을 사용하여 문장을 만들도록 지시한다.
- 이야기를 이어 나갈 한 개의 소품을 찾도록 하고 상자에 놓는다.
- 소품에 대해 문장으로 표현하게 한다.
- 번갈아 가며 소품을 선택하고 문장으로 표현하게 한다.
- 아동에게 장면을 완성하고 이야기를 마치게 한다.

◈ 아동과 함께 하는 지시적 주제가 있는 모래상자

- 아동이 경험하고 있는 문제와 비슷한 문제를 가진 누군가에 대한 모래상자를 만들도록 지시한다.
- 상자에 초점을 두면서 자발적인 상자에서 하듯이 제삼자의 관점에서 상자를 진행한다.

〈대안〉

- 아동에게 아동의 문제를 묘사하는 모래상자를 만들도록 지시한다.
- 상자에 초점을 두면서 자발적인 상자에서 하듯이 자신의 관점으로 상자를 진행한다.

◈ 청소년과 함께 하는 개성화 모래상자

- 내담자에게 어머니를 나타내는 소품을 찾아 상자에 놓게 한다.
- 내담자에게 아버지를 나타내는 소품을 찾아 상자에 놓게 한다.
- 내담자에게 자신을 나타내는 소품을 찾아 상자에 놓게 한다.
- 내담자에게 장면을 완성하여 가족 관계를 나타내게 한다.
- 치료자가 자발적인 상자에서 하듯이 간단히 상자를 진행한다.
- 내담자에게 자신이 독립할 수 있을 만큼 충분히 나이가 든 것처럼 하게 한다.
- 미래의 시점에서 부모와의 관계를 나타내는 새로운 세계를 만들도록 지시한다.
- 자발적인 모래놀이에서처럼 새로운 장면을 진행한다.

◈ 가족과 함께 하는 지시적 주제가 있는 모래상자

- 공동 또는 개별 모래상자에 가족에 관한 주제를 표현하도록 한다.
- 자발적인 모래상자 세계에서 하듯이 진행한다.

◈ 가족 안의 힘겨루기 해결하기

- 각 구성원에게 힘겨루기를 나타내는 분리된 세계를 만들게 한다.
- 각 구성원과 개별적이고 자발적인 상자를 하듯이 상자를 진행한다.
- 다음 회기에 가족이 이전 세계에서 그들을 나타낸 소품을 가져오도록 하여 공동 세계를 만들도록 지시한다.
- 가족에게 그들이 원하는 대로 다른 소품을 추가하면서 힘겨루기를 묘사하도록 요청한다.
- 커플과 함께 하는 자발적인 상자에서 하듯이 상자를 진행한다.
- 모든 가족 구성원에게 '조력자'나 '현자' 소품을 찾게 한다.
- 상자의 중앙에 조력자와 가족 자신을 나타내는 소품을 놓도록 한다.

- 각 사람에게 돌아가면서 중앙의 소품과 대화하며 문제에 대한 해결책을 찾게 한다.
- 가족에게 상자 밖에서 놀이를 진행하게 하고, 필요하다면 치료자의 도움으로 문제를 해결하게 한다.
- 가족에게 문제해결 상자를 만들도록 한다.
- 가족에게 상자 사진을 직접 찍게 한다.
- 해결책을 계획하고 가족을 집으로 보낸다.
- 다음 회기에서는 가족의 진행을 따른다.

모래세계 창조과정 기록

제8장

왜 모래세계 창조과정을 기록하는가

대다수의 모래놀이 치료자가 개인이나 커플 내담자의 완성된 모래상자를 기록하기 위해 사진 찍거나 간단하게 그림을 그린다. 그러나 모든 치료자가 세계의 창조과정을 기록하는 것은 아니다. 그렇다면 왜 우리는 세계를 창조하는 과정을 시간순으로 기록하도록 제안하는 것일까?

당신의 전 생애를 담은 단 한 장의 사진만을 가졌다고 상상해 보자. 당신은 그 사진에서 무엇을 보게 될 것인가? 아마도 당신은 그 사진을 보고 어디에서 누구와 함께 있었고 무슨 일이 있었는지 알 것이고, 많은 기억을 떠올릴 것이다. 하지만 그 사진을 보는 다른 사람들은 공감할 수도 있고 그렇지 않을 수도 있으며, 이미 종료된 사진의 한 이미지만을 볼 것이다. 그들은 당신이 사진에서 보고 있는 것을 볼 수 없고 당신이 경험했던 일을 알 수 없을 것이다. 당신이 내린 결정과 당신이 겪은 변화와 어려움을 알 수 없으며, 그때까지 당신에게 일어났던 기쁨과 슬픔, 노고, 배움과 통찰을 보지 못할 것이다. "이 사진은 내 인생에서 일어났던 모든 일을 보여 주기엔 부족하다!"고 항의할지 모른다. 모래놀이의 경우도 마찬가지다. 내담자의 무의식과 의식의 실제 움직임을 드러내는 것은 바로 '과정'이다. 기록은 내담자의 여정을 보여 주는 지도가 된다. 완성된 모래상자 사진은 전체 과정의 일부일 뿐이다.

내담자의 세계가 진행되는 과정을 기억하기 위해 훈련을 할 수도 있지만 소품의 선택, 배치, 순서 등 모든 세부사항을 정확하게 기억하기는 어렵다. 모래세계의 제작과정에서 일어나는 일을 정확하게 관찰하려면 일정한 형식으로 기록하는 것이 중요하다. "기록은 내담자의 상징적이고 해석적인 사고과정을 알게 하고 내담자의 여정이 향하는 방향과 본질에 대한 통찰을 줄 것이다."(De Domenico, 1988: 65) 기록은 또한 치료하기 단계에서 치료자에게 큰 도움이 된다. 치료자는 모래놀이 과정을 세심하게 관찰함으로써 회기 마지막에 상자의 어느 영역에 대해 이야기할 필요가 있는지 더 잘 알게 된다. 예를 들면, 내담자가 모래상자에 사자를 가져와서 그 사자를 새끼 양 바로 옆이나 새끼 양을 마주보게 놓았다는 것을 깨닫고 깜짝 놀라는 모습을 본 적이 있을 것이다. 내담자는 새끼 양이 사자에게 떨어져 있도록 강 건너편으로 옮기거나 상자에서 사자를 치울 수 있다. 당신은 내담자가 치료하기 단계에서 깊이 있게 탐색할 필요가 있는, 이 소품과 관련된 문제가 있음을 즉시 알아차릴 것이다. 따라서 기록은 치료하기 단계에서 내담자가 사자와 새끼 양을 움직일 때 일어났던 일을 정확히 기억하게 한다.

과정을 기록하는 데는 또 다른 이유가 있다. 치료하기 단계에서 쟁점을 다룰 그 당시에는 기억할 수 있지만, 회기가 끝난 후에 그 세계가 어떻게 만들어졌는지 정확히 회상하기는 쉽지 않다. 따라서 기록을 하는 것은 치료자가 나중에 참조할 수 있는 지도를 갖는 것이나 마찬가지다. 필요하다면 마음속으로 단계를 거슬러 올라가거나 혹은 실제로 세계를 다시 만들어 봄으로써 모래세계 제작과정을 재창조할 수 있다. 만약 상자에 드러난 내담자의 문제가 무엇인지 분명하지 않거나, 치료자에게 역전이가 일어나거나, 슈퍼바이저에게 조언을 구하고자 한다면 위와 같은 방법을 선택할 수 있다. 연구를 하거나 모래놀이를 가르치거나 혹은 법정 사건에 관련될 경우에도 많은 정보가 필요하다.

법정 증언을 할 때 모래세계에 대한 치료자의 기록은 치료자와 내담자, 판사나 배심원에게 매우 유용하다. 한 사례를 들어 보면, 우리는 아버지에게 신체적 학대를 받은 5세 남아인 조니에 대해 증언해 달라는 요청을 받았다. 조니는 양부모의 집에서 지내게 되었다. 판사는 조니가 아버지에 대해 어떻게 느꼈는지, 조니가 친부모의 집으로 돌아가는 것이 적절한지 확인해 주기를 원했다. 지방검사는 조니의 모래놀이 회기를 포함한 우리의 기록을 증거로 채택했다. 아동이 아버지에 대해 부정적인 말을 전혀 하지 않았음에도 소년이 만든 모래세계에 대한 기록을 읽은 판사는 조니가 아버지에게 매우 화가 나 있음을 분명히 알게 되었다. 모래에서 놀기 시작한 지 얼마 되지 않아 조니는 아버지라고 부르는 소품을 가져왔다. 조니는 얼굴을 찌푸리더니 비명을 지르기 시작했고, 아버지 소품을 집어 들어 벽을 향해 세게 내던졌다. 이 놀이는 한 회기에 여러 번 반복되고 다음 회기에도 계속되었을 뿐만 아니라 점점 더 격렬해졌다. 이러한 기록을 본 판사는 조니가 친부모의 집으로 돌아갈 준비가 되지 않았음을 알게 되었다.

일부 치료자는 기록을 하는 것이 내담자와 온전히 함께 있는 것을 방해

한다고 느끼기 때문에 상담을 하는 동안 기록하는 것을 반대하지만, 실제로는 그렇지 않다. 오히려 기록을 함으로써 모래세계 제작과정에서 일어나는 모든 세부사항에 주의를 기울이고, 이를 통해 불필요한 생각과 분석이 사라져 치료자가 더 잘 집중할 수 있다. 기록을 남기는 것을 좋아하지 않는 내담자도 있지만 대부분은 기록하는 것에 반대하지 않으며, 기록이 모래놀이 과정에 신뢰와 의미를 준다고 느끼는 사람도 있다. 물론 각 회기를 기록하고자 할 때 미리 허락을 구해야 하는 것처럼, 기록을 시작하기 전에도 허락을 얻어야 한다. 만약 내담자가 기록을 원하지 않으면 치료하기 단계에서 도움이 될 수 있는 사항들을 주의 깊게 기억하여 회기가 끝난 후에 기록한다.

기록하는 방법

비디오 녹화하기

전술했듯이, 한 회기를 기록하는 가장 완벽한 방법은 비디오에 녹화하는 것이다. 많은 치료자가 회기를 재검토하거나 내담자와 학생에게 사용할 교수도구로 비디오 녹화를 하고 있다. 맨 처음 모래놀이에 비디오 녹화를 제안한 것은 드 도미니코(1988)였다. 이 방법은 큰 장점이 있다. 치료하기 단계를 포함한 회기의 모든 세부사항이 기록되고, 치료자는 필요한 만큼 비디오테이프의 전체나 특정 부분을 되돌려 볼 수 있다. 치료자나 수련생 혹은 내담자가 회기 중에 일어난 일에 대해 의문이 생길 때도 비디오테이프가 특히 유용하다. 테이프로 치료자 자신을 관찰하는 것 역시 모래놀이치료 기술을 숙달시키는 데 도움이 된다. 교수나 연구를 위해 그리고 내담자와 치료자가 법정 증언을 할 경우에 비디오는 완전한 과정을 보여 준다. 또한 치료자가 커플이나 가족 또는 집단과 작업할 때, 여러 사람을 한꺼번에 정신없이 적어 놓은 노트보다 번거롭지 않고 더 정확하다. 그리고 모래상자에서 제기된 쟁점을 살펴보기 위해 이후 회기에서 테이프의 특정 장면을 다시 볼 수 있다.

우리가 아는 한 부부는 자신들의 의사소통 유형(일상적으로 헐뜯는)이 문제라는 것을 머리로는 알고 있지만 진심으로 이해하지는 못했으며, 자신들의 행동이 서로에게 어떤 영향을 주는지 이해하지 못했다. 심지어 모래세계를 제작한 후 문제를 이해하는 과정에서 충분히 거리를 둘 수 없었다. 내담자 동의하에 우리는 한 회기분의 모래놀이를 비디오 녹화하여 당면한 문제와 관련된 부분을 다시 보여 주었다. 그들은 자신들이 언어적 · 비언어적으로 서로에게 어떤 영향을 주는지 보고 놀라워했으며 문제를 겸허하게 받아들였다. 결국 극적인 인식의 전환이 이루어졌다.

그러나 비디오 녹화에는 몇 가지 단점이 있다. 대부분의 치료자에게는 비용 부담이 너무 크며, 전체 회기의 테이프를 재검토하는 것은 불편하고 시간 낭비일 수 있다는 점이다. 게다가 일부 내담자, 특히 학대 경험이 있는 내담자는 가해자가 어떻게 해서든 테이프를 얻어 내어 신체 · 정서적으로 자신들에게 피해를 줄지도 모른다고 두려워한다. 그들은 자신의 말과는 행동이 영구히 기록되는 것을 원하지 않는다.

만약 치료자가 비디오 녹화를 하기로 했다면 녹화 전에 내담자의 서명을 받는 동의서를 작성해야 한다. 내담자 동의에 대한 증빙 자료가 필요할 경우를 위해 안전한 곳에 서명된 서류를 보관한다. 치료자는 사적인 정보의 녹화에 관한 주정부 법규와 검열위원회 규정을 숙지해야 한다. 내담자의 동의를 구할 때는 녹화를 어떻게 할지, 녹화하는 이유는 무엇인지(예: 내담자를 위해 사용하는지, 교육이나 훈련을 위해 사용하는지), 테이프를 어디에서 사용할지(예: 사무실, 워크숍, 대학 강의실) 등에 대해 논의해야 한다. 테이프는 잠금장치가 된 장소에 안전하게 보관하고 사전 협의된 시간에 볼 수 있다고 내담자에게 알려 준다. 내담자가 요청하면 언제든지 녹화를 멈출 것이라고 알린다. 또한 테이프를 자료로 보관하는 것에 대해 내담자의 심경에 변화가 있으면 치료자가 테이프를 파기할 것이며, 내담자의 사전 동의에 따라 테이프를 이미 보여 준 경우라면 그 사실을 나중에 알려 주겠다고 이야기한다.

회기를 녹화하는 방에 다른 누군가가 있는 것을 내담자가 원하지 않으면 카메라를 천장에 매달거나 눈에 띄지 않는 곳에 삼각대를 설치하여 치료자가 작업할 장소에 카메라를 고정시켜 놓을 수 있다. 내담자가 사진 찍히는 것을 원하지 않거나 내담자의 움직임이나 얼굴 표정을 기록할 필요가 없다면 카메라 초점을 모래상자에 고정시켜 둔다. 어느 경우든 녹화가 모래놀이 과정을 방해할 수 있기 때문에 가능한 한 내담자에게 피해가 가지 않도록 비디오 녹화를 해야 한다. 치료자가 직접 비디오 녹화를 하는 경우에 모래상자의 소품을 확인하는 것이 어렵다고 생각한다면, 내담자가 모래상자에 소품을 가져올 때 소품 항목을 기록한다.

과정 사진 찍기

회기를 녹화할 수는 없지만 놀이과정을 사진으로 기록할 필요가 있다면 모래세계 제작과정을 연속해서 사진으로 찍는다. 제작과정이 빠르거나 한 상자에서 여러 사람이 작업하는 경우에는 35mm 카메라로 찍는 것이 더 수월하고, 그러한 상황에서는 사진을 찍는 것이 기록하는 것보다 더 정확하게 과정을 묘사한다. 이 책에 기술한 과정 사진 찍기 기법을 개발한 드 도미니코(1988)는 커플이나 가족과의 회기를 진행하는 동안 기록은 적게 하면서 여러 장의 사진을 찍는 것이 가장 번거롭지 않고 편리한 방법이라고 밝혔다.

다시 말하지만, 사진을 찍을 때는 내담자의 동의를 꼭 얻어야 한다. 치료자가 내담자의 과정을 방해하지 않도록 조심한다면 대부분의 내담자는 사진 찍는 것을 반대하지 않는다. 주요 변화과정을 포착하려면 전개되는 각 단계의 세계가 기록될 수 있도록 사진 촬영을 한다. 줌렌즈는 상자의 특정 영역이나 소품을 가까이 볼 수 있게 한다. 경험하기와 재배치하기, 그리고 (어떤 변화가 있다면) 치료하기 단계에서도 몇 장의 사진을 찍을 수 있다. 내담자를 방해하지 않도록 가능한 한 관찰자인 치료자의 위치에서 사진을 찍는다. 만약 과정을 정확하게 포착하고자 한다면 필름 전체를 사용할 수도 있다. 마지막으로, 간략하게 메모를 하고 특정 사진에 해당되는 각각의 메모 앞에 P(사진 틀 #)라고 쓴다. 만약 한 사람 이상과 작업을 하고 있다면 어떤 내담자가 상자를 만들고 있는지 P 옆에 기록한다. 번호가 매겨진 사진을 인화하면 적어 놓은 메모와 쉽게 연결할 수 있을 것이다.

대부분의 치료자는 비용이 많이 들고, 시간 소모도 많고, 치료자와 내담자를 방해한다는 이유로 과정을 사진으로 찍는 것을 선호하지 않는다. 사진은 내담자에게 자의식을 일으키고 내담자를 당위적으로 행동하게 할 수 있다. 게다가 사진 찍을 때 나는 셔터 소리는 특히 소리에 민감한 사람에게 방해가 될 수 있다. 내담자가 사진 촬영을 허용했다 하더라도 내담자가 불편해하거나 불안해하는 것이 보이면 언제든지 사진 촬영을 중단할 것이라고 내담자에게 알려야 한다.

간략하게 적기

모래세계 제작과정을 정확하게 기록하도록 권유하지만, 일부 치료자는 적는 것이 내담자와 함께하는 데 방해가 된다고 느낄 수 있다. 내담자에게는 치료자가 치료 회기 동안 이용 가능하도록 함께 있어 주는 것이 가장 중요하다. 치료자와 내담자의 에너지가 결합함으로써 변형이 일어날 수 있으므로, 치료자가 기록을 할 때 내담자의 경험을 수용하고 함께 있어 주며 안전하고 보호적인 환경을 제공하는 것이 불가능하다고 판단된다면 기록하는 것을 포기해야 한다. 치료자의 궁극적인 목표는 정서적 · 영적으로 내담자의 세계에 함께하는 것이지만 관찰자로서의 역할이 남아 있다. 가능하다면 과정의 특성과 방향을 이해할 수 있도록 내담자가 창조하는 처음 2~3개의 모래세계를 주의 깊게 적어 둔다.

필기를 하지 않으면 정신적인 기록이라도 계속해야 한다. 이를 통해 치료자는 모래세계에 사용된 소품의 순서를 기억할 수 있고, 언제 어떻게 모래를 움직였는지, 내담자의 언어적 · 비언어적 표현과 내담자가 만든 모든 변화에 대해서 회상할 수 있다. 이 모든 것을 마음속에 간직해서 회기가 끝난 후에 기록한다. 내담자가 펼치는 세계를 기억하는 것이 어렵다면 중요한 관찰을 기억해 내는 데 도움이 되도록 한두 단어를 적어 둔다. 치료하기 단계에서 기록한 노트를 훑어보고 그러한 관찰이 적절한지 내담자와 함께 점검해 볼 수 있다. 가능하면 회기 후에 상자를 검토할 수 있는 시간을 충분히 남겨 두고 치료자가 기억하고자 하는 모래놀이 과정을 표기하거나 도표로 그린다.

상세하게 적기와 도표

이 장 초반에 항목별로 나누어 기록해야 할 이유에 대해 논의하였다. 내담자의 모래상자 제작과정을 사진 찍거나 비디오 녹화를 하지는 않지만 제작과정에 대한 세부적인 기록이 필요하다면 상세하게 적기를 제안한다. 기록을 하려면 꼭 내담자의 허락을 받고, 기록을 하는 이유를 설명하고 기록된 자료는 비밀이 보장됨을 알려야 한다. 치료자는 내담자에게 다음과 같이 말할 수 있다. "당신이 상자를 만드는 동안 제가 필기를 해도 될까요? 기록하는 것은 무슨 일이 일어났는지 정확하게 기억하는 데 도움이 된답니다. 필요할 때 제가 그 자료들을 참고할 수도 있고요. 기록된 자료의 내용에 대해서는 비밀이 유지될 것입니다." 만약 당신이 정적인 상자를 만드는 아동과 작업하고 있다면, "네가 모래상자에서 만들고 있는 것에 정말 관심이 있단다. 내가 기억할 수 있도록 적어도 괜찮겠니?" 라고 말할 수 있다. 5장에서 언급했듯이, 아동은 동적인 상자를 만드는 경우가 많기 때문에 치료자가 종종 적극적인 역할을 해야 한다. 아동이 동적인 상자를 만들거나 가족 구성원과 공동 작업을 할 경우 기록하기가 쉽지 않다. 그렇지만 아동이나 가족의 놀이에 나타나는 주요 주제, 진행 과정 및 방식 등에 대해서 좀 더 주의를 기울일 수 있을 것이다.

모래놀이를 하는 동안 우리는 내담자가 앉거나 서 있으라고 정해 준 위치에서 기록한다. 조용히 눈에 띄지 않게 있으면 기록을 하는 것이 내담자를 방해하지 않는다. 라이스-미누힌(1992)은 내담자와 약간의 거리를 두고 조용히 앉아, 사례집에 상자의 제작과정을 스케치하였다. 캐서린 브래드웨이(1990)는 보이지 않는 곳에 앉아 소품이 배치되는 순서와 장소를 기록하였다. 기록을 어떻게 하느냐는 치료자에게 달려 있다. 기록을 마친 후에는 노트를 내담자가 볼 수 없는 위치에 놓는데, 치료자가 참고하기 좋은 위치인 치료자 바로 옆이나 무릎 위에 두는 것이 좋다. 우리는 가끔 치료하기 단계와 전환하기 단계에서도 기록이 꼭 필요할 경우에는 몇 가지를 간단히 적어 둔다. 치료하기 단계와 전환하기 단계에서 일어난 주요 사건을 포함하여 그 회기의 기록을 완성하기 위해서는 회기를 마친 다음 충분한 시간을 가져야 한다.

무엇을 기록하나

모래세계가 만들어지는 동안 일어나는 일을 치료자가 관찰하고 여러 가지 생각을 할지라도 그 모든 것을 전부 기록할 수는 없다. 따라서 특정 관찰 내용을 일어난 순서대로 기록하는 것이 좋다. 종종 내담자들은 중요성에 따라 또는 모래세계가 전개되는 순서에 따라 상자에 소품을 배열하곤 한다. 그러나 항상 그런 것은 아니다. 때때로 내담자들은 단순히 선반을 따라가다가 어떤 소품을 찾으면 그것을 상자에 놓기도 하므로 순서의 의미는 나중에 살펴본다. 치료하기 단계에서 치료자는 내담자에게 소품을 상자에 놓은 순서대로 모래세계 제작과정을 되짚어 보도록 요청할 수 있다. 그 시점에서 순서의 의미가 치료자와 내담자 모두에게 분명해져야 한다.

세계의 창조과정을 보면서 치료자는 내담자가 고른 모래 입자와 색깔 그리고 상자의 형태를 기록한다. 또한 모래를 어디서 어떻게 옮기는지, 내담자가 물을 사용하는지, 사용한다면 얼마나 많이 사용하는지(예: 모래에 물을 적시기만 하는지, 물을 넘치게 하는지) 기록한다. 만약 내담자가 소품을 사용한다면 상자에 배치된 소품의 종류와 배치 순서, 소품이 놓인 장소와 방향 그리고 공간적 배치(모래상자의 위와 아래)를 기록한다. 내담자가 만든 것이면 무엇이든 그 변화를 기록하고, 내담자가 묻거나 옮기거나 제거하거나 혹은 선택했지만 상자에는 배치하지 않은 소품에 대해서도 기록한다. 내담자의 언어적 표현뿐 아니라 몸짓과 같은 비언어적 표현을 적어 두고 또 그러한 표현이 나타날 때마다 기록한다. 또한 치료자 자신의 느낌과 생각을 기록한다. 그 순간에 치료자에게 중요하다고 생각되고 다음 회기에 회상하고 싶은 것이면 무엇이든 기록한다. 이러한 과정은 총체적인 경험이라는 것을 기억해야 한다. 연속되는 것은 의미 없이 나타나는 것이 아니며, 내담자가 행하고 말하는 모든 것이 중요하다.

어떻게 기록하나

독자 중 일부는 이미 속기에 대해 알고 있을 것이다. 만약 모른다면 당신의 기록법으로 활용하기 위해 속기를 배우고 싶어 할 수 있다. 우리는 드 도미니코(1988)가 개발한 기록 기법과 속기를 사용해 왔는데 이 방법이 아주 유용하였다. 우리가 사용한 방법을 택하든 혹은 당신 자신의 방법을 개발하든 다음의 예를 참조할 수 있다.

개인 모래놀이 기록지

(이 장 마지막의 견본 양식을 참조하라.) 모래놀이 회기마다 매번 새로운 양식을 만드는 것보다 앞으로 사용할 기록 양식이나 복사본을 만들어 두는 것이 훨씬 시간이 절약된다. 기록 양식을 만들기 위해 우리는 A4용지 크기의 종이를 사용했다. 용지를 가로로 두고 선을 그어 35cm 정도 너비의 칸을 네 개로 나누었다. 맨 위에는 내담자 이름, 날짜, 내담자가 사용하는 모래(입자와 색깔)와 상자(크기와 모양), 모래가 젖었는지 건조한지 등을 적을 수 있도록 충분한 공간을 남겨 두었다. 그다음 네 칸에 각각 명칭을 붙였다. 한 페이지에 기록할 내용이 너무 많을 때 사용할 수 있도록 두 번째 페이지도 있다. 이 양식을 사용하고자 한다면 이 장에 제시된 지침을 따라 만들거나 이 장 끝 부분에 있는 양식을 확대 복사하여 사용할

수 있다. 더불어 내담자의 완성된 모래세계 사진과 이를 기록한 예시가 이 장 끝 부분에 있다(308p [사진 12]와 309p 예시 참조).

첫 번째 칸: 소품/모래 내담자가 모래상자에 어떤 소품을 가지고 오는지, 소품을 옮기거나 제거하는지, 만지기만 하고 상자에 놓지는 않는지, 모래를 옮기는지, 물을 붓는지, 모래 위에 강과 산 같은 것을 만들거나 변화시키는지 등 모든 순서를 기록하기 위해서 첫 번째 칸에 1~20의 번호를 적는다. 세계가 완성되면, 선택하기는 했지만 실제로 만들 때는 사용하지 않은 소품이 무엇인지 기록한다. 사용하지 않은 소품의 번호 옆에는 체크(✓) 표시를 하고 치료자가 기록할 필요가 있다고 느끼는 어떤 변화가 있었던 소품의 번호 옆에는 별표(*)를 추가하여 다음에 검토한다. 만약 내담자가 어떤 소품을 옮기면 그것을 다시 기록한다. 내담자가 소품에 부여하는 용어나 명칭 혹은 특성을 괄호 안에 추가할 수 있도록 기재한 목록 옆에 약간의 공간을 남겨 둔다.

두 번째 칸: 내담자의 언어적/비언어적 표현 내담자가 세계를 만들 때 사용하는 말투(불평 같은)와 언어적 표현뿐 아니라 몸짓과 얼굴 표정, 행동 등을 적는다. 기록할 때는 가능한 한 객관적으로 하고, 사용된 소품 옆에 치료자가 관찰한 표현을 꼭 기록한다.

세 번째 칸: 치료자 반응 모래세계가 만들어지는 동안 치료자의 반응, 생각, 느낌 등을 간단히 기록한다. 단, 내담자의 세계를 분석하거나 해석하는 것은 아니라는 점을 기억해야 한다. 이 칸에 적어 놓은 사항들은 치료하기 단계에 도움이 될 것이다. 또한 회기가 끝난 후 모래놀이 과정을 검토할 때에도 아주 유용하다. 치료자의 관찰은 내담자의 치료과정

뿐 아니라 치료자 자신의 과정 및 가능한 역전이 문제에 도움이 되는 아이디어를 줄 수 있다. 만약 치료자 스스로 내면의 대화를 듣게 된다면 그 대화를 괄호에 표시한다. 또한 치료과정을 검토할 때 전체 그림이 어떻게 맞추어지는지 이해할 수 있도록 내담자의 소품이나 표현 옆에 치료자 의견을 기록한다.

네 번째 칸: 도표/지도 모래상자를 나타내는 최소 두 개의 도표를 위아래로 그린다. 도표에 면적이 똑같은 사분면을 그린다. 이 선들이 내담자의 과정을 기록한 것과 구분되도록 연필을 사용한다. 도시의 지도처럼, 도표 상단에 1, 2, 3, 4, 5를 기재하고 세로 선에 A, B, C, D, E를 적는다. 이것은 각 소품이나 모래 형태의 위치를 정확하게 보여 줄 수 있다. 소품이나 모래 형태의 이름을 첫 칸에 기록하는 것처럼, 상자의 항목 번호를 적절한 위치에 배치한다. 어떤 소품이 특정 방향을 향하고 있다면 번호 옆에 화살표를 그려서 그 방향을 표시한다. 만약 모래가 이동되면 화살표를 이용하여 이동 방향을 그린다. 강과 호수의 경우에는 물의 윤곽을 그린다.

다음은 모래와 소품의 공간관계를 확인하는 데 도움이 되는 제안이다. 소품이 물이나 모래 위에 있다면 번호에 원을 그린다. 만약 어떤 소품이 다른 소품 위에 있거나 혹은 하늘 고리에 매달려 있다면 번호에 두 개의 원을 그린다. 물체가 묻혀 있다면 그 번호에는 원을 표시하지 않는다. 소품이 이동되거나 재이동된다면 첫 칸에 조정된 것을 기록하고 도표 위에 있는 원래의 번호에 선을 긋는다. 소품이 그대로 상자에 놓여 있다면 그림에 새로운 번호와 위치를 적는다. 만약 내담자가 모래상자에 많은 소품을 사용하거나 너무 많은 변화를 가져온다면 새로운 양식에 계속 기록한다.

내담자가 떠나고 나면 기록지 뒷면에 전 과정을 하나의 그림으로 통합한다. 칸 아래나 기록지 하단에 충분히 공간을 남겨 두면 치료자가 포함하고 싶은 의견을 간단하게 기록할 수 있다. 그래도 공간이 부족하다면 기록지 뒷면에 적는다. 치료하는 동안 다루어진 문제, 치료자 평가, 향후 회기에 대한 계획 등을 기록한다. 만약 제작과정이 길거나 너무 빠르거나 복잡하다면 여러 장에 기록을 하거나 회기 나머지 부분의 기록을 생략할 수 있다. 이와 같은 경우 치료자는 간단한 메모로 기록을 마무리한다. 회기 중에 우리가 제안한 모든 것을 기록지에 포함하는 것은 사실상 불가능하다. 따라서 가능한 한 다음 내담자를 만나기 전에 시간을 확보하여 상자를 검토하고 치료자의 기록을 완성하고 회기에 통합한다.

커플 모래놀이 기록지

(이 장 마지막의 기록 양식을 참조하라.) 앞서 언급한 것처럼, 커플의 모래놀이 과정을 세부적으로 기록하는 것은 초보 모래놀이 치료자에게는 너무 혼란스럽고 부담이 된다. 다음에 활용하기에 적절하다고 생각되는 기록 방법과 양식을 포함하였다. 이것도 부담스러우면, 내담자가 모래세계를 만드는 동안 치료자가 관찰한 내용을 간략하게 기록한다. 간략한 노트에는 언어적 · 비언어적 상호작용의 예뿐 아니라 건설적이거나 파괴적인 개인 및 집단 역동이 포함되어야 한다.

커플이 한 상자에서 공동으로 작업한다면 개별 회기 양식을 만들 때와 마찬가지로 만들면 된다. 단, A4용지 크기의 종이를 4칸이 아닌 3칸으로

첫 번째 칸:	**두 번째 칸:**	**세 번째 칸:**
파트너 #1 ____________ 소품/모래 표현	파트너 #2 ____________ 소품/모래 표현	도표

나누어야 한다. 그다음 각각의 칸에 다음과 같은 명칭을 붙인다.

각 파트너에 대해 '소품/모래'라는 제목 아래에 소품을 상자에 가져간 순서와 모래의 이동을 기록한다. 이때 파트너 중 누가 소품을 배치하든 상관없이 각 항목에 순서대로 번호를 매겨야 한다. 예를 들어, 파트너 #1이 모래상자에 첫 번째 소품과 세 번째 소품을 배치하고 파트너 #2가 두 번째와 네 번째 소품을 배치했다면, 파트너 #1의 칸에는 '1. 새'와 '3. 나무', 파트너 #2의 칸에는 '2. 집'과 '4. 다리'를 적어야 한다. 중요한 언어적·비언어적 단서와 상호작용을 관찰하여 '표현'에 기록한다. 치료자가 기억하고 싶은 생각이나 느낌도 '표현'에 기록하고 그 앞에 'T(치료자)'라고 표시한다. 세 번째 칸(3열)에는 개별 회기와 마찬가지로 도표를 그리고 기록한다. 두 파트너의 모래상자 제작과정을 하나의 그림으로 통합한다. 개별 회기에서처럼 커플이 떠난 후에 기록을 완성하는 데 필요한 시간을 충분히 남겨 둔다.

커플이 따로 모래세계를 만든다면 앞과 마찬가지로 진행하되, 종이를 반으로 나누어 각각의 파트너에 대해 기록하고 별도의 도표를 그린다.

좌 측	우 측
파트너 #1 ________________	파트너 #2 ________________
소품/모래	소품/모래
표현	표현
도표	도표

코멘트: 회기가 끝난 후에 치료자가 다루었던 문제, 치료자의 평가, 이후 회기에 대한 계획을 기록한다. 치료자가 중요하다고 생각했지만 적지 못했던 내용도 사례 기록에 포함한다.

[사진 12] 개인 기록지를 위한 모래상자

개인 기록지 예시([사진 12] 참조)

이름: 제시카 애덕스　　상자: 50×76 직사각형　　모래: 젖음 × 마름 ____

날짜: 1997년 1월 10일　　색상 흰색　　입자 80메시

소품/모래	내담자의 언어적/ 비언어적 표현	치료자 반응	도표/지도
1. 완전히 젖은 모래	의도적으로 연못을 만듦		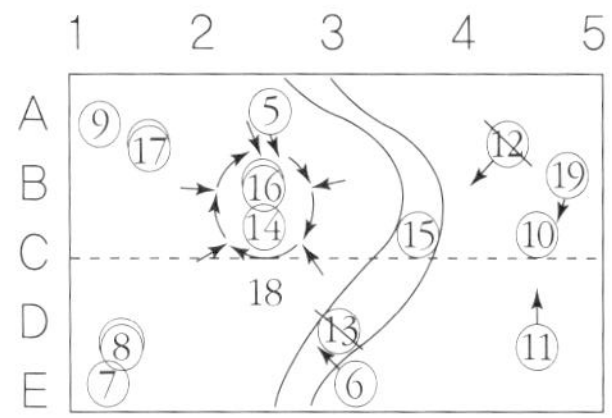
2. 작은 언덕(산)			
3. 원			
4. 강			
5. 게 껍데기(부드러움, 오렌지색)	부드럽게 어루만짐		
6. 게 껍데기(뾰족한 뿔이 있음, 갈색)	뾰족한 곳을 만지며 "아야."	대비를 알아차림	
7. 새 둥지(안전 및 사랑)			
8. 둥지에 있는 두 개의 알(재탄생, 쌍둥이)	'아~', 미소 지음	(내담자는 쌍둥이)	
9. 수정(영적인 자기)			
10. 머리 다섯 달린 괴물(부정적인 생각)		위축, 거부된 느낌	
11. 6각 별(유대인의 전통)	놀란 표정	(괴물을 마주 보고 있는 종교?)	
12. 호랑이(힘)	곧게 앉아 있음		
13. 다리(다른 쪽으로 가는 길)			
14. 피라미드			
15. *이동시킨 다리	다리를 듦, 망설임	(변화가 일어났나?)	
16. 피라미드에 있는 초와 빛			
17. 하늘 고리에 달린 음양		숨겨진 꽃병 확인	
18. *보석 박힌 꽃병, 묻힘			
19. *호랑이 대신 괴물로			
20. ✓깃털(만졌지만 사용 안 함)			

코멘트: 다루어진 문제: 자기 수용의 결핍, 부정적인 혼잣말, 약한 종교 정체성

평가: 그림자의 수용과 통합을 향한 움직임

계획: 수용되지 못한 자아 상태와 균형 있는 자아 간의 대화, 일지 쓰기, 부정적인 혼잣말 관찰

개인 기록지

이름: ______________________ 상자: ____________________ 모래: 젖음 ______ 마름 ______

날짜: ______________________ 색상 ______ 입자 ______

소품/모래	내담자의 언어적/ 비언어적 표현	치료자 반응	도표/지도
1.			
2.			
3.			
4.			
5.			
6.			
7.			
8.			
9.			
10.			
11.			
12.			
13.			
14.			
15.			
16.			
17.			
18.			
19.			
20.			

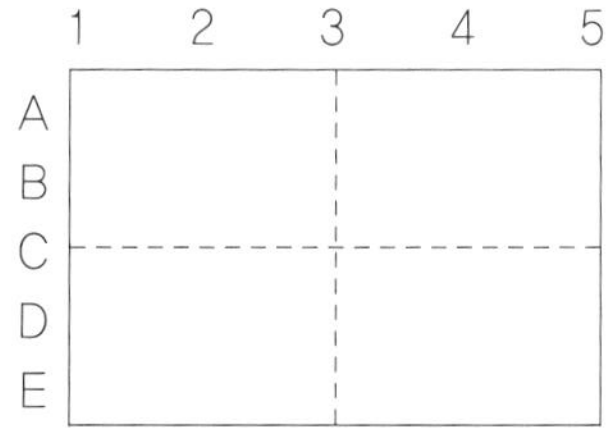

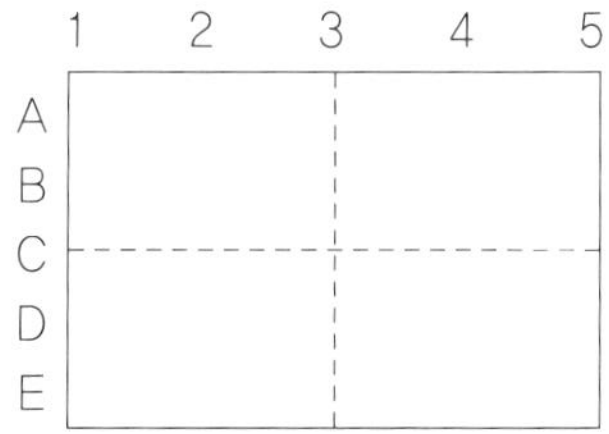

코멘트:

____

____

____

소품/모래	내담자의 언어적/ 비언어적 표현	치료자 반응	도표/지도
21.			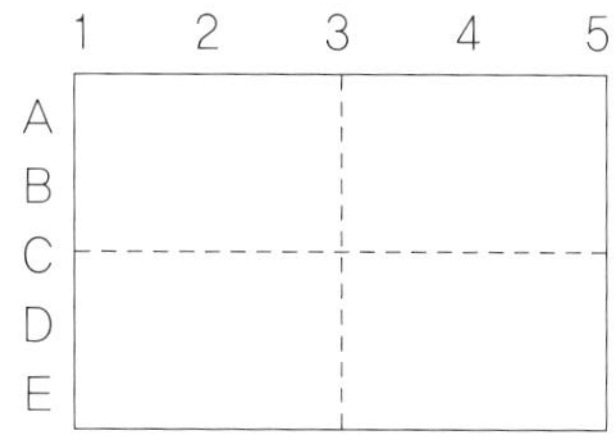
22.			
23.			
24.			
25.			
26.			
27.			
28.			
29.			
30.			
31.			
32.			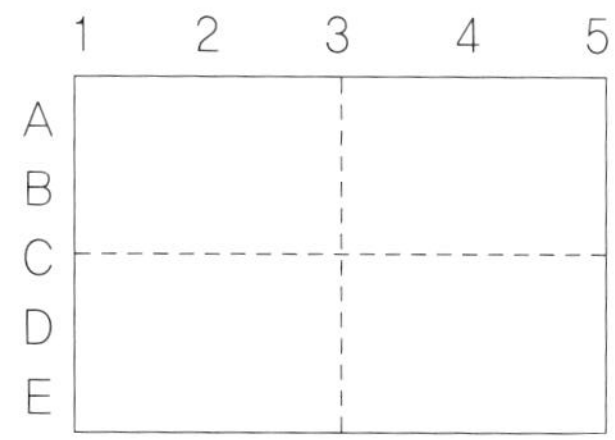
33.			
34.			
35.			
36.			
37.			
38.			
39.			
40.			

코멘트:

커플 기록지: 개별 모래상자

커플 이름: ______________________ 날짜: ______________________

파트너 #1: ______________________ 파트너 #2: ______________________

상자: ________ 모래: 젖음 ________ 마름 ________ 상자: ________ 모래: 젖음 ________ 마름 ________

색상 ________ 입자 ________ 색상 ________ 입자 ________

소품/모래	표현	도표/지도	소품/모래	표현	도표/지도
1.			1.		
2.		1 2 3 4 5	2.		1 2 3 4 5
3.		A	3.		A
4.		B	4.		B
5.		C	5.		C
6.		D	6.		D
7.		E	7.		E
8.			8.		
9.			9.		
10.		1 2 3 4 5	10.		1 2 3 4 5
11.		A	11.		A
12.		B	12.		B
13.		C	13.		C
14.		D	14.		D
15.		E	15.		E
16.			16.		
17.			17.		
18.			18.		
19.			19.		
20.			20.		

코멘트:

커플 기록지: 공동 모래상자

커플 이름: ______________________ 날짜: __________

상자: ______________ 모래: 젖음 ______ 마름 ______ 색상 ______ 입자 ______

파트너 #1: ______________ 파트너 #2: ______________

소품/모래	표현	소품/모래	표현	도표/지도
				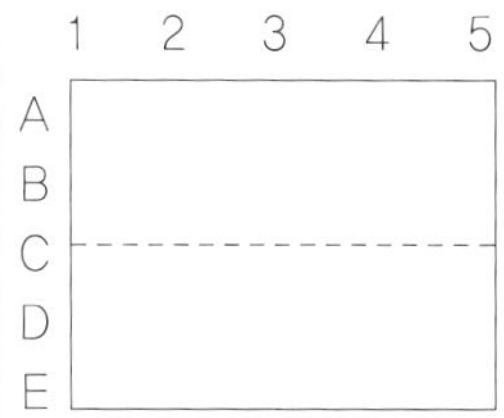 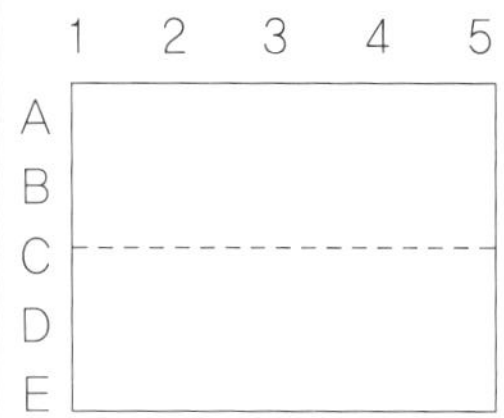

코멘트: ____

____

____

요 약

◈ 창조과정 기록하기

〈왜 기록하는가〉

치료자가 과정을 기억할 수 있도록, 주의를 기울이기 위해, 치료에 도움이 되도록, 명료화나 연구 및 증거에 참조할 수 있도록, 내담자의 과정에 신뢰성을 더하기 위해 기록한다.

〈기록하는 방법〉

비디오 녹화하기, 과정 사진 찍기, 간략하게 적기, 상세하게 적기, 도표 그리기가 있다.

〈무엇을 기록하나〉

모래상자, 모래 입자와 색깔, 젖은/마른 모래, 소품의 순서와 배치, 소품의 방향과 공간적 관계, 모래와 소품의 이동과 변화, 소품을 묻는 행동, 선택했지만 사용하지 않은 소품, 내담자의 신체언어, 비언어적 · 언어적 표현, 치료자의 느낌과 생각, 기타 관련된 관찰과 통찰을 기록한다.

제9장 모래놀이치료의 금기

모래놀이는 매우 강력한 기법이고 모든 내담자에게 치료적이지만, 모래놀이 치료를 연기 · 변경하거나 사용하지 않아야 하는 경우도 있다. 앞에서 언급했듯이, 모래상자 작업은 치유 동기가 있고, 자기 반영적이며, 기꺼이 놀이하고자 하는 내담자에게 효과적이다. 당신의 내담자 중 대부분이 이러한 기준을 충족하였을 것이다. 그러나 우리뿐 아니라 이 분야의 치료자들이 알고 있듯이, 내담자 스스로 모래놀이가 효과적이라는 데 동의해야 한다. 내담자 중에는 모래놀이치료가 부적절하고 비효과적이며 심지어 해가 되는 사람도 있다. 치료자는 모래놀이에 대한 내담자의 태도, 발달단계, 현재의 정서 상태, 성격 유형, 자아 강도 그리고 환경의 요구 등을 고려하여 모래놀이 사용 여부를 결정해야 한다.

어떤 내담자는 모래놀이를 통해 도움을 얻을 수 있지만, 모래에서 놀이를 하기로 동의하기까지는 다소 시간이 걸릴 수도 있다. 치료자는 내담자가 치료실에 들어올 때 하는 말과 행동을 관찰하고, 모래놀이를 치료기법으로 사용한다고 할 때 내담자가 보이는 반응을 살펴야 한다. 이를 통해 모래에서 놀이하는 것에 대해 내담자가 어떻게 생각하는지 실마리를 얻을 수 있다. 만약 치료자가 모래놀이를 소개할 때 내담자가 부정적인 언어를 사용하거나 상자에서 물러나거나 혹은 긴장하거나 싫은 표정을 지으면 내담자에게 상자를 만들지 않아도 된다고 안심시킨다. 그리고 내담자의 마음이 바뀌면 언제든지 치료자에게 알려 달라고 말한다. 모래놀이에 저항하는 내담자와 작업을 하게 된다면 강요하지 않아야 한다. 앞서 언급한 것처럼, 모래놀이가 내담자에게 큰 도움이 된다는 것을 알고 있다 할지라도 내담자가 불편해하거나 모래놀이에 저항을 보이면 내담자의 욕구를 존중하여 그가 스스로 선택할 수 있도록 해 주어야 한다.

손에 모래가 묻는 것을 싫어하거나 혹은 모래놀이는 아이들만 하는 것이라는 믿음 때문에 종종 저항할 수 있다. 지나치게 합리적이거나 지적인 내담자 역시 저항하는데, 그럼에도 1장에서 언급했듯이 모래놀이는 바로 이런 사람에게 많은 도움을 줄 수 있다. 어떤 내담자는 앞서 얘기한 두 가지 이유 모두 때문에 저항하기도 한다. 라이스-미누힌에 따르면, "이러한 사람(지나치게 합리적인) 중 대부분은 모래놀이가 '너무 유아적'이거나 '너무 비과학적'이라고 거부한다." (1992: 34) 치료자는 내담자와 신뢰관계가 형성된 후 다시 모래놀이를 제안할 수 있다. 일단 내담자가 모래놀이를 하기로 동의하면 치료에 저항하는 태도가 줄어든다.

저항은 깊은 부적절감/완벽주의, 언어적 통제력 상실의 두려움, 자신도 모르게 드러날 어떤 것에 압도될지도 모른다는 두려움에 근원이 있다. 우리가 치료했던 한 내담자가 떠오른다. 50대 예술가인 샐리는 약 8개월 동안 치료를 받았다. 그녀는 화가라는 직업의 장벽, 관계에 대한 불만, 낮은 자존감, 완벽주의와 같은 문제로 치료를 받으러 왔다. 우리가 모래상자에 대해 말하자 그녀는 주저하는 듯했으며 상자에서 멀리 떨어져 앉았다. 이후 몇 달간 모래놀이 작업은 이루어지지 않았다. 그러나 우리는 여전히 모래놀이가 그녀에게 큰 도움이 될 것 같다고 생각했고, 그녀에게 회기 중에 모래세계를 만들어 보도록 권했다. 그녀는 거절했으나 다음 주에는 모래세계를 만들어 보겠다고 했다. 그러나 그녀에게 저항이 있다고 판단되어 모래놀이를 다시 제안하지 않았다. 3회기가 지난 후, 그녀는 자신이 아직도 모래에서 놀이를 하지 않은 점을 언급했다. 다음 회기가 시작될 때 샐리는 모래놀이를 통해 자신의 회피에 대해 생각하게 되었다고 말했다. 놀이는 자신을 아이가 되게 하여 어린시절로 되돌아가, 아버지의 판단을 두려워했던 공간으로 밀어 넣는다는 것을 깨달았다. 그녀는 자신이 아버지의 눈앞에서는 절대 아무것도 할 수 없다고 느꼈다. 그러나 그녀는 이 회기에서 모래세계를 만들기로 결정했다. 모래놀이를 하면서 그녀는 점차 억압에서 해방되어 쾌활하고 창조적인 모습이 되었다. 사진 찍는 시간이 되자 그녀는 사진을 찍었고 우리에게도 사진을 찍을 수 있도록 허락했다. 사진을 어떻게 찍고 싶은지 묻자 잠시 생각하더니 모래 탁자 밑에 들어가 모래세계를 안은 것 같은 자세를 취하고는 확신에 찬 미소를 지었다. 만일 샐리가 기꺼이 모래 작업을 할 준비가 되기 전에 그녀에게 모래세계를 만들도록 권했다면, 그녀는 자신의 내면아이가 더 큰 자기 수용을 향해 나아갈 준비가 되었다는 것을 믿지 못했을 것이다.

내담자는 모래놀이를 즐기지만 경우에 따라 그들의 놀이가 치료자에게 문제를 일으킬 수 있다(치료자가 모래 치우는 것을 좋아하지 않거나, 내담자가 모래를 먹거나 상자 안에 들어가거나, 회기 간 시간이 너무 짧아 시간에 쫓기는 경우). 2장에서 말했듯이, 어떤 내담자는 선반에 놓인 많은 소품을 보고 과잉자극을 받을 수 있다. 특히 주의력결핍 과잉행동장애(ADHD) 아동의 경우 이런 현상을 보이는 것이 가장 일반적이다. 따라서 모래놀이를 제안할 때 내담자의 발달단계나 성숙 수준을 반드시 고려해야 한다. 아주 어린 아동(2세~2세 반)이나 발달적으로 미성숙한 아동, 과잉자극을 받는 아동의 경우 특별한 고려가 없이는 모래놀이가 좋지 않을 수 있다. 이들 아동의 인지능력과 소근육 기술은 모래상자 안에서 모래를 다루고 이야기를 창조하거나 작은 소품을 조작할 만큼 충분히 발달되지 않았을 수 있다. 때때로 그들은 선반 위의 소품을 밀치거나 모래를 뿌리거나 먹고 소품을 입에 넣는다. 어떤 아이는 상자 안에 들어가려고 할 수도 있다. 이러한 내담자는 모래상자를 치료에 도움이 되도록 상징적으로 사용하기에 앞서, 말 그대로 모래상자를 사용할 방법부터 배워야 할 필요가 있는 것 같다. 아동이 이 같은 행동을 보이면 충분한 기술을 습득하고 모래놀이의 규칙을 지킬 수 있을 때까지 다른 개입방법을 사용해야 한다.

쉽게 주의가 산만해지고 과잉자극 되는 내담자에게는 소품 중 일부만을 제공한다. 모래세계를 만들 능력이 있지만, 공간을 넓게 사용하고 모래 뿌리기를 좋아하는 내담자를 위해서는 규격 모래상자보다 더 큰 상자나 바닥에서 세계를 만들게 한다. 만일 그들에게 위안이 필요하면 위로하거나 안아 주거나 안전하게 숨을 수 있는 장소(예: 동굴을 만들 수 있는 담요, 탁자 아래 공간)를 제공한다. 치료실에서 모래놀이 작업을 할 공간은 없지만 큰 모래상자를 구할 수 있으면 내담자가 원할 때 상자에서 놀이를 할 수 있게 허용한다. 많은 대근육 활동이 필요한 내담자와 제한을 적게 해야 하는 내담자(예: 모래를 뿌리는 내담자, 활동이 제한된 내담자)에게는 더 큰 모래상자를 사용하거나 야외활동이나 활동적인 실내활동으로 대체한다. 아직 모래놀이를 할 준비가 안 된 내담자를 제한했던 한 예로, 모래상자를 아주 좋아했던 3세 입양아 사례를 소개한다. 아이와 모래놀이를 두 차례 한 후, 아이에게는 모래상자가 너무 제한적이고 치료자에게는 너무 많은 일거리를 주는 일임을 깨달았다. 아이는 상자의 경계 안에서 모래를 사용하는 것이 불가능했고, 우리는 다음 내담자를 만나기 전에 대청소를 해야 했다. 우리는 결국 이 내담자에게는 101×101cm 정도 크기의 큰 상자에서 모래세계를 만들게 하고, 상담실에서 더 활동적으로 놀고, 근처 공원에 있는 실외 모래상자에서 놀게 하는 것이 훨씬 효과적이라는 것을 알게 되었다.

우리는 발달장애 아동에게 모래놀이를 하는 것이 적절하지 않다는 드 도미니코의 견해에 동의한다. 그녀는 "아동은 상자를 아주 초보적인 수준에서 사용했는데, 이는 그들에게 다른 활동이 필요하다는 것을 분명히 보여 주는 것이다."(1988: 17)라고 하였다. 그녀는 또한 "생애 첫 2년간의 발달 과업에 해당되는, 연령에 적합한 경험이 부족하기 때문에 그들은 상자의 제한과 모래의 특성, 상징적 소품을 조작하고 배치하는 데서 오는 혜택을 얻을 수 없었다."(1988: 18-19)고 하였다. 연구를 통해 그녀는 다른 놀이들을 경험해 본 이후에 아동이 모래상자를 더 효과적으로 사용할 수 있음을 알았다. 니하마 바움(Nehama Baum)은 발달장애가 있는 내담자에게 광범위하게 모래놀이치료를 하였다(Signell & Bradway, 1995: 18). 아동뿐 아니라 성인의 경우에도 성숙을 위한 개입이 중요하다. 우리는 발달적으로 장애가 있는 성인이 아동과 비슷하게 미성숙한 방식으로 모래상자에 접근한다는 것을 알게 되었다.

치료자는 내담자의 성숙 수준뿐만 아니라, 내담자의 정서 상태에 대해서도 반드시 고려해야 한다. 내담자가 감정이 고조되거나 에너지가 과다한 상태로 치료실에 들어와서 그 감정(예: 분노, 좌절)을 이완시킬 필요가 있을 때는 보다 활동적이고 제한이 적은 공간이 필요하다. 치료자의 철학과 일치하거나 적합하다면 대근육 활동을 행동으로 표출할 기회를 제공해도 좋다. 고무방망이나 펀치백, 다트 판(날카로운 물건이 없는), 점토 등은 내담자의 감정 이완과 해결을 돕고, 내담자가 상자 밖에 모래를 뿌리는 것을 예방하기에 적당한 분출구다. 이러한 재료를 사용할 수 없거나 사용하는 것이 적절하지 않을 때, 특히 청소년과 성인을 위해서는 게슈탈트의 두 의자 기법, 심상, 미술치료, 편지 쓰기 등을 사용한다.

모래놀이는 대부분의 성격 유형에 효과가 있지만 효과가 없는 내담자도 있다. 강박적인 성격 특성과 행동을 보이는 내담자에게 모래놀이가 도움이 될 때도 있지만 의미 있게 모래놀이를 사용하는 데는 한계가 있다. 라이스-미누힌에 의하면, "강박 환자처럼 의식(ritual)이 강박적인 경우 모래놀이를 시도해 볼 수는 있겠지만 병리적으로 강박적인 내담자에게는 거의 막다른 길이다. 그것은 대개 환자의 의식 목록에 추가되는 또 다른 형식의 방어적인 의식이 된다. 모래놀이가 언어를 회피하는 강박적인 정신의 투사를 나타낼 수도 있지만, 이는 강박적인 성인보다는 아동(자폐를 포함하여)에게 더 자주 있는 일이다." (1992: 35)

자폐 아동과 모래놀이를 하는 것은 치료자에게 어려운 일인데, 이는 자폐 아동의 특성상 끊임없이 연장되고 의식적이며 비생산적인 놀이를 인내하기가 어렵기 때문이다. 그럼에도, 모래놀이 치료자인 니시 베일리(Nessie Bayley)와 바바라 웰러(Barbara Weller)는 자폐와 같은 애착 문제를 가진 아동을 돕기 위한 방법을 개발하였다(Signell & Bradway, 1995: 18 참조). 치료자가 강박적인 내담자에게 모래놀이를 하게 하려면 지시적 모래상자(예: 하위성격 통합)를 시도해 볼 수 있다. 지시는 놀이 유형에 의미 있는 변화를 만들고 방어적이고 반복적인 의식을 바꿀지도 모른다.

일부 내담자는 무의식으로 깊게 들어가는 다른 유형의 치료법(예: 미술치료, 심상, 최면술)과 마찬가지로 모래놀이를 사용하는 것이 위험하다. 모래놀이가 퇴행이나 정신병적 사고를 안전하게 통제할 수 있는 환경(예: 입원환자 환경)에 있지 않는 한, 정신병이나 정신분열, 경계선장애, 그리고 심하게 해리된 사람들처럼 자아 강도가 낮은 내담자에게는 해가 될 수도 있다. 개입이 퇴행을 일으킬 때 심하게 해리되거나, 특히 자살이나 자해 가능성이 있음에도 불구하고 자신을 돌볼 수 없거나 지원체계가 없는 내담자에게는 모래놀이를 하지 않는다. 경계선장애나 정신병의 징후가 있는 내담자들은 "자아 통제의 제한에 즉시 위협을 느끼는 무의식의 '범람'에 취약하다."(Weinrib, 1983: 72-73) 라이스-미누힌은 경계선장애 내담자는 "장난감 거미나 아나콘다 뱀을 발견하자마자 극히 임상적이고 두려운 반응을 보이며 '흥분하는데', 이는 치료에 도움이 되지 않는다."(1992: 34)고 하였다. 대안적인 개입방법으로 치료자는 좀 더 언어적, 의식적, 현실에 기초한 접근을 사용한다. "무의식은 그 자율성으로 인해 반응적이다. 그러나…… 자아는 …… 경험을 통합할 수 없기 때문이다."(Weinrib, 1983: 73) 라이스-미누힌 역시 "분석가에 의해 선택된 단어의 통제가 가능하기에 모래놀이보다 언어치료가 정신병자에게 임상적으로 더 도움이 된다."(1992: 34)고 하였다. 만약 치료자가 모래놀이를 하기로 선택한다면 반드시 아주 천천히 그리고 신중해야 한다. 치료자는 과정을 늦추기 위해 일반적인 경우보다 더 많은 상호작용을 해야 할 것이다.

한 여성이 미술치료와 심상을 사용하는 개인성장 워크숍에 참여한 이후에 우리를 찾아왔다. 워크숍에 참여할 당시 그녀는 잘 지냈지만, 정신병력이 있었다. 내담자에 의하면, 미술치료와 심상 연습은 지나치게 많은 무의식의 심상을 일깨웠고, 이로 인해 그녀는 현실 감각을 잃을 정도였다. 그녀를 보았을 때 우리는 모래놀이가 정신병을 악화시킬 수도 있음을 깨달았다. 따라서 그녀에게 약을 복용하도록 정신과 의사를 추천하고 상담에서는 대화치료를 했으며, 뜨개질과 정원일, 일상적인 집안일에 중점을 두도록 권유했다. 이것은 그녀가 현실인 지금-여기(here & now)에 머물도록 도왔다.

퇴행을 하지 않도록 하는 것이 내담자에게 더 필요한 때와 상황이 있다. 치료자는 내담자의 방어를 감소시키는 것이 내담자를 어느 정도 위험에 처하게 할지 분별해야 한다. 이것은 내담자의 요구가 상황에 따라 변하기 때문에 어려운 판단이 될 것이다. 모두가 알고 있듯이, 무의식 수준의 작업은 자아 통제와 방어를 무너뜨리므로 내담자는 좀 더 개방적이고 퇴행하게 된다. 내담자가 위험한 동네나 가정에서 살거나 안전하지 않은 학교에 다니거나 또는 불확실한 작업장에서 일하고 있을 때, 주변의 잠재적 위험에 대한 내담자의 경각심을 없애는 것은 현명하지 않다. 학대가 있는 환경으로 되돌아가려면 내담자의 방어 구조가 온전해야 한다. 도시 거주 청소년과 작업할 당시 우리는 그들의 가정과 학교, 이웃 환경을 아는 것이 꼭 필요하다는 것을 알게 되었다. 우리가 만난 한 14세 내담자는 상담을 마치면 위험한 학교로 돌아가야 했는데, 이 내담자를 보며 우리는 치료실 밖의 위험에 대해 주의를 기울일 필요가 있다는 점을 분명히 알게 되었다. 학교에서 급우들은 칼과 언어 폭력으로 소년을 조롱했다. 만약 소년이 모래놀이를 했더라면 자신을 지킬 만큼 충분히 방어할 수 없었을지 모른다. 대신 우리는 자아 강화와 문제해결 기술을 증진시키는 데 치료를 집중하였다.

치료자는 회기를 마칠 때 높은 수준의 수행을 감당해야 하는 내담자 상황을 고려해야 한다. 전환하기 단계에서 내담자가 치료실 밖의 세계로 돌아갈 수 있도록 준비시킨다고 할지라도, 환경의 요구가 너무 높은 상황(예: 시험, 발표, 육체적으로 힘든 직업)이라면 그것만으로 충분치 않을 수 있다. 그러한 경우 치료자는 과제를 완전히 마치거나 내담자의 일과가 끝났을 때 내담자와의 만남을 계획한다. 앞의 예는 모래놀이가 모든 내담자에게 효과적이거나 안전하지는 않다는 점을 일깨우는 지침이다. 대부분의 내담자가 모래놀이를 통해 도움을 받을 수 있지만, 그것은 반드시 내담자의 개별 상황에 기초해 판단해야 한다.

요 약

◈ 모래놀이치료의 금기

- 모래놀이에 대한 강한 저항이 있다.
- 성숙 수준이 충분하지 않다.
- 정서적 에너지가 과도하다.
- 정신병적 사고, 심한 해리와 같은 낮은 자아 강도 및 경계선장애가 있다.
- 강박-충동적인 행동과 사고가 있다.
- 치료실 밖에서 위험이 있다.
- 회기 후 높은 수준의 수행이 요구된다.

제10장 치료자의 개인 모래상자

개인적인 성장과 치유를 위해 모래세계를 만든다면 모래놀이는 치료자에게도 도움이 된다. 치료자는 자신의 성장을 위해 충분한 시간을 가질 필요가 있다. 자신이 누구이고 내면에 무슨 일이 일어나고 있는지 알지 못하면 치료자로서 그리고 한 인간으로서 효과적으로 기능하기 어렵다. 미해결 문제를 다루면서 치료자는 자신을 훨씬 잘 이해할 뿐 아니라 자연스럽게 성장하고 정신적·영적으로 통합되고 성숙한 사람이 된다. 또한 자기 탐색을 통해 창의성을 저해하는 요인을 없앨 수 있다. 이는 치료자에게 평화롭고 중심에 있는 느낌을 줄 뿐 아니라 혁신적인 아이디어를 낼 수 있는 공간을 열어 줄 것이다. 이러한 내적 안정성은 삶의 도전과 스트레스에 대처할 수 있는 능력을 길러 주고 내담자와 효과적으로 작업할 수 있게 해 줄 것이다. 또한 치료자가 판단적인 태도를 갖거나 내담자에게 자신의 그림자를 투사시킬 가능성을 줄여 주고, 내담자가 신뢰할 수 있고, 특히 위기 시에 지지가 되는 믿음직한 사람이 될 것이다. 싫든 좋든 치료자는 내담자의 모델이다.

개인적 성장

개인적인 성장을 이루는 데는 여러 가지 방법이 있지만, 치료자가 신체를 통해 무의식을 표현하는 접근에 끌린다면 모래놀이가 특히 효과적인 도구다. 치료자로서 우리는 자기최면, 꿈분석, 게슈탈트 심리요법, 집단치료, 대화치료를 활용한 슈퍼비전을 통해 개인적 성장을 해 왔다. 그러나 자신의 모래세계를 창조하는 경험을 하기 전까지는 모래놀이가 개인적인 치유와 이해를 위한 기법이라고 생각하지 못했다. 우리는 둘 다 개인적으로 모래상자를 만들기는 했지만, 안나가 드 도미니코에게 훈련받기 전까지는 지속적으로 모래놀이를 하지는 않았다. 드 도미니코는 모든 모래놀이 치료자가 지속적인 성장을 위해 정기적으로 개인 모래상자를 만들어야 한다고 제안했다. 일반적인 치료와 마찬가지로 치료자가 자신의 치료를 경험하는 것, 특히 자신이 실제로 실시하게 될 치료를 경험해 보는 것이 중요하다. 그러나 놀이치료에서는 이러한 경험이 자주 이루어지지 않는다. 서문에서 바바라의 첫 번째 개인 모래놀이 경험을 다루었는데, 이번에는 안나가 자신의 성장을 위해 정기적으로 모래놀이를 하기로 한 경험에 대해 나누고자 한다.

나는 캘리포니아 주 오클랜드의 기셀라 드 도미니코 박사와 광범위한 연구를 한 후에야 비로소 모래놀이가 나 자신의 치유와 성장 과정에서 얼마나 강력하고 독특한 영향력을 발휘하는지를 진정으로 이해할 수 있게 되었다. 기셀라의 연수에 참여하기 바로 전, 어머니가 뇌졸중으로 병세가 악화되었다는 소식을 듣게 되었다. 나는 어머니 곁을 지키기 위해 급히 캐나다로 갔고 어머니의 손을 잡고 옆에 있어 주었다. 그때 나는 어머니가 세상을 떠나는 순간에 그녀와 함께 있다는 것이 얼마나 큰 축복인지 깨닫게 되었다. 내가 간지 하루도 채 되지 않아 어머니는 임종을 하였다. 나는 어머니의 임종을 애도하고 장례를 치렀다. 나는 어머니의 죽음을 완전히 받아들였다고 생각했다. 그 후 모래놀이 연수에서 나는 모래상자를 만들었다. 소품을 고르기 시작했을 때, 나는 탐색할 것이 거의 없다고 느꼈다. 작업을 하는 동안, 내 손은 나에게 별 의미가 없는 것처럼 보이는 소품을 향해 저절로 움직였다. 극도의 흥분 속에 모래상자를 만든 후 나의 세계가 완성되었을 때, 나는 엄마의 무덤을 멀리서 바라보고 있는, 두려움에 떨고 있는 작은 아이를 보고 놀랐다. 나는 어머니를 위해, 그리고 장례를 치르면서 무시했던 내 안의 어린아이를 위해 조용히 울었다. 어린아이였을 때 무조건적인 사랑을 주었던 한 사람을 삶에서 잃어버린 것이었다. 울음과 함께 과거와 현재의 치유가 일어났다. 이전에는 성인의 입장에서 어머니의 죽음을 받아들였지만, 내 안의 아이가 느낀 가슴 찢어지는 고통의 깊이에는 도달하지 못했던 것이다. 워크숍 기간 동안 나는 감동적인 장례식 장면으로 절정에 이르는 일련의 상자들을 완성했다. 참석자 전체가 일어서서 유리 피라미드 속에 안치된 어머니 시신 옆, 모래상자 중앙에서 무릎을 꿇고 있는 아이를 경건하게 바라보았다. 아이가 삶의 마지막 여정을 향해 가는 엄마를 떠나 보낼 때, 나는 피라미드를 둘러싼 초에 촛불을 켰다. 이 모래상자 사진들은 지금까지도 소중하게 보관하고 있다([사진 13], [사진 14] 참조). 이러한 경험 이후 나는 나 자신을 위해 정기적으로 모래놀이를 하기 시작했다.

치료자가 모래상자에 자신만의 장면을 어떻게 만들고 진행할 것인지 논의하기에 앞서 개인적 성장에 대한 우리의 철학을 간략히 언급하고자

[사진 13] 안나의 개인적 성장을 위한 첫 번째 모래상자

[사진 14] 안나의 개인적 성장을 위한 마지막 모래상자

한다. 각 개인마다 인간에 대한 고유의 믿음이 있다는 것은 의심의 여지가 없다. 우리의 관점에서 보면, 인간은 몸, 마음, 감정, 영혼의 결합체다. “우리는 왜 여기 존재하는가?” 이 질문에 대한 답은 개인에 따라 다를 수밖에 없다. 그러나 일반적으로 삶은 과정이고 경험과 경험이 연결되어 있

으며, 이러한 경로에서 삶의 교훈이 습득된다. 정신은 자연스럽게 치유와 성장, 통합을 향해 움직인다. 개인의 선택과는 상관없이 더 높은 수준의 이해를 향하여 끊임없이 나아간다. 인간은 사건을 경험하고 재경험하면서 외적 행동뿐만 아니라 내적 현실도 변화한다.

융 분석가인 루스 암만은 내적 성장을 자기의 그림자에 직면하는, 건강하고 안정된 자아의 개인적 세계관의 변형과정으로 정의했다. 그녀는 정신이 계속해서 변화한다고 믿었다. 개인의 생각과 가치는 동요되는 때가 있다. 그러면 그 개인은 "영혼의 깊은 곳으로부터 심혼의 원형이 또다시 변화하여, 새로운 변형과정을 시작할 때까지"(1993: 8) 안정과 질서를 되찾는다.

치료자 자신의 모래세계를 만들 것인지, 얼마나 자주 만들 것인지의 선택은 치료자에게 달려 있다. 우리는 모래세계를 일주일에 한 번 정도 만든다. 이를 통해 문제를 해결하고 질문에 답하며 새로운 통찰력을 발견하고, 특히 바쁜 일상에 몰두하고 있을 때 우리의 정신을 살펴볼 수 있다. 모래세계는 보통 모래놀이에 정통한 치료자나 슈퍼바이저가 있을 때 혹은 잘 들어주고 판단하지 않으며 믿을 수 있는 사람이 곁에 있을 때 창조된다. 당신이 자신의 모래세계를 만들기로 했다면, 당신과 함께하는 사람이 치료기법을 잘 알고 있어 올바른 질문과 답을 해 주는 것보다 당신에게 안정되고 보호적인 환경을 제공하여 모래세계를 인지적 · 감정적 · 신체적 · 영적으로 탐색할 수 있게 도와주는 것이 더 중요하다. 관찰자가 거의 말을 하지 않아도 심리적으로 붙잡아 주고 곁에서 들어주고 있다고 느끼는 것이 중요하다. 또한 실제로 누군가에게 말을 할 수 있다면 모래세계를 탐색하는 작업이 훨씬 수월할 것이다. 이러한 과정을 통해 스스로를 치유하는 것이다.

그러나 치료자가 모래세계를 창조하고 싶을 때마다 관찰자가 늘 곁에 있을 수는 없다. 혼자 있는 상황에서도 치료자 자신의 모래세계를 만들고 경험하고 다룰 수 있다. 물론 이러한 방법은 누군가가 곁에 있을 때만큼 효과적이지는 않을 것이다. 만약 모래세계를 혼자 만들거나 모래놀이에 정통한 치료자가 아닌 사람과 만들게 된다면 내담자에게 사용하는 절차를 따른다. 필요한 답을 얻기 위해 내면의 지혜를 믿는 것이 중요하다는 점을 기억한다.

첫째, 가능한 한 마음을 최대로 비운다. 마음을 느긋하게 하기 위해 눈을 감거나 깊은 심호흡을 할 수도 있다. 일단 안정이 되면 숨을 내쉬면서 마음이 텅 빈 상태가 될 때까지 떠오르는 생각을 모두 상상한다. 그다음 조용히 자신을 무조건적으로 존중하면서 내면아이가 밖에 나와 놀아도 안전하다는 것을 알게 한다. 놀이를 하는 데 옳거나 그른 방법은 없으며, 무슨 일이 일어나든 판단하지 않고 지지해 주기 위해 당신이 거기 있어 줄 것이라고 그 아이에게 말한다. 만약 당신이 해결해야 할 문제나 그 답을 얻고자 한다면 무의식이 해결안을 낼 수 있도록 한다.

판단하고 분석하는 마음을 비운 후에 상자(젖은 상자나 마른 상자, 당신이 원하는 모래 색상이나 입자)를 선택한다. 모래세계를 창조하기로 결정하면 이제 모래에 지형을 만들고 선반에서 소품을 골라 세계를 창조한다. 자신도 모르게 치료자처럼 행동하는 경향이 있을 때는 자신이 무엇을 하는지 생각하지 말고 빠른 속도로 작업한다. 그다음 천천히 세계를 충분히 경험한다. 원한다면 경험하기 단계의 마지막에 세계를 재배치하는 시간을 잠시 갖고 나서 스스로에게 집중한다. 모래상자를 만들고 경험하는 동안 떠오른 모든 감정이나 생각을 기록하고 의식화한다. 원하는 만큼 오랫동안 그 감정들을 느껴 보도록 한다.

치료하기 단계에서는 치료자 자신이나 관찰자에게 세계를 여행시킨다. 혼자 있든 누군가와 함께 있든 이 작업은 큰 소리로 하는 것이 가장 좋다.

소리 내어 말하는 것은 당신이 말하는 것을 듣게 해 주고 때로는 통찰력을 높여 준다. 만일 혼자라면 녹음기를 사용한다. 그러면 적어도 청중 한 사람이 있는 것과 같은 효과를 내며 테이프를 돌려서 자신이 말한 내용을 들을 수도 있다. 세계여행 단계에서 내담자에게 묻곤 했던 질문을 자신에게 해 보고, 깊이 생각하지 말고 그 질문에 답해 본다. 꿈에서 그렇듯이 무의식이 당신에게 답해 줄 것이다. 당신의 답변이 당황스럽기는 하지만 신체적 · 감정적 반응으로 인해 그 소품이 중요하다는 것을 인식한다면, 비록 당신이 말한 것이 중요하지 않거나 관련 없어 보일지라도 마음에 떠오르는 것은 무엇이든 계속 탐색하고 말로 표현한다. 그리고 말을 할 때 환기되는 기억에 주목한다. 또한 소품이나 상자의 일부분에 관한 이야기를 만들 수도 있다. 소품에 함축된 의미가 불분명하다면 계속 감상을 하면서 그것이 세계의 나머지 장면과 어떤 관계가 있는지 살펴본다. 때때로 전체와 연결될 경우에 의미가 중요해질 때도 있다.

세계여행을 하면서 몸의 감각과 감정을 예의 주시한다. 그러한 것이 느껴지면 그 감각과 감정을 충분히 느끼고 다룬다. 지금이 아니면 나중에 할 수도 있다. 여행을 마쳤을 때, 그 과정에 대해 숙고하는 시간을 갖는다. 이때 상자의 어떤 부분에서 해결이 필요한지 알게 될 것이다. 이원성과 갈등이 분명해질 수도 있고, 모래상자가 자신의 장점과 내적 평화, 기쁨의 제단이 될 수도 있다. 그렇다면 그 느낌을 충만하게 경험하고 일상으로 가져가면 된다. 원한다면 사진을 찍어 두고, 가능한 한 새로운 상자를 만들기 전까지 그 장면을 그대로 둔다. 이렇게 하면 원할 때마다 언제든 자신의 상자로 되돌아올 수 있다.

그러나 대부분은 자신의 상자 속에서 해결되지 않은 문제에 직면하게 될 것이다. 만약 그렇다면 내담자에게 사용하는 치료기법 중 기억 되살리기, 소품과 대화하기, 상상하기, 사이코드라마와 같은 기법을 사용한다.

소품을 옮기거나 치우거나 자신이 원하는 새로운 소품을 가져올 수도 있다. 모래상자를 분석하거나 혹은 전개된 것에 대해 부정적인 판단을 내리지 않는다. 뭔가 두려움이 느껴지면 그 두려움을 가진 채 무의식의 메시지를 탐색한다.

이제 우리의 개인적 경험 중의 하나를 소개한다. 나 자신의 모래세계 중 하나를 다루는 동안 나는 상자 안의 나이 든 남자에 대해 이야기하면서 내 안에서 이상한 고통을 느꼈다. 처음에는 그 두려움이 아버지의 임박한 죽음과 관련이 있다고 생각했으나 내가 이 두려움을 처리한 후에도 불안이 지속되었다. 나의 첫 번째 충동은 더 이상 탐색을 하지 않고 다음 소품으로 옮겨 가는 것이었다. 그러나 공포의 느낌을 직시하며 내가 씨름하고 있는 어떤 이미지를 무의식에 떠오르게 하자, 남편의 얼굴이 마음속에 떠올랐다. 처음에는 그 이미지가 나와 관련이 있음을 알 수 없었는데, 왜냐하면 나의 남편은 그 떠오른 이미지만큼 늙은 남자가 아니었기 때문이다. 그러나 점차 남편이 늙어 가고 결국 죽게 될 것이며 이로 인해 나 자신이 홀로 남겨지는 것에 대한 두려움이 있음이 분명해졌다. 이러한 느낌을 다루고 싶지 않았는데도, 눈물을 흘리고 나니 훨씬 안정되고 강해졌다. 나는 남편이 죽은 후에도 어떤 형태로든 늘 '내 옆에 있을 것이며', 남편이 없이도 내가 계속 살아갈 수 있음을 알게 되었다.

경험을 하고 세계 다루는 것을 끝냈다고 느꼈다면, 그다음 모래세계 장면을 사진으로 찍고, 시간을 내서 그 경험을 통합시키는 데 도움을 주는 일지를 쓰거나 만다라 같은 그림을 그린다. 그리고 일상의 삶에 적용할 부분이 있는지 자신에게 물어본다. 우리가 얼마 전에 창조했던 모래세계가 떠오른다. 우리는 한 동료와의 관계적 어려움을 이해하고 싶었다. 모래세계의 장면을 다루면서 우리와 그 동료를 나타내는 소품 사이에 의료용 마스크가 놓여 있음을 깨달았다. 마스크와 대화를 하고 난 다음, 우리는 그 마스크가 동료와의 관계를 방해했음을 알게 되었다. 의도적으로 마스크를 제거하자 에너지가 변화했다. 우리는 마스크의 이미지를 가지고 가서 동료와 상호작용할 때마다 우리의 관계에서 그것을 제거해 버리는 상상을 했다. 이를 통해 우리 사이의 거리감이 점차 사라졌다.

모래세계를 창조할 때는 서두르지 않아야 한다. 또한 나중에 참고할 수 있도록 모래세계를 사진으로 찍어 둔다. 모래세계를 경험한 다음에는 세계를 바로 치울 수도 있고 치울 준비가 될 때까지 그대로 둘 수도 있다.

역전이

치료자가 아무리 많은 내적 작업을 한다 할지라도 '역전이는 일어난다.' 치료자이면서 동시에 인간인 우리는 적어도 내적으로는 내담자의 외모나 독특한 습관 혹은 그들의 말과 행동에 반응할 때가 있다. 이러한 내적 반응은 부정적일 수도 있고 긍정적일 수도 있다. 우리가 경험하는 생각과 느낌은 대개 삶에서 맺은 관계나 과거 상황을 반영하며, 꼭 현재 내담자와 맺는 상호작용과 관련이 있는 것만은 아니다. 커플이 그렇듯이, 치료자는 과거의 기억과 반응을 현재의 관계로 가져오는 경향이 있다. 다른 사람들과 관계를 형성하듯이, 치료자는 필연적으로 내담자와 관계를 맺고 파트너십을 형성하게 된다. 치료자가 정서적으로 상당히 명료하게 이해한다 할지라도 이는 실제로 불가능하며, 치료자 자신을 완벽하게 제거하는 것은 문제의 소지가 있다. 왜냐하면 치료자인 우리가 내담자와의 관계에 가져오는 에너지가 내담자의 성장을 위해 중요하기 때문이다. 치료자는 내담자 체계의 한 부분이 되어 내담자에게 영향을 미치고 동시에 내담자의 영향을 받는다.

그러한 반응이 무엇이고, 어디서 오는지 인식하고, 치료자의 미해결 문제를 내담자와의 관계에 가져오지 않는다면, 치료자의 반응 자체가 문제될 것은 없다. 치료자가 자신의 문제를 해결하게 되면 내담자가 문제를 잘 해결하도록 충분히 도울 수 있다. 내담자와의 역전이 문제를 해결함으로써 치료자는 전문적으로나 개인적으로 성장하게 된다.

내담자에게 사용하는 치료법(예: 대화, 미술, 게슈탈트, 최면, 모래놀이)과 상관없이, 치료자는 관계 안에서 자신의 문제를 해결하기 위해서 내담자와 작업할 때 일어나는 내면의 반응과 느낌을 인식해야 한다. 내담자의 행동이나 말에 대한 내적 반응을 느낄 때마다, 그 당시 내담자가 말하고 행동한 것이 무엇이었는지 관심을 집중하고 기억해 둔다. 회기가 끝나거나 충분한 시간이 있을 때 자신의 반응을 다루어 본다. 역전이 문제는 여러 가지 방식으로 해결될 수 있다. 치료자나 슈퍼바이저와 함께하는 작업뿐 아니라 명상, 일지 쓰기, 모래놀이 등을 통한 자기성찰도 효과가 있다. 촉각적 또는 시각적 접근을 더 좋아하는 치료자라면, 스스로 모래세계를 만드는 것이 특히 도움이 된다. 대부분 자신의 문제를 모래상자를 통해 들여다볼 수 있으며 이를 무시하기 어렵다.

내담자가 모래세계를 만들었는지 여부와 상관없이 역전이 문제의 해결을 위해 모래상자를 사용할 수 있다. 내담자가 모래세계를 만들지 않았지만 역전이 문제를 다루기 위해 모래놀이를 사용하고자 한다면 개인적 성장을 위한 상자에서처럼 준비를 한 다음 무의식을 통해 내면의 문제를 치료한다. 또한 치료자 자신과 내담자 간에 일어난 역동성이 드러나게 할 수 있다. 어떠한 판단이나 검열 없이 자신의 느낌에 몰입한다. 이때 나타나는 연상과 기억을 충분히 경험하고 기록한다. 그다음 모래놀이를 잘 아는 다른 치료자나 슈퍼바이저와 함께 자발적으로 그 장면을 만들고 다룬다. 이것이 가능하지 않다면 개인적 성장에 관해 이전 장에서 논의한 기법들을 사용해서 치료자 자신의 세계를 다룬다. 문제가 당신을 피하거나 혹은 스스로 문제를 해결할 수 없다면 도움을 줄 수 있는 믿을 만한 치료자를 찾았을 때 다시 모래세계를 만들어 본다.

모래놀이를 통한 역전이와 그 해결이 내담자와 치료자에게 어떤 영향을 미치는지에 대한 예는 다음과 같다. 우리가 감독했던 치료자인 넬은 내담자인 짐이 자신이 너무나 사랑했던 오빠와 매우 비슷하다고 생각했다. 그러자 내담자를 향해 강한 긍정적 반응이 일어났다. 그러나 치료자인 넬이 깨닫지 못했던 점은 짐을 치료하면서 수년간 오빠에게 했던 기대를 그에게도 그대로 했다는 것이다. 짐은 박사학위를 마치기 위해 대학에 복학할지 여부를 결정해야 할 상황이었다. 넬은 자신의 오빠가 갑자기 대학을 중퇴했을 때 학교로 돌아가라고 압박했던 것처럼 짐에게도 교묘하게 복학을 강요했다. 넬은 오빠가 겪은 삶의 어려움이 오빠가 대학을 중퇴했기 때문이며, 만약 자신이 오빠에게 학교에 남도록 설득했더라면 오빠가 성공했을 것이라고 생각하곤 했다. 넬은 오빠가 더 안정된 삶을 살도록 돕지 못한 자신의 무능함에 죄책감을 느꼈다. 그러나 짐이 대학으로 되돌아가는 것이 최선이라는 그녀의 기대는 치료과정에 방해가 되었으며, 짐이 최선의 방식으로 자신의 문제를 해결할 수 없게 했다.

슈퍼비전 회기에서 넬은 모래상자에 역전이 세계를 만들었다. 모래세계에 놓았던 화난 여자 인형이 실제로는 자신이고 상자 안의 남자 인형은 내담자가 아닌 오빠라는 것을 깨달았다. 인형들이 서로 대화하게 한 다음 그녀는 자신이 가졌던 기대를 떨쳐 버리고 짐이 온전히 자신의 선택을 하도록 도울 수 있었다. 또한 그녀는 짐과의 상호작용을 처리할 수 있었으며 그에게 자신의 혼란에 대해 사과했다. 넬의 문제 해결은 분명 짐에게 도움을 주었다. 넬의 입장에서도 그녀의 개인적인 삶뿐만 아니라 전문적인 면에서 도움이 되었다. 마침내 그녀는 오빠에 대한 분노와 그를 돕지 못했다는 죄책감에서 벗어나게 되었다. 또한 이러한 인식을 통해 내담자를 구해야 한다는 강박관념도 내려놓을 수 있었다.

치료 회기에서 내담자가 모래세계를 창조할 때 역전이 문제를 인식하고 탐색하는 것이 좀 더 쉽다. 다음에 소개하는 예는 역전이 문제를 다루는 데 모래놀이를 사용할 것을 처음 제안한 드 도미니코가 가르친 내용을 약간 수정한 것이다. 다른 중재와 마찬가지로, 내담자가 장면을 만들고 다루는 과정에서 치료자 내면의 느낌에 주목한다. 물론 치료자의 주된 관심은 내담자이지만, 내담자가 소품을 상자에 가져와 묻고 옮기고 치울 때 일어나는 치료자 자신의 반응을 인식한다. 또한 내담자의 언어적 표현이나 비언어적 표현에 대한 반응도 관찰한다. 만약 치료자가 그 과정을 비디오로 녹화하거나 녹음했다면 회기가 끝난 다음 다시 면밀하게 검토한다. 때때로 내담자의 모래세계에 대한 설명이 이루어지기 전에 치료자에게 아주 강한 반응이 일어나지만, 이후 이것의 실제 의미를 알게 되면 그러한 반응이 사라지는 경우가 있다. 그러나 치료자는 자신의 반응을 무시하지 말아야 한다. 자신에게 일어나는 반응에 주목하고 나중에 그것을 다루어 본다. 치료자가 충분히 인식하지 못한 채 반응하는 경우도 있다. 치료자가 내담자의 상자에 가졌던 최초의 반응은 치료자에게 미지의 재료와 접촉할 수 있는 기회를 준다.

앞과 같은 상황을 보여 주는 아주 특별한 회기가 생각난다. 그때 내담자는 자신의 세계를 완성시키기 직전에 종이를 갈기갈기 찢어서 그것을 자신이 만든 세계에 떨어뜨렸다. 우리는 내담자의 그런 행동이 매우 당혹스러웠고, 종이가 모래세계 위로 뿌려진 후 그 세계는 온통 엉망이고 혼란스러워 보였다. 그러나 내담자가 자신의 상자에 대해 말하기 시작했을 때, 세계에 뿌린 마술(종이 조각들)에 대해 이야기하는 그녀의 눈빛은 경이로움으로 가득 찼다. 처음 내담자의 세계를 봤을 때 어지러움과 혼란의 이미지를 즉시 표현할 수도 있었지만, 우리는 회기 이후 내담자의 세계를 다루는 시간을 갖기로 결정했다. 그 장면을 다루면서 우리는 그 세계가 질서 있고 평화롭게 보일 때까지 모든 종이 조각을 천천히 그리고 신중하게 치우기 시작했다. 이렇게 하면서 우리는 당시 우리의 삶이 매우 혼란스러웠기 때문에 우리에게 질서와 안정이 필요했음을 깨달았다. 이러한 이해를 통해 우리의 문제를 내담자에게 투사하지 않을 수 있었다.

내담자가 떠난 후 모래 장면을 치우기 전에 시간을 두고 세계를 보면서 당신에게 반응이 일어났던 영역이나 소품에 집중한다. 회기 사이에 시간이 없고 다음 내담자를 위한 모래상자가 필요하다면 일단 상자를 치우고, 나중에 사진이나 그림 혹은 기록에 따라 내담자의 세계를 재구성해 본다. 당신이 직면하고 있는 개인적 문제가 해결되지 않은 상태라면 그 문제를 다룰 수 있는 충분한 시간을 가질 수 있도록 일과가 끝났을 때 모래세계를 만들기를 권한다. 다시 말하지만, 가능하다면 당신이 신뢰하는 치료자나 슈퍼바이저와 함께 그 세계를 다루는 것이 좋다.

마치 그 세계가 당신 자신의 세계인 것처럼 경험한다. 그런 다음 스스로(당신 혼자라면) 혹은 참여해 준 치료자에게 그 세계를 여행시키면서, 문제가 되는 소품이나 영역에 철저하게 집중한다. 일반적으로 소품이나 상자의 영역 혹은 내담자의 표현에 대해 치료자가 느낀 것을 언어적으로 언급함으로써 내담자의 세계가 어떻게 치료자의 문제를 반영하고 있는지 인식하게 된다. 모래세계를 여행한 다음 개인적 성장을 위한 회기에 하는 것과 마찬가지로 치료를 진행한다. 이때 내담자의 상자가 아닌 치료자 자신의 상자를 다루고 있다는 것을 기억한다. 치료자가 발견한 문제는 치료자 자신의 것이고 꼭 내담자의 문제일 필요는 없다. 원하는 대로 소품을 재배치(옮기기, 치우기, 새로운 소품 가져오기)하여 상자를 마친다. 새로운 장면을 다루는 시간을 잠시 가진 다음, 소품이나 모래를 옮긴 후에 어떻게 바뀌었는지를 스스로에게 질문한다. 그다음 일지에 자신의 통찰을 기록한다.

모래놀이를 사용하여 역전이를 해결하는 또 다른 접근은 앞서 말한 과정을 그대로 거치기는 하지만 상자를 재배치하는 대신 치료자에게 반응을 일으켰던 상자의 한 영역을 확장시키는 것이다. 즉, 상자에서 그 영역의 소품을 취하여 새로운 세계를 만드는 데 사용하고, 자신이 원하는 다른 소품들을 가져오는 것이다. 한 예로, 우리가 감독 중인 한 치료자는 그녀를 괴롭히는 장면이 어떤 것인지 알기 위해서 기록에 따라 자신의 세계를 다시 만들었다. 그녀는 마침내 자신이 상자 중앙의 비어 있는 피라미드에 대해 불안해하고 있음을 인식했다. 그녀는 피라미드를 새로운 상자 중앙에 가져갔다. 그다음 자신이 원하는 대로 세계를 만들었다. 세계를 보자마자 그녀는 자신이 피라미드를 사람으로 가득 채웠다는 것을 깨닫고 자신이 비어 있음에 대해 불안해하고 있다는 것을 인정하게 되었다. 비어 있음은 그녀에게 외로움의 상징이었다. 그러나 내담자에게 그것은 미지의, 그러나 새로운 가능성이 출현할 수 있는 장소였다. 치료자는 자신이 최근 이사를 한 후 얼마나 외로움을 느꼈는지 깨닫게 되었다. 그녀의 첫 번째 충동은 자신의 느낌에 직면하지 않고 그 장소를 사람들로 채우는 것이었다.

역전이 문제를 해결하는 또 다른 방법은 내담자가 사용했던 소품을 전혀 사용하지 않고 온전히 치료자 자신의 새로운 세계를 창조하는 것이다. 무의식으로 하여금 내담자의 세계에 대한 대답이나 자신을 괴롭히는 세계의 영역에 대한 답을 만들게 한다. 특정 내담자와의 역전이 문제뿐 아니라 전이 문제도 직접 다루고 싶다면 내담자에게 치료적 관계에 대한 모래상자를 만들어 보게 한다. 이 상자를 내담자와 함께 다루고, 내담자가 돌아간 다음 내담자가 완성한 세계를 사용해서 내담자와의 관계에 대한 치료자의 느낌을 탐색한다. 그다음 내담자의 세계에 대답하는 세계를 만든다. 내담자의 세계를 치료자 자신의 문제나 과거 경험과 관련시켜 봄으로써 역전이 문제를 최소화할 수 있다. 실제로 치료자의 높은 이해 수준은 삶 속에서 내담자 및 다른 사람들과의 관계를 향상시킨다.

한편 치료자가 발견한 문제들이 쉽게 해결되지 않거나 내담자와 상담을 지속하는 것이 불가능한 경우가 있다. 이는 치료자로서 다루기 힘든 상황 중의 하나이지만, 치료자 자신의 한계에 대해 인정하고 문제를 처리하는 것은 치료자와 내담자의 성장을 위해 매우 중요하다. 만일 치료자가 내담자와 더 작업할 수 없거나 혹은 함께 하지 않는 편이 낫다고 결정한다면, 자신의 느낌을 내담자와 함께 의논하고 내담자를 다른 치료자에게 소개한다. 내담자 역시 무언가 잘못되었다는 것을 알고 있기 때문에 자신의 문제를 다루어야겠다고 생각할 것이다.

이러한 과정은 내담자에게 매우 고통스러울 수 있다. 왜냐하면 내담자는 자신이 뭔가 잘못되었다고 느끼거나 치료자가 자기를 거부한다고 생각할 수도 있기 때문이다. 따라서 내담자와 그 문제를 다루기 전에 치료자 자신의 감정을 추스르고 내담자를 비난하지 않아야 한다. 내담자의 역기능적 패턴이나 낮은 자존감을 더 악화시키지 않으려면 치료자의 생각과 느낌을 내담자에게 이야기할 때 주의해야 한다(예: 내담자가 뭔가 잘못했으며, 그래서 버려졌다는 느낌). 내담자에게 이것은 치료자가 풀어야 할 문제이며 내담자와는 관계가 없다는 점을 알린다. 예를 들어, 치료자는 이렇게 말할 수 있다. "제가 요즘 당신과 좀 거리를 두고 있다는 것을 눈치 채신 것 같군요. 최근 저 자신의 한계 때문에 당신에게 별 도움이 되지 못했다고 여겨집니다. 상담과정에 대해 어떻게 느끼시나요?" 그리고 내담자와 함께 그 느낌을 다룬다. 이러한 처리과정이 잘 이루어지면 치료 종결과 타 전문가 의뢰로 이어진다. 상호작용 과정에서 잘 해결된다면 더 깊은 수준의 치료로 진행될 수도 있다.

우리는 이제 치료자 자신의 모래상자를 만드는 작업이 가치 있다는 것을 알았다. 직업적이든 개인적이든 간에 어떤 문제가 생길 때 그 문제를 명료화하기 위해서 가장 의지하는 것 중의 하나가 바로 모래상자다. 즉시성과 객관화를 통해 인식 수준이 훨씬 깊어진다. 우리는 소품을 보고 만지고 조작할 수 있다. 모래상자에 나타난 우리의 문제를 보면, 만약 모래상자를 하지 않았더라면 우리 자신을 보호하기 위해 방어를 했을 것이라는 점을 부정하기 힘들다. 치료자 자신의 무의식 문제를 처리하는 것은 치료자와 내담자 모두에게 매우 중요하다.

요 약

◈ 개인적 성장

- 번잡한 생각을 마음에서 비운다.
- 내면아이를 무조건적으로 존중한다.
- 무의식으로 하여금 당신의 질문에 답하게 한다.
- 자발적으로 세계를 만든다.
- 세계를 충분히 경험한다.
- 자신이나 관찰자에게 세계를 여행시킨다. 내담자에게 묻고 싶은 질문을 스스로에게 하고 큰 소리로 대답한다.
- 기억을 다시 떠올리고 소품과 대화하며 적절한 치료기법을 사용한다.
- 원한다면 사진을 찍는다.
- 과정에 대해 숙고하는 시간을 갖는다.
- 중요하다고 생각되는 통찰과 느낌을 기록한다.
- 준비가 되면 세계를 치운다.

◈ 역전이 해결방법

〈내담자와 모래놀이를 하지 않을 때 상자 만들기〉

- 내담자와 작업하며 가졌던 당신의 생각이나 느낌에 주목한다.
- 시간이 있을 때 개인적 성장을 위한 상자를 스스로 준비한다.
- 내담자에 대한 당신의 반응을 불러일으킨 문제를 해결하기 위해 무의식을 사용한다.
- 당신 자신의 느낌과 기억에 몰입한다.

- 자발적으로 세계를 만들고 그것을 다룬다. 다른 치료자가 함께 있으면 더 좋다.

〈내담자와 모래놀이를 할 때 상자 만들기〉

- 내담자가 세계를 만들고 다룰 때 당신 내면의 느낌과 반응에 주목한다.
- 시간이 있을 때 내담자의 상자에서 당신을 괴롭힌 영역에 집중한다. 상자를 치웠으면 그것을 재구성한다.
- 내담자의 세계를 마치 당신 자신의 세계인 것처럼 경험한다.
- 자신 혹은 감독하는 치료자에게 세계를 여행시킨다.
- 개인적 성장을 위한 상자에서 하듯이, 기억, 대화 등을 다시 떠올린다.
- 당신이 남겨 두고 싶은 대로 장면을 재배치한다.
- 새로운 장면을 간략하게 다루어 본다.
- 사진을 찍거나 당신의 통찰을 일지에 기록한다.

〈내담자의 모래세계에서 문제가 되는 영역 확장하기〉

〈내담자의 모래세계에 대해 답하는 세계 창조하기〉

결론

이야기로 이 책을 시작했듯이, 이야기로 끝맺고자 한다. 오래전, 혁명이 끝난 직후 러시아 귀족 가문 출신인 안토니아라는 젊은 여성이 살고 있었다. 안토니아는 군인에게 자신이 가진 모든 부와 재산을 빼앗겼다. 지금은 마을 사람과 마찬가지로 가난하게 살고 있지만, 그녀에게는 어머니가 돌아가시기 전에 물려 준 아름다운 부채가 있었다. 안토니아는 현재 자신의 처지에 대해 우울한 생각이 들 때면, 그 부채를 지니고 다녔다. 부채를 지니고 있으면 어머니와의 지난날이 떠오르면서 다시 자신감을 얻고 마음이 밝아졌다. 때때로 그녀는 부채가 자신만의 것이라는 것을 느낄 수 있도록 부채에 자투리 리본이나 반짝이는 것들을 붙이곤 했다.

어느 날 시장에 가던 길에 그녀는 마을 광장에서 춤추고 있는 한 무리의 집시와 마주쳤다. 집시들을 바라보다 그녀는 14세 정도의 소녀가 자신없이 땅만 보고 춤추고 있는 것을 보았다. 음악이 끝나고 고개를 든 소녀가 안토니아를 바라보았다. 소녀는 안토니아가 든 부채를 보고는 표정이 환해졌다. 안토니아가 광장을 떠나도 소녀는 갈망하는 눈빛으로 계속해서 부채를 바라보고 있었다. 그때 안토니아의 마음이 소녀에게 움직였다. 그녀는 한때 자기 자신에 대해 믿음이 없었을 때가 불현듯 떠올랐다. 안토니아는 다시 방향을 돌려 집시 무리의 마차로 가서 소녀에게 부채를 건네며 말했다. "여기, 이거 너 가지렴. 난 더 이상 필요가 없어. 난 항상 이 부채를 내 마음속에 지니고 다니거든." 어린 소녀는 감사히 선물을 받고 미소 지었다.

몇 주가 지나 시장에 가는 길에 안토니아는 집시 소녀가 광장에서 환한 얼굴로 빙글빙글 돌면서 자신감 있게 춤추고 있는 모습을 보았다. 소녀는 왼손에 부채를 높게 치켜들어 흔들고는 휙 소리를 내며 춤추고 있었다. 소녀의 부채에는 가지각색의 들꽃이 매달려 있었다. 안토니아는 이후에도 여러 번 광장에 찾아갔는데, 집시 소녀가 춤출 때마다 갈수록 정교하게 부채를 사용하는 것을 볼 수 있었다.

그러던 어느 날 시장에 가던 안토니아는 집시 소녀가 자랑스럽고 자신 있게 춤추고 있는데, 손에 부채가 없는 것을 발견했다. 부채를 잃어버린 것으로 생각한 안토니아의 눈에 눈물이 고였다. 그러던 중 주변을 둘러보다 여덟 살쯤 되어 보이는 한 장애 아이가 광장 한쪽에 앉아 있는 것을 보았다. 어린 소녀는 찢어지고 누더기가 된 옷을 걸치고 있었다. 소녀는 낡았지만 예쁜 부채를 한 손에 꼭 쥐고 다른 손으로는 부채를 조심스럽게 만지며 이야기를 하고 있었다. 안토니아가 소녀 곁에 다가가 앉았다. "그 예쁜 부채는 어디서 났어?" 그러자 어린 소녀가 대답했다. "아, 저기서 춤추는 집시 언니가 줬어요. 언니가 그러는데 이 부채는 보통 부채가 아니래요. 신비한 부채래요. 어떤 아름다운 언니가 자기한테 준 거래요. 하지만 자기한테는 이제 이 부채가 필요 없대요. 항상 마음속에 지니고 있기 때문이래요. 언니는 내가 원하는 대로 부채를 바꿀 수 있다고 했어요. 그래서 여기에 내가 가장 좋아하는 장신구를 달았어요. 이 부채를 가지고 있으면 내가 특별해지는 것 같아요. 나도 다른 아이들처럼 달리고 뛰며 놀 수 있는 것처럼 느껴져요." 안토니아는 어린 소녀에게 미소 지었다. 그리고 살며시 소녀의 어깨에 손을 올렸다. 안토니아는 진정한 보물은 바로 긍정적인 영향에 있다는 것을 깨달았다.

수많은 상징과 이미지의 세계인 모래놀이는 마치 이 이야기에 나오는 부채와 같다. 모래놀이를 우리에게 전해 준 분께 다시 한 번 감사 드린다. 우리는 이 이야기에 나오는 아이가 부채에 했던 것처럼 이 선물에 개인적인 것을 더하였고, 선물을 소중하고 조심스럽게 다루었다. 그래서 우리의 지식과 아이디어, 경험을 당신에게 전하며, 당신의 필요와 비전에 따라 편하게 사용하고 변화시키기를 바란다. 이후 준비가 됐을 때 당신의 지식과 아이디어를 다른 누군가에게 전해 주면 된다. 우리는 당신이 모래놀이를 현명하게 사용하기를 바란다. 다만 이야기 속의 부채와 마찬가지로 이 기법이 당신과 당신의 내담자가 다르게 생각하고 느낄 수 있게 돕고, 전체성을 향한 여정에서 당신과 내담자를 돕는 도구라는 점을 기억하기 바란다.

우리의 소망은 이 여정을 시작하는 치료자가 자기 자신을 믿고 내담자가 자신 안에 있는 지혜를 찾아가도록 인도해 주는 것이다. 당신의 삶과 내담자의 삶 속에 모래놀이를 통합함으로써 삶이 더 풍요롭고 활기차며 밝아지기를 소망한다.

부록 1

문제 해결

다음은 워크숍과 슈퍼비전에서 공통적으로 나오는 질문 목록이다.

1. 내담자가 피상적인 수준에 있는 것처럼 보이면 치료자는 어떻게 해야 하나?

이 경우는 치료자인 우리를 당혹스럽게 한다. 우리는 모래놀이가 의미 있는 영향력이 있기를 바라기 때문이다. 하지만 내담자에게 나타나는 변화가 뚜렷하지 않더라도 무의식 수준에서 작업이 이루어지고 있다는 믿음이 중요하다. 내담자에게 몇 개의 모래세계를 만들어 보게 한다. 때때로 내담자는 치료자와 치료과정을 신뢰하기 위해 시간을 두고 모래놀이를 경험할 필요가 있다. 이 책의 많은 예가 보여 주듯이, 모래 작업을 통해 내담자는 보다 무의식적이고 고통스러운 재료로 들어가게 된다. 그러나 내담자가 계속 피상적인 수준에 머무는 것처럼 보인다면 내담자의 경험을 언어적으로 탐색한다. 가끔 내담자의 외면에 드러나는 모습은 내면에서 일어나는 것과 다르다. 어떤 내담자는 너무 방어적이고(예: 끊임없이 말하거나 합리화하거나 서두른다), 또 어떤 내담자는 모래놀이 활동을 의례적으로 대하며 거리감을 두고 통제한다. 내담자가 모래놀이를 피상적인 수준을 넘어서는 도구로 활용할 수 없다면 다른 접근법을 찾아야 한다.

2. 만약 내담자가 치료하기 단계에서 계속 '나' 라는 말을 쓰거나 모래상자를 벗어나 개인화하는 행동을 할 때는 어떻게 해야 하나?

자신을 제삼자로 칭하는 것이 모래상자로부터 거리를 두게 하여 내담자에게 덜 위협적이므로, 내담자에게 상자의 소품들을 제삼자로 부르도록 권한다(예: '당신' 이 아닌 '그 여자', '당신의 남편' 이 아닌 '그 남자'). 내담자가 사용하는 언어를 치료자가 정정해 주기보다, 치료자가 먼저 제삼자의 명칭을 사용하는 시범을 보인다. 내담자가 계속 소품을 개인화하고 그것이 내담자에게 더 적절하게 보인다면 내담자가 부르는 명칭을 그대로 따른다. 그러나 대화치료로 바꾸지 말고 계속 모래놀이를 하게 한다. 우리와 함께 했던 한 내담자는 모래놀이 회기 마지막에 이렇게 말했다. "당신이 그 남자와 그 아이가 서로 이야기하도록 한 것이 저에게 큰 도움이 되었어요. 그렇게 해서 전에는 생각하지 못했던 제 무의식에서 오는 답을 이끌어 낼 수 있었지요."

3. 모래놀이를 할 때 아동에게 성냥을 사용하는 것을 허용해야 하나?

이러한 결정은 사안에 따라 다르다. 아동(치료자뿐 아니라 건물 입주자)의 안전을 우선 고려해야 한다. 하지만 다른 고려사항도 있다. 만약 아동이 어리거나, 발달적으로 미성숙하거나, 정서적으로 혼란하거나, 공격적이고 충동적인 성향이 있다면 아동이 성냥을 사용하는 것을 허용하지 않는 것이 좋다. 우리는 대개 아동이 불을 붙이는 것에 대해 부모나 보호자의 의견을 구한다. 만약 치료자는 동의하는데 부모가 거절한다면 부모의 의견을 존중한다. 내담자가 방화범죄 이력이 있을 경우에는 아동에게 최선의 방법이 무엇인지 치료자가 평가한다. 아동이 단지 호기심이나 통제를 원해서라면, 또는 파괴적이지만 강박적이지 않다면, 제한된 환경에서 성냥을 사용하게 하는 것이 도움이 된다. 아동은 한계를 배우고 내면화함으로써 안전하고 적절하게 성냥을 사용할 수 있다. 하지만 아동의 방화가 습관적이고 충동적이라면 치료실에서 성냥이나 라이터를 사용하는 것을 허용하지 않는다. 만약 내담자 중에 이런 사람이 있다면 성냥을 선반에 진열하지 않거나 자제해야 한다. 상징적으로 촛불, 향, 약초, 종이에 불을 붙이려고 하는 아동에게는 성냥을 사용할 수 있다고 알려 준다.

4. 내담자가 모래놀이에서 하는 행동을 보고 내담자의 성장 수준을 판단할 수 있을까?

내담자의 성장과정에서 진전 정도를 가늠할 수 있는 몇 가지 이론이 있다. 찰스 스튜어트의 패러다임에 관한 5장의 '모래놀이의 발달단계'를 참조한다. 브래드웨이와 맥코드(Bradway & McCoard, 1997)는 도라 칼프의 3단계가 아동의 첫 번째 상자에서 연령별 단계로 나타난다고 했다. 예를 들어, 아동이 5세라면 첫 번째 모래상자는 5세의 발달단계를 반영할 것이다. 로웬펠드는 첫 번째 상자가 내담자가 치료에 대해, 그리고 자신의 무의식과의 관계 및 개인적인 문제와 가능한 해결책에 대해 어떻게 느끼고 있는지 보여 준다고 했다(Mitchell & Friedman, 1994). 브래드웨이는 모래놀이치료가 느슨한 단계에서 시작해서 완성에 이르는 과정을 거친다고 하였다. 단계가 나타날 수도 있고 나타나지 않을 수도 있지만, 만약 나타나면 내담자에게 무언가 일어나고 있다는 것을 알 수 있다. 그녀는 첫 모래상자가 문제 상황과 가능한 해결책을 함축하고 있다고 말했다. 또한 첫 번째 작업 이후 점진적이거나 갑작스럽게 집단 무의식으로 '내려가거나'

퇴행이 일어난다는 것을 알게 되었다. 이때 내담자는 물이나 수생식물과 동물을 더 많이 사용하고, 육상식물과 사람은 덜 사용하는 경향이 있다. 마지막에는 육상동물과 사람 그리고 건물이 다시 장면에 등장한다. 이 시기에는 창의성이 풍부하게 나타난다. 이처럼 '내려가고' 되돌아가는 과정이 여러 번 일어날 수 있다.

브래드웨이가 발견한 또 다른 단계는 모자 일체의 시기다. 이러한 단일체는 처음에는 동물, 그다음은 사람으로 나타난다. 그녀는 또한 남성과 여성이 분화되고 이후에는 통합되는 시기가 있음을 발견했다. 모래에서의 놀이는 마침내 소위 '자기(self)' 상자가 된다. 내담자는 평화가 존재하는 내면 깊은 곳의 우주적인 장면을 창조한다. 이때 심오하고 깨달음을 주는 경험이 일어나거나 영적인 존재와 접촉했다는 느낌을 받을 수 있다. 이 세계는 에너지를 방출하여 자아를 강화한다. 브래드웨이(1997)는 "인생의 과정은 죽음이 올 때까지 끝나지 않지만, 치료자는 어느 정도 해결책이 생기고 치료자와 내담자가 작업하는 특정 단계가 언제 완성되는지 알 수 있다."고 말했다.

나머지 질문은 해석과 의미 부여에 관한 것이다. 우리는 융 분석가나 융 상징 전문가가 아니고 치료자의 해석이 아닌 내담자의 해석을 중시한다. 하지만 모래놀이를 하는 많은 치료자가 융 학파 훈련을 받았으며 현재 모래놀이 분야를 주도하고 있다. 융에 친숙한 이들을 포함한 이 책의 잠재적 독자로 인해, 그리고 우리 역시 융의 개념에 상당 부분 동의하므로 해석에 관한 몇 가지 질문과 답을 제시한다. 하지만 융의 원형과 상징을 아는 것이 도움은 될 수 있어도 필수적이라고는 생각하지 않는다.

5. 모래상자의 상징을 알고 해석하는 것은 중요한가?

이 책에서 내담자가 소품의 의미를 결정할 수 있어야 한다고 강조했지만, 치료자가 내담자의 모래세계의 의미를 해석해야 하는지에 대해서는 다양한 견해가 있다. 융 치료자는 집단 무의식과 원형적 상징을 중시한다. 그들은 상징에 대한 치료자의 이해가 내담자의 깊은 인식과 통합을 이끄는 데 필수적이라고 본다. 융과 마찬가지로, 칼프(1980)도 치료자는 내담자가 전체성을 향해 나아갈 수 있게 하는 상징을 올바르게 이해하고 있어야 한다고 믿었다. 융 치료자들은 치료자가 해석을 해야 할 적절한 시기가 있다고 믿는다.

우리는 로웬펠드와 마찬가지로 세계의 해석을 내담자에게 남겨 두는 것이 가장 좋다고 생각한다. 내담자가 생각하는 것보다 더 깊은 수준에서 세계의 의미가 무엇인지 알고 있다 할지라도, 내담자의 현명한 내적 자기가 드러날 수 있다고 믿는 것이 중요하다. 로웬펠드가 말했듯이, 내담자는 치료자의 노력과 상관없이 자신의 개성화와 증상의 개선을 향해 나아갈 것이다(Ryce-Menuhin, 1992). 우리는 또한 클레어 톰슨(Clare Thompson, 1990)이 언급했듯이, 내담자(그리고 치료자)가 분석보다는 경험에 중점을 두도록 격려한다. 지나치게 특정 해석에 몰두하면 때때로 내담자의 진전을 방해할 수 있다. "현재의 흐름은 지나친 제한을 하는 규칙을 고수하지 않는 경향이다."(Mitchell & Friedman, 1994: 84). 치료자의 이론적 지향에 따라 해석 여부를 선택하기 바란다.

6. 치료자는 해석의 필요가 있다고 판단되면, 언제 내담자와 해석을 공유해야 하나?

만약 치료자가 내담자의 모래상자를 해석하기로 결정했다면, 처음에는 치료자가 오직 내적으로 해석해야 한다는 융 분석가의 견해에 동의한다.

내담자가 준비될 때까지는 치료자의 가정을 관련짓는 것을 조심해야 한다. 융 분석가인 와인리브(1983)는 작품이 완성되고, 치료자가 내담자에게 적절한 질문을 하거나 또는 내담자의 의견을 물어본 후에 치료자가 융의 상징과 원형의 의미에 따라 적절히 평가해야 한다고 했다. 치료자는 이러한 해석을 내담자에게 직접 말하지 않지만 간접적으로 자신의 생각을 전달할 수 있다. 내담자의 반응에 따라 치료자의 추론은 정당화될 수도 있고 그렇지 않을 수도 있다. 브래드웨이와 맥코드는 모래놀이 과정이 모두 끝난 후 내담자의 작품 사진을 함께 보면서 치료자의 관찰이 변화될 수 있다고 하였다. 그들은 "이 시점에서 인지된 것이 감정 경험에 긍정적으로 연결될 수 있다."(1997: 115)고 믿었다.

7. 어디에서 문화적이고 원형적인 해석을 더 배울 수 있을까?

대개 내담자의 모래상자에 의미를 부여하는 것을 권하지는 않지만 문화적 · 원형적으로 결정된 의미를 이해하는 것이 가치 있는 경우가 있다. 만약 치료자와 내담자에게 모래상자의 의미가 혼란스럽고, 내담자의 문제나 치료과정에 상자의 장면을 어떻게 연관시킬지 알 수 없으며, 3~5장에서 논의했던 질문을 이미 해 본 상황이라면 상징이나 신화 사전을 참조할 수 있다. 이 책 마지막 부분에 있는 추천도서 목록과 융의 저작물을 참조해도 좋다. 우리는 문화와 융 분석에 풍부한 식견을 가진 연구자로부터 유용한 정보를 얻었으며, 이로 인해 내담자의 상자를 더 깊이 있게 이해할 수 있었다. 다음은 우리에게 많은 도움을 준 자료들이다.

- 융 분석가이자 국제모래놀이치료학회(International Society for Sandplay Therapy) 설립자인 마틴 칼프(Martin Kalff)는 『모래놀이치료학지(Journal of Sandplay Therapy)』(II(2), 1993)에 「모래놀이치료

해석에서 고려할 20가지 논점(Twenty Points to be considered in the Interpretation of a Sandplay Therapy)」을 썼다. 그는 융과 마찬가지로 해석은 사고과정뿐 아니라 치료자의 직감 및 감정과 감각을 포함해야 한다고 했다.

- 라이 로저스 미첼(Rie Rogers Mitchell)과 해리엇 프리드먼(Harriet S. Friedman)은 『모래놀이의 과거, 현재 그리고 미래(Sandplay Past, Present, and Future)』(1994: 116)에서 모래놀이를 다층적 과정으로 설명했다. 꿈과 마찬가지로 모래상자에서 내담자의 이야기와 작업은 "개인적 단계(이 이야기가 내담자의 삶에서 무엇을 나타내는가?), 원형적 단계(그 기저의 동기는 무엇인가?) 그리고 문화적 단계(어떤 문화적 이슈가 이야기의 동기 요소인가?)의 3단계" (1994: 116)로 이해될 수 있다.
- 루스 암만은 『모래놀이의 치유와 변형(Healing and Transformation in Sandplay)』(1993)에서 자신의 이념을 정교화했다. 모래상자의 의미에 관한 원칙 중 하나가 공간적 현상에 대한 해석인데, 그녀는 모래상자를 4등분하고 각 공간에 의미를 부여했다.
- 도라 칼프는 『모래놀이(Sandplay)』(1981)에서 융의 해석을 자신의 내담자가 사용한 상징에 적용하였다.

부록 2

용어 해설

개성화/개별화(individuation): 자기 자신의 전체성, 잠재력, 자신의 의식을 향해 움직이는 과정. 정신적으로 전체이면서 분리된 개인이 되어 가는 과정이다.

게슈탈트 기법(gestalt technique): 전체로서의 개인과 그 내외적 환경을 고려하는 철학을 통합한 기법을 사용한다. 창의적이고 적극적으로 총체적 인간을 관련시키는 개입방법이다.

그림자(shadow): 삶에서 표현하지 못했거나 스스로 인식하지 못했던 개인적 특성이나 가능성의 복합물. 개인이 선택한 의식의 태도와의 부조화 때문에 자아는 이러한 특성을 부정한다.

내면아이(child within/inner child): 해결되지 않은 정서적 내용이 있을 때 성인이 그 성숙 수준에서 행동하도록 하는 자기(self)의 어린아이 부분. 과거의 욕구와 미해결된 부분을 다루기 위한 심리적 작업이 이루어질 때 치유가 일어나고 내담자는 보다 성숙한 입장에서 행동할 수 있다.

내사(introjection): 개인이 어떤 대상/사람이 되고 싶다고 생각하기 때문에 그 대상/사람의 특성이나 태도를 자신의 자아체계로 통합하는 것. 내적 대상과의 관계가 외적 대상과의 관계를 대체하는 것이다.

~내의/간의(~intra/inner): ~내의(intra)는 개인 내 · 정신 내 · 내적 통합에서 보이듯이 한 단위 내에 위치하거나 유래되거나 발생한 것. ~간의(inter)는 단위 내와 반대로 단위 상호 간을 의미한다.

두 의자 개입(two-chair intervention): 내담자가 그 방에 있다고 상상하는 자신의 다른 측면이나 인격과 대화하는 게슈탈트 기법. 모래놀이 세계에서 내담자는 상징적 소품들이 서로 대화하게 한다.

만다라(mandala): 자기, 질서와 통합의 총체적 통합을 상징하는 원을 일컫는 융의 용어. 내담자가 통합에 가까워질 때 모래상자에서 상징적으로 만들어지기도 한다.

무의식(unconscious): 내면세계의 알려지지 않은 부분, 즉 자아와 관련되지 않은 내면의 모든 것이다.

배열(constellate): 관련된 무의식의 내용이 무리 지어 있는 것으로, 새로운 실체나 형태가 형성되면 어느 정도 그 영향이 의식에서 지각되거나 느껴진다.

상징(symbol): 아직은 대부분 의미가 알려지지 않은 내용에 대해 가장 잘 표현할 수 있는 이미지나 형태, 꿈, 환상, 모래놀이 등을 통해 무의식이 이야기하는 언어다.

성장가능 지점(growing edge): 내담자가 자신의 현 상태를 벗어나 완전한 잠재력을 향해 나아갈 수 있도록 격려받는 내담자를 위한 장소다.

아하 경험(aha experience): 갑작스럽게 통찰력을 갖거나 문제가 해결되는 경험으로, 갑자기 문제의 속성이 통합된 양식과 맞아떨어지는 때를 말한다.

역전이(countertransference): 치료자의 무의식에 대한 지각과 내담자의 산물에 대한 이해가 이루어지는 모래놀이 과정의 일부로, 대개 내담자에 대한 부분적인 동일시나 내담자에 대한 치료자의 투사에 의해 이루어진다. 치료자는 자신의 문제를 인식하고 다룸으로써 자신의 문제를 내담자로부터 분리할 수 있고, 이전에는 이해할 수 없고 혼란스러웠던 내담자의 문제에 대해 통찰력을 얻고 이해할 수 있다.

원형(archetype): 선천적인 경험 양식. 원형은 정신 구조에 유전되어 온 선존재 형태다. 오직 형태만이 유전되며 그 내용은 각 개인의 삶 속에서 채워진다. 본능이 사람들의 반복된 행동 양식을 설명하는 것과 마찬가지로, 원형은 정신에서 반복되는 양식을 설명한다.

의식(conscious/consciousness): 개인이 어떤 주어진 시간에 인식하고 있는 정신적인 삶의 일부다.

자기(self): 전체성을 표현하는 중심 원형, 정신의 중심으로 의식과 무의식을 포함한다. 융은 자기를 정신의 중심과 그 주변이라고 하였다. 개성화의 가장 완전한 표현이다.

자아(ego): 의식의 중심, 의지력과 의사결정 능력이 있는 의식의 전달자다.

적극적 명상(active imagination): 의도적이고 적극적으로 상상하는 기법. 보다 정교하고 풍부해지도록 의도적으로 꿈의 이미지나 환상의 인물에 집중하는 방법. 이 방법을 통해 개인은 이렇게 하지 않았더라면 건드리지 못했을 무의식의 내용이나 자기 이해에 도달할 수 있다.

전이(transference): 내담자 삶 속의 대상/사람을 대신하는 치료자에게 감정, 사고, 소망을 투사하는 것. 모래놀이에서는 상자의 소품에 대해 투사가 일어난다.

전이 대상(transitional object): 애착 대상을 대신하는 외부 세계의 대상(원래 모성 대체물의 역할을 하는 어떤 것)으로 애착 대상으로부터의 분리와 독립에 도움을 준다. 위안과 안정감을 주는 인물을 상징적으로 제공하는 역할을 하는 대상이다.

정신(psyche): 신체적이지 않은 인간의 모든 것. 인간의 성격을 형성하는 의식과 무의식의 역동적 과정이다.

직면(confront): 치료과정에서 내담자가 변화할 수 있도록 내담자를 대하는 행동. 내담자가 나아갈 수 있도록 되받아 반영하는 것이다.

집단 무의식(collective unconscious): 개인의 주관적 경험의 산물로 추적할 수 없는 무의식적 측면의 일부, 원형은 집단 무의식의 내용이다.

콤플렉스(complex): 서로 관련되어 있으며 중심 핵 주변에 무리 지어 있는 분열된 생각이나 이미지들. 자아의 기능을 간섭하고 의식의 수행을 방해한다.

퇴행(regress): 이전 시기나 발달단계로 되돌아가는 것. 치유가 필요하거나 문제의 원인에 대한 통찰력을 주는 장소로 되돌아가는 것이다.

투사(projection): 개인이 자신에게 속하는 무의식적 특성을 외부 대상이나 사람에게 속하는 것으로 지각하는 과정이다.

페르소나(persona): 마스크, 우리가 세상에서 살기 위해 갖는 성격, 자아와 외부 세계를 이어 주는 다리다.

확충(amplication): 모래세계의 무의식으로부터(또한 꿈과 상상으로부터) 얻는 상징의 정교화와 명료화, 때로는 소품 중 한 개나 또는 여러 개를 다른 모래상자로 이동하거나 새로운 장면을 창조함으로써 이해되기도 한다.

부록 3

추천도서 목록

● 추천도서

Allin, D. M. (1988). *Unifying individual and family therapies*. San Francisco: Jossey-Bass.

개인치료와 가족체계이론의 통합적 접근을 제시하였다.

Ammann, R. (1993). *Healing and transformation in sandplay: Creative processes become visible* (2nd printing; W. P. Rainer, trans.). La-Salle, IL: Open Court Publishing.

융학파 입장에서 모래놀이치료의 역할과 작용을 기술한 책으로, 모래놀이과정과 공간의 상징적 해석, 사례 등에 대한 암만의 관점을 포함하였다.

Ammann, R. (1994). The sandtray as a garden of the soul. *Journal of Sandplay Therapy, IV*(1), 46-65.

모래놀이를 정원으로 바라보는 논리정연하고 은유적인 관점에서 서술하였다.

Baker, C. (1993). Navaho sand painting and sandplay. *Journal of Sandplay Therapy, II*(1).

나바호의 모래 그림과 모래놀이 간의 유사성에 대해 상세하게 설명하였다.

Berne, E. (1964). *Games people play*. New York: Grove Press.

교류분석에 대해 소개하였다.

Bradway, K. (1990). Developmental stages in children's sand worlds. In K. Bradway et al., *Sandplay studies: Origins, theory and practice* (2nd ed., pp. 93-100). Boston: Sigo Press.

칼프의 자아발달단계와 관련하여 아동의 모래세계에 대해 기술하였다.

Bradway, K., & McCoard, B. (1997). *Sandplay-Silent workshop of the psyche*. London, New York: Routledge.

모래놀이 해석과 상징의 사용에 관한 저자의 상세한 설명과 함께, 모래놀이 소개 및 다양한 내담자의 모래놀이 과정에 대한 깊이 있는 사례 연구를 하였다.

Bradway, K., Signell, K., Spare, G., Stewart, C., Stewart, L., & Thompson, C. (1990). *Sandplay studies: Origins, theory and practice* (2nd ed.). Boston: Sigo Press.

아동과 성인 남녀의 모래놀이 사용에 관한 논문 모음집이다.

Cirlot, J. E. (1971). *A dictionary of symbols*. New York: Philosophical Library. A dictionary of symbols and their meanings.

상징과 그 의미에 관한 사전이다.

Cooper, J. (1987). *An illustrated encyclopedia of traditional symbols*. London: Thames & Hudson.

상징과 그 의미에 관한 사전이다.

Cunningham, L. (1997). The therapist's use of self in sandplay: Participation mystique and projective identification. *Journal of Sandplay Therapy, VI* (2), 121-135.

모래놀이에 적용하는 투사적 동일시, 참여의 신비 및 공감에 관해 논의하였다.

De Domenico, G. S. (1986a). *Applications of the Lowenfeld world technique: A comparative illustration of the analysis of the final world and the analysis of the sand tray play process in clinical practice*. Vision Quest Into Reality, 1946 Clemens Rd., Oakland, CA 94602.

모래상자를 만드는 과정을 지켜보는 것이 최종 모래상자를 보는 것보다 내담자의 무의식적 작업에 대해 훨씬 많은 정보를 준다는 것을 기술한 논문이다.

De Domenico, G. S. (1986b). *A child's sandtray play mirrors the world of her father*. Vision Quest Into Reality, 1946 Clemens Rd., Oakland, CA 94602.

모래세계의 창조과정에 중점을 둔 논문으로, 최종 상자만 강조하는 것과는 반대로 놀이 과정을 포함하도록 초점을 확장하였다.

De Domenico, G. S. (1988). *Sand tray world play: A comprehensive guide to the use of sand tray play in therapeutic transformational settings.* Vision Quest Into Reality, 1946 Clemens Rd., Oakland, CA 94602.

'모래상자 세계놀이'를 어떻게 하고, 무엇을 관찰하며, 각 단계가 어떻게 진행되는지에 대해 서술한 훈련용 매뉴얼이다.

De domenico, G. S. (1989). *Experiential training level 1: Workbook.* Vision Quest Into Reality, 1946 Clemens Rd., Oakland, CA 94602.

'모래상자 세계놀이' 훈련에 사용되는 워크북이다.

De Domenico, G. S. (1991). *Sandtray worldplay with couples: Applications and techniques.* Vision Quest Into Reality, 1946 Clenens Rd., Oakland, CA 94602.

커플에게 '모래상자 세계놀이'를 사용하는 기준과 다양한 방법에 대해 설명하는 논문이다.

Dundas, E. T. (1990). *Symbols come alive in the sand* (2nd ed.). Boston: Coventure, Ltd.

모래놀이의 치료적 기법과 이론에 대해 기술하는 책으로, 일부 사례에 관한 상세한 설명이 포함되었다.

The Educational Center. (1995). Centerpoint (2nd ed.). St. Louis: Author.

융 연구에 관한 강좌다.

Gil, E. (1994). *Play in family therapy.* New York: Guilford.

놀이기법에 대한 포괄적 이해를 포함하여, 가족치료에서 놀이의 필요성에 대해 논의하였다.

Hall, C. M. (1991). *The Bowen family theory and its uses.* Northvale, NJ: Aronson.

머레이 보웬의 가족체계이론과 그 적용에 대해 기술하였다.

Hegeman, G. (1992). The sandplay collection. *Journal of Sandplay Therapy, I* (2), 101-106.

모래놀이 소품의 수집에 대해 설명하였다.

Jung, C. G. (1960). The transcendent function. In *The structure and he dynamics of the psyche, Collected Works* (Vol. 8, 67-91). (R. F. C. Hull, Trans.). New York: Pantheon Books.

Jung, C. G. (1963). *Memories, dreams, and reflections* (3rd ed.). (Richard and Clara Winston, Trans.). New York: Pantheon Books.

아닐라 제프에 의해 기록된 융의 생애와 경험을 탁월하게 설명하였다.

Jung, C. G. (1971). *Psychological types, Collected Works* (Vol. 6). London: Routledge.

Kalff, D. M. (1980). *Sandplay: A psychotherapeutic approach to the psyche.* Boston: Sigo Press.

모래놀이의 창시자이자 선구자인 저자가 모래놀이 이론 · 사례와 함께 융 분석가의 모래놀이 활용에 대해 기술한 책이다.

Kalff, M. (1993). Twenty points to be considered in the interpretation of a sandplay. *Journal of Sandplay Therapy, II*(2), 17-35.

Keirsey, D., & Bates, M. (1984). Please understand me. Del Mar, CA: Prometheus Nemisis Book Company (distributor).

융의 유형론에서 연유하는 4개 기질에 대한 설명 및 성격 유형에 대한 인식이 자기 자신과 관계에 대한 이해를 증진시킬 수 있는 방안에 대해 논의하였다.

Lowenfeld, M. (1935/1967). *Play in childhood.* New York: Wiley.

세계놀이의 창시자에 의해 저술된 책으로, 놀이의 모든 양상을 포괄하였다.

Lowenfeld, M. (1979). *The world technique.* London: George Allen & Unwin.

1960년대 로웬펠드의 저서들을 함께 묶은 유작이다.

Maier, Henry W. (1978). *Three theories of child development* (3rd ed.). New York: Harper & Row.

인지이론(장 피아제), 정서이론(에릭 에릭슨), 행동주의(로버트 시어즈) 시각에서 아동을 바라보는 포괄적인 관점에서 저술한 책이다.

Mitchell, R. R., & Friedman, H. S. (1994). *Sandplay past, present and future.* New York, London: Routledge.

모래놀이의 역사, 현재 경향, 미래에 대해서 검토한 책이다.

Oaklander, V. (1988). *Windows to our children.* New York: The Gestalt Journal Press.

다양한 치료적 개입을 활용한 상호작용을 포함하여, 치유적으로 아동과 작업하는 저자의 방대한 경험에 대해 서술하였다.

Piaget, J. (1951). *Play, dreams and imitation in childhood.* London: Routledge.

개별화 과정과 발달의 근원에 대해 논의하였다.

Ryce-Menuhin, J. (1992). *Jungian sandplay: The wonderful therapy.* London: Routledge.

모래상자에 나타난 내담자 작품에 대한 분석적 제시를 하였다.

Signell, K., & Bradway, K. (1995). Some answers to Skamania questions. *Journal of Sandplay Therapy, V*(1), 16-35.

일반적으로 제기되는 질문에 대한 대답을 제시한 논문이다.

Spare, G. H. (1990). Are there any rules? (Musings of a peripatetic sandplayer). In K. Bradway et al., *Sandplay studies: Origins, theory and practice* (2nd ed., pp. 195-208). Boston: Sigo Press.

비 융학파 치료자가 갖는 두려움이나 질문에 대해 설명하는 논문이다.

Steiner, C. M. (1974). *Scripts people live.* New York: Grove Press.

교류분석이론에 근거한, 생애 초기 결정에 뿌리를 둔 인간의 생활 양상에 관해 탐색한다.

Stewart, C. T. (1990). Developmental psychology of sandplay. In K. Bradway et al., Sandplay studies: *Origins, theory and practice* (2nd ed., pp. 39-92). Boston: Sigo Press.

모래놀이 분석을 위해 뉴만 · 에릭슨 · 피아제의 발달단계와 각 발달단계에서 일어나는 놀이를 종합하는, 스튜어트 최고의 연구 성과를 보여 주는 논문이다.

Stewart, L. (1982). On sandplay and Jungian analysis. In M. Stein (Ed.), *Jungian analysis* (pp. 204-218). SaSalle, IL: Open Court Publishing.

로웬펠드의 세계기법에서 융 분석으로의 적용을 포함한 모래놀이에 관해 논의하였다.

Thompson, C. (1990). Variations on a theme by Lowenfeld: Sandplay in focus. In K. Bradway et al., *Sandplay studies: Origins, theory and practice* (2nd ed., pp. 5-20). Boston: Sigo Press.

모래놀이의 역사, 방법론, 이점 등 모래놀이에 대한 개관을 담았다.

Walker, B. (1983). *The woman's encyclopedia of myths and secrets.* San Francisco: Harper & Row.

페미니즘 관점의 상징과 신화 사전이다.

Webb, N. B. (1991). Play therapy crisis intervention with children. In N. B. Boyd (Ed.), *Play therapy with children in crisis* (pp. 26-42). New York: Guilford Press.

위기의 아동에게 적용할 수 있는 수많은 기법을 보여 주는 사례에 관한 심도 있는 저술 모음집이다.

Weinrib, E. L. (1983). *Images of the self*. Boston: Sigo Press.

융 분석 관점에서 모래놀이 이론과 실제에 대해 기술하고 있는 탁월한 저술이다.

Wells, H. G. (1975). *Floor games*. New York: Arno Press.

모래놀이 발달의 촉진제로 기여한 게임에 관해 상술한 책으로, 1912년 보스턴 판의 재간행본이다.

찾아보기

인 명

내 용

저자 소개

Barbara Labovitz Boik & E. Anna Goodwin

Boik과 Goodwin은 심리치료사로 놀이치료, 모래놀이치료, 스토리텔링에 관한 워크숍을 진행하고 있다. Boik은 몬태나 주 보즈먼(Bozeman, Montana)에 살고 있으며 개인치료실을 운영하고 있다. Goodwin은 아이다호의 스피릿 호수(Spirit Lake)에 살고 있다.

역자 소개

이진숙

전북대학교 아동학과 교수로 재직 중이다. 서울대학교를 졸업하고 동 대학원에서 석사학위를 받았으며, 경희대학교에서 아동학 전공으로 박사학위를 받았다. 모래놀이치료전문가이며, 한국아동학회, 한국부모놀이치료학회 슈퍼바이저다. 영유아 · 아동의 복지와 정신건강, 부적응 아동의 발달과 치료에 관심이 있다.

저서 및 논문: 『아동상담』(공저, 창지사, 2014), 『아동복지』(3판, 공저, 창지사, 2013), 『보육학개론』(3판, 공저, 교육과학사, 2015), 아동복지 및 심리치료에 관한 다수의 논문을 발표하였다.

심희옥

군산대학교 아동가족학과 교수로 재직 중이다. 군산대학교를 졸업하고 이화여자대학교에서 석사학위를 받았으며, 미국 Oregon State University에서 아동학 전공으로 박사학위를 받았다. 모래놀이치료전문가이며, 한국아동학회, 한국부모놀이치료학회의 슈퍼바이저다. 영유아 · 아동 및 성인의 심리사회적인 부적응 및 정신건강에 관심이 있다.

저서 및 논문: 『한국영아발달연구』(공저, 학지사, 2005), 『부모교육』(공저, 창지사, 2007), 『인간행동과 사회환경』(공저, 창지사, 2008), 『아동상담』(공저, 창지사, 2009), 아동발달 및 심리치료에 관한 다수의 논문을 발표하였다.

한유진

명지대학교 아동학과 교수로 재직 중이다. 서울대학교를 졸업하고 동 대학원에서 아동학 전공으로 석사와 박사학위를 받았다. 모래놀이치료전문가/ISST 정회원 및 한국아동학회, 한국아동심리치료학회의 슈퍼바이저다. 부적응 아동을 위한 놀이치료 및 모래놀이치료의 적용에 관심이 있다.

저서 및 논문: 『영유아건강교육』(공저, 학지사, 2008), 『아동문학』(공저, 양서원, 2009), 『부모교육』(공저, 학지사, 2010), 『아동복지』(5판, 공저, 학지사, 2011), 『아동발달』(공저, 창지사, 2012) 등이 있고 놀이치료 및 상담에 관한 다수의 논문을 발표하였다.

모래놀이치료

−심리치료사를 위한 지침서−

2012년 5월 30일 1판 1쇄 발행
2024년 9월 25일 1판 7쇄 발행

지은이 • Barbara Labovitz Boik · E. Anna Goodwin
옮긴이 • 이진숙 · 심희옥 · 한유진
펴낸이 • 김 진 환
펴낸곳 • (주) 학지사
04031 서울특별시 마포구 양화로 15길 20 마인드월드빌딩 5층
대표전화 • 02) 330-5114 팩스 • 02) 324-2345
등록번호 • 제313-2006-000265호
홈페이지 • http://www.hakjisa.co.kr
인스타그램 • https://www.instagram.com/hakjisabook

ISBN 978-89-6330-901-9 93180

정가 18,000원

역자와의 협약으로 인지는 생략합니다.
파본은 구입처에서 교환하여 드립니다.